Valerie Barul

W9-BFM-603

Histoires d'amour
de l'histoire du Québec

Éditeur: Éditions internationales Alain Stanké
2100, rue Guy
Montréal
H3H 2N4

Maquette de
la couverture
et des pages
intérieures: Jacques Robert

Droits: Tous droits de traduction, de reproduction
et d'adaptation réservés
(C) Copyright, Ottawa 1977:
Éditions internationales Alain Stanké

Dépôt légal: Bibliothèque nationale du Québec
2e trimestre 1977

ISBN: 0-88566-073-0

Histoires d'amour de l'histoire du Québec

Hector Grenon

Stanké

AVANT-PROPOS

Il s'agit ici d'un sujet brûlant de l'actualité ancienne qui, d'habitude, a toujours été traité à voix basse, à mots couverts et presque à la cachette. Cela a naturellement donné à l'entourage la fausse impression de côtoyer un état de grave culpabilité pour quiconque ose se pencher sur de semblables activités humaines.

Pourtant, de nos jours, une pareille attitude semble bien avoir été inutile, vaine et, à la vérité, incapable de nous mener nulle part.

H.G.

1. Les mœurs amoureuses, gentilles et spontanées des Indiens d'autrefois

Les aborigènes, ou Peaux-Rouges, qui vivaient en Amérique du Nord avant l'arrivée des Hommes Blancs d'origine européenne étaient, pour diverses raisons, beaucoup plus près de la grande nature que nos ancêtres ne l'ont eux-mêmes jamais été, ou du moins depuis les temps les plus reculés.

D'ailleurs le titre de "sauvages" qui leur a été attribué par les premiers découvreurs, dans leurs rapports écrits à ce sujet, indiquait précisément que ces gens paraissaient bien être enfants des bois ou de la forêt; et cela était beaucoup plus joli et plus exact que le terme Indien qui, en somme, n'a toujours été qu'une petite erreur de description géographique fautive. En effet les Indiens du nord de l'Amérique ne semblent pas avoir eu quoi que ce soit à faire avec le sous-continent indien de l'Orient. Même l'apparence externe de ces deux types d'homme ne démontre guère de points de ressemblance physique lorsqu'un groupe est comparé à l'autre.

Cependant, comme les mauvaises habitudes ont la vie dure, il semble qu'il faudra pour encore un bon moment parler des autochtones nord-américains d'avant notre ère en les appelant des Indiens tel qu'à présent le veut la coutume.

Or, tout de suite il faut dire que les rapports écrits qui nous sont restés, à propos de cet admirable phénomène humain, comportent des remarques plutôt étonnantes au sujet de ces hommes qui furent également désignés comme des Peaux-Rouges.

Ainsi par exemple, dès l'année 1534, l'explorateur Jacques Cartier les a personnellement rencontrés, côtoyés de près et a, par la suite, beaucoup parlé d'eux avec une évidente sympathie. Il a, entre autres, et à plusieurs reprises, noté que tous ces gens, tant hommes que femmes et enfants, semblaient avoir un sérieux penchant pour se promener complètement nus ou à peu près. Ils donnaient aux visiteurs européens tous leurs vêtements, faits uniquement de fourrures, en marque de grande amitié et ils s'en allaient ensuite heureux, tout nus et sans rien sur eux. Ils faisaient même des signes qu'ils reviendraient le lendemain avec d'autres pelleteries, le plus naturellement du monde.

De plus, cela pouvait se produire en toutes saisons et, paraît-il, souvent même en hiver par gros froids sur les glaces ou dans la neige. Et, curieusement, les Indiens ne semblaient manifester aucun signe qu'une telle nudité pouvait les mettre à la gêne ou les incommoder. Il n'y avait chez eux aucune trace d'arrière-pensées, du moins pour l'instant.

Il va sans dire que pour les frileux Européens, peu habitués au rude climat de l'Amérique du Nord, la chose ne pouvait naturellement passer inaperçue. On devine à présent leur mine un peu décontenancée. Au moins sur ce point ces pauvres Hommes Blancs itinérants qui, jusque-là, se croyaient fermement supérieurs sous tous rapports auraient certes été bien incapables d'en faire autant. D'ailleurs, dans les chroniques de ces promenades outre-mer, aucune inscription n'a fait entendre qu'un de ces voyageurs au long cours, plus audacieux que d'autres, aurait alors pu avoir une pareille idée franchement aussi peu en accord avec nos habitudes traditionnelles.

Or, il faut aussi noter que si les autochtones ont paru être des adeptes d'un nudisme fréquemment collectif et total, par contre, à ce sujet, aucun récit laissé par ces découvreurs européens n'a semblé voir dans tout cela le moindre accroc à la morale para-méditerranéenne alors à la mode. Les chroniqueurs ont simplement rapporté que les sauvages avaient une évidente habitude de se promener nus et en groupes. Mais, à ce propos, personne n'a visiblement cru sage ou utile de crier au scandale et encore moins de procéder à faire des remontrances aux adeptes de telles pratiques. Ces gens d'ailleurs étaient bien chez eux. Et de semblables prédications fort méritoires n'allaient venir que plus tard et avec une nouvelle sorte de visiteurs plus avertis. Même si la chose a paru survenir à l'improviste, et sans invitation, parmi des groupes de gens déjà installés sur place depuis très longtemps et qui ne devaient pas s'attendre à de soudaines visites de l'extérieur et encore moins à des commentaires désapprobateurs sur l'ensemble des vieilles coutumes locales.

Et voilà pour un premier trait assez caractéristique de la conduite naturellement simple et libre des autochtones d'autrefois, nos indiscutables prédécesseurs, au plan de l'occupation des territoires jusque-là sommairement jugés en friche et inhabités de l'Amérique septentrionale.

* * *

Une autre facette remarquable des moeurs aborigènes concernant les unions intimes d'hommes et de femmes, pouvant être considérées des exercices de mariage, a paru également étonner les Hommes Blancs qui ont écrit à propos de ces choses. En effet, il est vite devenu évident pour tous que, à l'inverse des Visages-Pâles, les Peaux-Rouges ne se lançaient pas à l'aveuglette dans des expériences conjugales publiques, permanentes et à ciel ouvert, avant d'avoir pris quelques précautions préalables.

Ainsi, avant l'arrivée des Blancs en Amérique, les autochtones pratiquaient visiblement des formes de longs et sérieux apprentissages. Et cela, malheureusement, à l'encontre des sévères ordonnances de la morale officielle exécutées en lettre, sinon en esprit, par une grande partie des populations qu'on qualifiait grosso modo d'occidentales. En effet chez nous, depuis toujours, en matière de mariage, quelles qu'en puissent être les formes externes, il a existé des exigences ultra strictes et précises dont l'application a été essentielle et inévitable sous peine des plus rigoureuses sanctions de la part des organismes mystiques, et même purement civils, qui avec le temps ont pris charge de ces choses dans l'intérêt général, a-t-on dit.

Le mariage, par exemple, devait être soumis au rigide principe de l'unité consistant dans l'union d'un seul homme avec une seule femme. De ce fait cela excluait donc à tout jamais toute forme de polygamie ou de polyandrie publique ou dissimulée.

De plus, l'exercice des épousailles était également subordonné à la règle irréductible d'indissolubilité consacrant par le fait même la permanence du lien marital jusqu'au décès de l'un des deux époux. Ce qui, là encore, rendait impossible toute entreprise de divorce ou même de simple séparation en vue de procéder à une nouvelle union nuptiale impliquant des partenaires différents.

En outre il était obligatoire, et sans aucune possibilité d'exception pour les futurs conjoints, d'avoir à pratiquer entre eux une chasteté complète et intégrale jusqu'après la cérémonie publique de l'union des futurs époux.

D'ailleurs, pour démontrer à quel point toute dérogation à cette règle de totale abstention d'intimité prémaritale pouvait devenir pernicieuse, les ordonnances qui régissaient ce domaine de la chasteté préalable et obligatoire ajoutaient avec beaucoup de gravité des menaces à peine voilées. On disait, par exemple, que tout manquement à cette règle formelle devenait du même coup une détestable impureté. Et cela avait comme effet immédiat d'aveugler l'esprit, d'obscurcir l'intelligence, d'endurcir le coeur et, entre autres, de ruiner très vite la santé, de causer les maladies les plus honteuses ainsi que des infirmités les plus repoussantes telles que consomption, affections cérébrales, dégradation physique, et que le tout se terminait souvent par une mort prématurée.

Ainsi, tous étaient bien avertis. Personne ne pouvait par la suite se plaindre d'avoir été pris par surprise. On n'avait qu'à se le tenir pour dit une fois pour toutes.

Or, ayant continuellement à la pensée tous ces salutaires préceptes de conduite personnelle, l'on comprendra que les voyageurs au long cours fraîchement arrivés d'Europe et débarqués en Amérique aient été quelque peu étonnés par ce qu'ils avaient vu. En effet, ils ont vite remarqué que les autochtones paraissaient tout de même en assez vigoureuse santé corporelle et vive agilité intellectuelle. Ils ne semblaient pas être trop défavorablement affectés par leur ostensible négligence des vénérables préceptes jusque-là imposés d'autorité et de plus déclarés la cause principale des belles réussites collectives des masses européennes.

C'est donc uniquement dans cet esprit rigoureux qu'il faut aujourd'hui relire attentivement les commentaires de nos ancêtres voyageurs à la suite de leur venue en Amérique. Autrement on pourrait mal comprendre et fausser le sens véridique de ces vénérables propos.

Ainsi, on apprend aujourd'hui, de la part de ces dignes témoins oculaires et un peu ébahis, que des peuplades humaines, candides et plus ou moins nomades, vivaient déjà ici depuis un bon moment dans des conditions ultra-sévères et difficiles à endurer. Pourtant ces gens énigmatiques semblaient se tirer assez bien d'affaire, avec de fort petits moyens, tout en négligeant ostensiblement les austères exigences de nos règles anciennes qui nous furent inculquées depuis toujours par de doctes précepteurs instruits eux-mêmes aux sources les plus augustes de l'Europe méditerranéenne. De toute évidence, les Peaux-Rouges pratiquaient à ciel ouvert, et sans fausse honte, d'autres façons d'aborder les exercices conjugaux ou para-matrimoniaux, qu'on aurait pu considérer illicites.

Par exemple, pour notre part, nous étions soumis à des mises en garde sévères et n'admettant aucune forme d'exception pour qui que ce soit en matière d'impureté ou de rapprochements plus ou moins intimes avant la cérémonie officielle d'un mariage. Or, les chroniqueurs d'autrefois ont noté leur constatation personnelle que les occupants des territoires de l'Amérique septentrionale étaient, par contre et d'emblée, en faveur de multiples formes d'apprentissage prémarital lesquelles ne paraissaient nullement assujetties à un délai strict plus ou moins prolongé. En somme, avant de procéder à l'exécution d'une union maritale permanente, à cette lointaine et insouciante époque, il était considéré normal et même salutaire de passer d'abord par des formes de noviciat. C'était sans doute pour faire prendre aux aspirants un peu d'expérience en une matière pouvant entraîner de si nombreuses embûches ultérieures et éviter de la sorte d'inutiles et regrettables désenchantements.

Donc, lorsqu'arrivait le temps des fréquentations, en vue d'en venir peut-être à des épousailles subséquentes, les jeunes filles de onze ou douze ans commen-⟩ çaient bientôt à attirer auprès d'elles ceux qui étaient alors jugés susceptibles de devenir des soupirants. Et, sans plus tarder, elles entreprenaient de vivre en commun et en ménage avec celui qui, pour l'instant, semblait être le plus apte à plaire davantage. En outre, cela se faisait sans qu'il parût le moindrement nécessaire de demander permission à qui que ce soit.

Certes, le nouvel élu devait, pour sa part, se plier à de petites formalités extérieures et traditionnelles. Il fallait par exemple, apporter à la dulcinée du moment de petits cadeaux, tels que des colliers ou bracelets, joliment fabriqués avec les matériaux jugés précieux qu'on avait pu trouver ici et là ou obtenus par des échanges avec des gens rencontrés dans les environs. Ce qui était visiblement un geste de haute civilité.

La toute simple cérémonie d'acquiescement à une cohabitation immédiate et sans réserve consistait alors pour la jeune fille à exprimer son acceptation du postulant, d'ailleurs déjà choisi, en recevant avec une grâce manifeste la gentille offrande qui devenait un gage d'intérêt actuel envers des charmes, bien sûr, tout neufs. Au fait, et en dernière analyse, ce fut toujours ainsi depuis les temps les plus reculés quoique avec des variantes et des innovations mineures et graduelles.

Dès ce moment, les deux amoureux vivaient donc ensemble en toute naïve intimité et ils filaient le parfait amour graduellement découvert sans autre forme de procédure publique. L'arrangement nouveau pouvait se prolonger de dix à quinze jours d'affilée ou même davantage si mutuellement désiré. Après quoi, lorsque l'un ou l'autre des nouveaux conjoints à l'apprentissage sentait que l'affaire ne pouvait guère continuer, pour des raisons intimes et connues des seuls discrets participants, ces derniers se séparaient sans histoire et retournaient comme ça à leur précédent statut de simple célibataire, tel que ci-devant. Quoique, à présent, munis d'une riche et salutaire expérience pour l'avenir. Ils étaient, au moins une fois, passés par là.

Le jeune homme recherchait sans esclandre une autre petite épouse avec tout ce que cela pouvait représenter pour lui. Pour les mêmes raisons, et sans plus y penser, la jeune fille se mettait en frais de trouver un autre compagnon pour la vie du lendemain qui pourrait, le cas échéant, devenir soudain le mari idéal pour une durée peut-être plus prolongée. Il ne semblait se manifester aucune idée préconçue à ce sujet.

A cette entreprise de l'amour et du hasard, fort lourde de conséquences futures, les deux intéressés étant encore très jeunes avaient certes amplement de temps avant d'arriver à un choix définitif. Les chroniqueurs d'autrefois ont remarqué que les jeunes filles surtout ne semblaient nullement pressées d'en venir à une décision finale. Au fait, une jeune fille plutôt sage ne montrait aucun penchant pour un conjoint permanent avant d'avoir au préalable procédé à une cohabitation intense avec au moins une vingtaine de candidats tour à tour jugés aptes à être examinés de près. Cela devait sans doute procurer une certaine expérience à tous ceux qui participaient ainsi à ces exercices d'activités prématrimoniales. Une vingtaine de tentatives de ce genre devaient certes permettre un meilleur aperçu des avantages et des inconvénients que les jeunes novices ou apprentis pouvaient alors entrevoir pour une future vie commune offrant un caractère de plus durable stabilité.

Pourtant, malgré toutes ces précautions antérieures que l'on pourrait considérer presque exhaustives, les chroniqueurs anciens ont encore rapporté que tout cela n'assurait pas pour autant une fidélité à toute épreuve après le mariage exécuté publiquement par des gens désireux de tenter une permanence dans leur projet d'union intime. Il arrivait même souvent qu'après la cérémonie officielle pour les nouveaux époux, d'anciens soupirants revenaient soudain à la surface, et tour à tour, s'étant sans doute ravisés ou ayant depuis lors appris à faire les choses d'une meilleure façon. Sachant maintenant mieux s'y prendre, après de nouvelles études, ils tentaient sans fausse honte de reconquérir les bonnes grâces de celle ou celui qui avait déjà été connu et qui, par malchance ou maladresse, n'avait pas su être conservé. Cela devait certes parfois compliquer un peu les nouveaux arrangements. Mais, par ailleurs, ces avances soudaines devaient aussi avoir de salutaires effets et inviter le jeune mari, ou la jeune épouse, à redoubler de ferveur pour conserver une union qui pouvait à présent sembler d'une nature supérieure ou plus intéressante.

Les chroniqueurs ont aussi noté qu'à ce petit jeu il arrivait qu'une jeune fille se soit vue parfois aux prises avec deux soupirants en même temps ou même davantage. Et, un beau jour, un choix devait naturellement être fait ne serait-ce que pour éviter d'inutiles complications futures. Mais alors déjà, à cette lointaine et naïve époque, une forme de gentille chevalerie était pratiquée en l'occurrence. En effet il était de mise de laisser la dulcinée choisir seule et librement le prétendant qui, à son avis, lui plaisait le plus et semblait ainsi pouvoir assurer un avenir plus aguichant.

Tous ces gestes étaient alors et jusque-là les plus normaux du monde pour des gens simples et candides. Ces derniers n'avaient pas encore connu les "bienfaits" de notre civilisation "supérieure". Or cela peut paraître aujourd'hui assez en avance sur les arrangements paramatrimoniaux que les Européens s'apprêtaient à proposer sinon à imposer d'office et sans, au préalable, avoir été invités à le faire. Car c'était devenu la politique officielle et publiquement affichée des autorités gouvernementales de l'Europe de procéder le plus rapidement possible à la francisation et à la conversion religieuse des masses indigènes et autochtones rencontrées par les Hommes Blancs fraîchement arrivés en Amérique du Nord.

Au fait, ce grandiose projet de totale métamorphose culturelle n'a pas connu un très gros succès. Après plus de quatre siècles d'efforts intenses et soutenus l'affaire est loin d'être réglée. Le problème est toujours le même et à l'étude quant à ses modalités et à ses chances d'en arriver à des solutions pacifiques et acceptables pour tous.

*   *   *

Or, comme pour compliquer davantage les choses pour les chroniqueurs itinérants et minutieux d'autrefois, plusieurs n'ont pu s'empêcher de noter avec surprise qu'au niveau des rapports purement intimes, femmes et hommes semblaient, de toute évidence, en prendre largement et sans hésitation "par où bon leur semblait".

A ce sujet les restrictions avant ou après mariage

paraissaient réduites au strict minimum. Aussi pour des gens qui s'amenaient en des terres nouvelles avec des idées et l'habitude d'ordonnances strictes et très précises en matière d'activités maritales, officielles ou non, temporaires ou plus ou moins permanentes, cela représentait tout de suite des aspects plutôt déroutants.

Les nouveaux venus se voyaient sans doute mal placés pour vouloir imposer leurs rigoureuses vues à des gens qui habitaient déjà ici depuis fort longtemps et paraissaient s'être assez bien débrouillés avec ces problèmes durant de nombreux siècles. De plus, ils n'avaient invité personne à venir leur donner des leçons de conduite personnelle ou de morale étrange et à leurs yeux spéculative.

Tout ceci a sans doute fait naître des divergences de vues qui, avec le temps, n'ont effectivement réussi qu'à s'envenimer davantage. Jacques Cartier lui-même n'a pu s'empêcher de noter avec une évidente surprise qu'il était de coutume pour les filles indiennes, dès qu'elles étaient d'âge, d'être mises dans une certaine maison et abandonnées ainsi à tous ceux qui en voulaient. Et cela durait jusqu'à ce qu'elles aient trouvé un parti jugé acceptable par elles-mêmes. Ce qui, à cette lointaine époque, pouvait paraître en avance sur les méthodes du monde occidental pour ce genre de chose.

Mais, en ce domaine, les pauvres Hommes Blancs, souvent solitaires, qui semblaient jouer de malchance sous le rapport des exercices conjugaux difficiles à compléter, à cause des longs voyages et des énormes distances parcourues à pied ou en canot, se sont bientôt vus confrontés avec une autre coutume ancienne des Indiens autochtones. Il s'agissait cette fois d'une aimable mais rigoureuse formule de bienvenue et de "bonne hospitalité" offerte à tout nouvel arrivant.

En effet, depuis les temps les plus anciens, il était d'usage normal pour les Indiens d'offrir sans retard les services personnels de leur femme, ou encore de leurs grandes filles, à quiconque s'amenait soudainement pour une visite. Et cette coutume devait être observée pour tout nouvel arrivant sans distinction. Ce qui a pu sans doute entraîner parfois des complications pour des voyageurs non avertis et qui ne s'attendaient guère à une procédure de ce genre. Car en Europe, à ce qu'on a dit, on ne songeait que fort rarement à cette méthode de gracieuse urbanité.

En outre, si d'une part l'homme visité devait spontanément accorder les services disponibles de sa maison à l'itinérant qui, fatigué du voyage, venait "frapper à sa porte", par ailleurs la femme ou la fille dont on proposait ainsi les avantages d'agrément n'avaient pour leur part rien à redire au sujet d'une pareille manière d'hospitalité. Au contraire, celles qui, étant désignées, auraient refusé de se plier à la coutume, par caprice ou pour autres raisons personnelles, pouvaient être bientôt sévèrement punies.

Ainsi, le grand et fameux découvreur La Salle, par exemple, a raconté dans ses souvenirs qu'il était strictement défendu aux filles de refuser quoi que ce soit aux hôtes de passage sous peine même d'y perdre leur vie. Ce qui devenait certes fort sérieux et ne laissait pas beaucoup de place pour l'entêtement ou la mauvaise plaisanterie. Et la chose allait encore plus loin, car l'élue du moment pour l'enchantement temporaire du voyageur fourbu devait sans retard faire le nécessaire pour se montrer plaisante et des plus affable.

Il a même encore été raconté qu'un membre de l'expédition de La Salle, du nom de Turpin, avait un jour quelque peu bu et qu'alors il s'était plaint sans plus de façon qu'on l'avait ensuite rebuté dans ses avances. Or, cette faute anti-hospitalité fut trouvée si grave que cinq ou six jeunes filles jugées coupables d'une telle maladresse avaient été éliminées sommairement et sans autre formalité. D'où il faut bien déduire que cette coutume de courtoisie intégrale devait donc être assez sérieusement observée. Il ne fallait à aucun prix faire honte au chef de famille qui voulait montrer à des invités de passage qu'il était généreux et habitué à bien faire les choses.

Le bon baron de La Hontan lui-même, tout en se donnant naturellement et comme toujours le beau rôle, a cru utile d'ajouter son témoignage personnel à propos de cette vieille pratique hospitalière des autochtones de jadis.

En effet, au cours d'un de ses nombreux voyages en

Amérique septentrionale, il se serait un jour amené avec des compagnons de route chez une lointaine nation indienne. Et aussitôt, a-t-il dit, le chef de l'endroit aurait fait venir en parade les plus jolies filles des environs. Mais le très digne baron aurait rapporté ne pas avoir, paraît-il, "profité de ce maquerellage royal". Il aurait plutôt remercié avec effusion le Prince pour sa bonne complaisance en faisant surtout valoir que "la fatigue et l'abstinence des derniers jours leur avaient "tous épointé l'écharde". Il aurait encore voulu, semble-t-il, édifier ces aborigènes par leur volontaire continence, qui fut sans nul doute jugée plutôt surprenante par tous les habitants de la place. Mais, soucieux de la vérité, le bon baron n'a tout de même pu s'empêcher d'ajouter aussitôt que lui-même et ses compagnons "auraient bien été autrement tentés s'il y avait eu plus de peine et de mystère" dans ces propositions, pour lui un peu trop à ciel ouvert. Pour une fois les bonnes exigences de la civilisation occidentale auraient ainsi pris le dessus.

Au fait on ne saura sans doute jamais la vérité sur l'incident rapporté par La Hontan. Mais il n'a tout de même pu se retenir de noter les détails de cette ancestrale coutume indienne d'une intégrale et surabondante urbanité envers quiconque s'amenait amicalement sur leur territoire.

D'autant plus qu'un refus du voyageur d'accepter gracieusement l'offre gentille qui lui était faite en toute candeur pouvait devenir une insulte et lui valoir de sérieux inconvénients comme d'autres chroniques n'ont d'ailleurs pas manqué de le souligner. L'obligation de bienséance marchait donc, pour ainsi dire, dans les deux sens. Comme naturellement toutes les manières civiles.

*   *   *

Or c'est encore La Hontan qui, comme pour le reste en ces choses, n'a pu s'empêcher de décrire l'autre affable coutume indienne qu'il appela "courir l'allumette". Et d'après le bon baron, pour se tenir en ferme condition, cela devait se pratiquer au moins une fois à chaque semaine.

Ce curieux exercice consistait pour un soupirant de s'introduire sans formalité dans une cabane où habitait une fille ou jeune femme. Une fois rendu à l'intérieur l'homme s'approchait du feu qui, suivant l'habitude des gens, y brûlait toujours en permanence. Il y allumait une tige de roseau qu'il tenait à la main après quoi il s'approchait calmement du lit où reposait celle qui était désirée. Aussitôt, suivant la tradition connue et bien établie, si la jouvencelle en soufflant éteignait la flamme de l'allumette du nouveau galant alors ce dernier se couchait sans retard auprès de la fille. Mais si par contre, et sans paroles inutiles, au lieu d'éteindre la flamme offerte elle se glissait plus à fond dans ses couvertures cela signifiait qu'elle ne voulait pas, pour l'instant, recevoir dans son intimité la compagnie courtoise qui lui était silencieusement proposée.

Et ici la coutume voulait encore que le visiteur devait, à ce moment, se retirer sans faire de pressions additionnelles ou de commentaires inutiles. Il ne lui restait plus qu'à recommencer le même manège dans une autre cabane, suivant le rituel, jusqu'à ce que ses voeux assez évidents soient enfin comblés. Cela, d'ailleurs, ne manquerait sûrement pas de se produire à peu de distance de l'endroit de la précédente tentative qui, pour diverses raisons, n'avait pas réussi.

Or, la chose ne voulait pas dire que la jeune récalcitrante momentanée allait, pour autant, finir par connaître une nuit solitaire et sans doute peu souhaitable. Elle attendait peut-être la venue d'un autre candidat considéré plus attrayant pour la circonstance. A moins que, par malheur, ce dernier au cours de sa propre ronde à l'allumette n'ait déjà lui-même été accepté par une amante plus empressée à dormir bien au chaud avec ce compagnon d'un soir jugé fort adéquat pour rendre le service qui était attendu de lui et qui devait être difficile à refuser. De toute façon, le but général de l'entreprise était ainsi atteint par les intéressés.

Le bon baron, sans doute, ne serait-ce que pour mieux s'instruire des vieilles coutumes indigènes, a dû parfois lui aussi, et à son corps défendant peut-être, pratiquer cette gentille et inoffensive course à l'allumette. Autrement il n'aurait certes pas pu consigner par écrit tous les menus détails précis d'un pareil exercice. Surtout si l'on songe aux sérieuses difficultés d'obtenir des renseignements verbaux auprès de jeunes femmes naturellement peu loquaces avec les étrangers à propos de ces matières un peu intimes et aussi à cause des idiomes plutôt compliqués qui pouvaient varier beaucoup d'un village à un autre. D'ailleurs une explication purement orale et théorique n'aurait certes pas donné satisfaction à l'écrivain avide de bien raconter le détail de ses multiples aventures chez ses amis Indiens qu'il a pris la peine de visiter en profondeur en Amérique

*   *   *

D'ailleurs le même bon baron a encore rapporté l'existence d'un autre fait social indigène plutôt étonnant pour les Européens de l'époque, qui se croyaient tous jusque-là très avancés en ces choses.

Ainsi, malgré toutes les facilités déjà décrites en fait d'occasions d'exercices intimes, assidus et fréquents, il y avait en outre pour cas d'urgence, et surtout pour le bénéfice d'hommes qui arrivaient de longs voyages entrepris pour fins de chasse ou pour autres motifs, des arrangements additionnels remarquables. En effet des groupes de femmes, ayant sans doute la vocation, se destinaient particulièrement à recevoir et à bien traiter cette clientèle itinérante, arrivant souvent à l'improviste, et qui devait elle aussi avoir ses exigences et aurait pu être déçue à cause du manque de jeunes dames disponibles lors de leur arrivée au village. Cela aurait sans doute été fort embarrassant pour tout le monde. Surtout pour le chef qui voulait bien faire les choses pour que ses invités puissent repartir peu après, le coeur content.

Donc il y avait, à l'époque des voyages de La Hontan, de jeunes dames accueillantes qui se tenaient en réserve pour faire don d'elles-mêmes en tout altruisme et gentil dévouement. Elles consentaient ainsi à se consacrer totalement à cette tâche sociale. Comme d'ailleurs la chose se pratique à ciel ouvert depuis toujours dans toutes les agglomérations humaines le moindrement bien organisées.

*   *   *

Mais, à vrai dire, les affaires n'allaient sûrement pas en rester là. Car il y eut en ce domaine des rapports fort intimes entre hommes et femmes d'autrefois dans

21

la colonie des développements assez nouveaux. Et à leur arrivée en Amérique, les Européens eux-mêmes n'avaient guère pu prévoir ces expansions inédites malgré leur fertile imagination.

Un jour, en effet, une gentille et complaisante Iroquoise consentit comme ça, et sans fausse honte, à allaiter régulièrement et généreusement, à même ses propres ressources naturelles, un important marchand de Montréal nommé Pierre Rose. Le motif ostensible invoqué par l'astucieux commerçant pour ce déploiement assez exceptionnel était de l'aider ainsi à combattre certains maux d'estomac qui, paraît-il, l'auraient fait quelque peu souffrir au point de ne pouvoir autant apprécier d'autres formes de nourriture. Ne serait-ce que pour se justifier aux yeux des concitoyens moins délurés, qui allaient naturellement finir par apprendre les détails de cette aventure originale, il fallait alors trouver une explication défendable. Et c'en était une.

Cependant l'Iroquoise, au buste rempli, agréable et alerte ne consentit à prodiguer ses soins fort particuliers à son nouveau "patient" qu'à la condition bien établie que pour ses efforts, elle serait par la suite vêtue "à la française" et cela littéralement des pieds à la tête. Les termes de l'entente étaient donc clairement définis.

Les menus détails de la tenue vestimentaire des femmes de l'Europe avaient sans doute fortement impressionné cette excellente fille des forêts. Et, en des circonstances non révélées, elle avait donc dû elle-même vérifier toutes ces choses généralement tenues en sérieuse discrétion et réservées d'ordinaire aux intimes.

Or, malgré les bons soins, sans doute intensifs, fournis par la condescendante Iroquoise, Pierre Rose est quand même et regrettablement tombé malade. Il décéda un peu plus tard alors qu'il allait tout juste avoir trente ans. C'était bien jeune pour quitter cette belle et surprenante organisation. Mais enfin la destinée a parfois de ces étonnantes méprises.

Cependant Marie, car c'était devenu son nom, avait pour sa part assidûment accompli la tâche particulière qui lui avait été confiée. Et à présent elle voulait bien sûr obtenir en retour la petite récompense auparavant promise par celui qui l'avait jusque-là employée à plein temps. Tout cela était certes juste et raisonnable.

Par ailleurs, l'exécuteur testamentaire assigné aux biens du marchand décédé a paru douter des arrangements préalables qui auraient été convenus par le défunt maintenant rendu en un monde meilleur. Aussi, pour éviter toute maladresse et des complications inutiles, l'homme décida de soumettre carrément l'affaire au tribunal du lieu pour adjudication publique, formelle et définitive.

Puis, à l'audition subséquente de cette cause, la demanderesse Marie Chambly se présenta, encore pour l'instant habillée en fille sauvagesse. Et elle fit comprendre tant bien que mal à la Cour qu'elle ne pouvait pas parler la langue française. Il a donc fallu aussitôt nommer d'office une personne fiable pouvant servir d'interprète et ce fut Françoise Goupil que l'on désigna pour remplir ce rôle.

Ainsi, on peut tout de suite se demander comment l'ancien marchand Pierre Rose de Montréal et la gentille Iroquoise Marie avaient bien pu s'y prendre pour communiquer entre eux lors des pourparlers en vue du projet de soins para-médicaux au moyen d'un allaitement accéléré. Et aussi comment ils avaient établi les conditions précises qui seraient attachées à cet arrangement magnifique.

Dans tout cela les douces subtilités de la belle langue française de l'époque n'avaient peut-être pas été d'un secours indispensable. Les intéressés avaient donc dû s'entendre d'une autre façon jugée alors satisfaisante. Mais ça on ne le saura sans doute jamais, sauf qu'ils se sont évidemment bien compris. Autrement l'affaire n'aufait tout simplement pas marché.

Donc, Françoise Goupil accepta séance tenante le poste d'interprète et fut dûment assermentée pour expliquer ensuite au tribunal les diverses demandes et remarques de Marie Chambly, la comparante en cette cause.

Et l'Iroquoise entreprit aussitôt de raconter en détail, et dans sa langue maternelle, comment elle avait un jour accepté d'allaiter généreusement et sans retenue Pierre Rose au moment où il se disait malade. Et cela avait duré jusqu'au décès du pauvre homme qui lui promit alors fermement de voir à l'habiller à la française en retour de ses bons soins et autres petits services personnels assidûment rendus. Malheureusement, Rose n'avait pas eu le temps d'exécuter sa part de l'entente. Et il fallait y remédier.

Et ici l'Iroquoise alla plus loin dans sa revendication. En effet elle déclara ouvertement au tribunal que le sieur Anthoine Pascaud, lui-même nommé depuis exécuteur testamentaire du défunt, avait eu une connaissance répétée du fait qu'elle allaitait régulièrement le marchand de son vivant. En outre, a-t-elle précisé, il y avait aussi eu d'autres témoins oculaires de ces gentils soins accordés sans hésitation et des promesses alors faites à ce sujet. Par exemple avaient assisté à ces séances réconfortantes et hautement curatives le jeune frère du malade, François Rose, et aussi Paul Le Moyne de Maricourt, le quatrième fils de Charles Le Moyne de Montréal et le frère de Pierre d'Iberville. L'affaire était donc rendue très loin, devenait irréversible et prenait une sérieuse tournure.

Le sieur de Maricourt fut donc dûment assigné à comparaître et on lui fit prêter serment de dire la vérité. Il déclara alors, comme c'était la coutume, n'être ni parent, ni allié, ni serviteur de l'une ou de l'autre partie en cause. Puis, à la surprise générale de l'assistance, Paul de Maricourt révéla qu'à la prière personnelle du défunt Pierre Rose, il avait lui-même trouvé et envoyé Marie Chambly pour l'allaiter régulièrement et que le marchand avait aussitôt et formellement promis d'habiller cette bonne personne à la française pour ses peines et soins et que tout cela n'était rien d'autre que la pure vérité. On peut tout de suite imaginer ici l'effet d'un tel témoignage sur l'auditoire un peu estomaqué.

Ensuite, on appela François Rose, âgé de dix-huit ans. Il fut également assermenté de dire la vérité et il annonça être le frère du défunt. Lui aussi déclara ensuite que ce dernier en sa présence avait, à plusieurs reprises, prié Marie Chambly de continuer à demeurer avec lui et qu'elle gagnerait alors de quoi s'habiller à son goût si elle restait pour l'allaiter tant qu'il le désirait.

Les dépositions de confirmation du sieur de Maricourt et du jeune frère François Rose étant ainsi obtenues et dûment consignées au procès-verbal de l'enquête, en outre de la version de Marie Chambly fidèlement traduite au fur et à mesure par Françoise Goupil, le tribunal n'avait alors plus qu'à s'incliner devant l'évidence indiscutable.

L'exécuteur testamentaire Anthoine Pascaud fut donc condamné par la Cour à fournir incessamment à l'Iroquoise Marie Chambly de quoi s'habiller tel que requis, à la française, et le tout, bien sûr, avec dépens car la demanderesse obtenait gain de cause. L'exécuteur n'avait donc rien d'autre à faire que de se soumettre au jugement du tribunal.

L'ordre précis de la cour fut donc alors exécuté et cela d'une façon formelle par devant notaire.

En février 1702, Me Anthoine Adhémar entra en scène et il rédigea à son tour l'acte authentique jugé nécessaire qui donna à nouveau tous les détails de cette curieuse aventure. Il fut fait mention du nom de Françoise Goupil, encore une fois interprète nommée d'office à Marie Chambly. Puis cette dernière a alors déclaré ouvertement qu'elle avait bien reçu ce jour-là en consignation du sieur Anthoine Pascaud, exécuteur testamentaire de feu Pierre Rose, de la marchandise en quantité suffisante pour s'habiller comme entendu et cela en la présence de ladite Françoise Goupil interprète. Le tout se chiffrait de la sorte à la somme de soixante-dix livres et dix-neuf sols en monnaie du pays pour laquelle somme Marie Chambly donnait à présent quittance finale audit sieur Pascaud et copie de cet acte était aussitôt remise à ce dernier pour lui servir de raison.

Et l'on dira maintenant qu'il n'y avait pas de terrain d'entente entre les autochtones et les itinérants fraîchement arrivés d'Europe, et qu'autrefois on ne savait pas rendre une justice équitable et redresser les torts qui devaient l'être.

*   *   *

Il ne reste pas moins de tout ceci qu'on peut aujourd'hui se considérer plutôt choyés du fait que cet ingénieux marchand montréalais ait bien voulu s'éteindre si tôt dans sa carrière plutôt originale.

Autrement, il aurait sans doute eu le temps de remplir lui-même son engagement vestimentaire envers la complaisante Indienne et alors il n'y aurait pas eu cette fort heureuse hésitation de la part d'un exécuteur testamentaire un peu trop pointilleux. On aurait donc risqué de ne jamais connaître cette pratique plutôt surprenante d'un allaitement occasionnel procuré ouvertement à des adultes de l'ancienne colonie française à titre de soins qu'on a qualifiés de para-médicaux. Ce qui aurait été bien dommage.

D'autant plus que, pour éviter les commentaires peut-être désobligeants de la part de voisins trop curieux, l'astucieux patient d'autrefois avait prudemment eu recours à une Iroquoise qui a semblé ne pas savoir un mot de français.

En principe, cela devait donc assurer aux participants de cette étonnante entreprise une discrétion assez certaine à propos de tous ces gentils arrangements.

Mais, comme il arrive souvent, un heureux sort en a décidé autrement pour notre édification commune.

2. L'affable réception accordée à Jacques Cartier sur les rives du Saint-Laurent

L'explorateur Jacques Cartier semble bien avoir été le premier "Homme Blanc" à se risquer loin à l'intérieur des territoires appelés par la suite le Canada. Et pour cette raison, les détails écrits qui ont survécu de ces aventures anciennes peuvent nous aider à mieux comprendre les habitudes des autochtones rencontrés ici et là par les découvreurs européens.

À vrai dire les aborigènes étaient alors à leur état le plus naturel et spontané. Par ailleurs, Cartier et ses compagnons n'avaient pas encore senti le besoin de farder la vérité pour mieux plaire aux autorités lointaines intéressées à ce genre d'aventures et aux bénéfices qui pouvait en être tirés. Car ce fut visiblement ce qui se produisit avec plusieurs officiers supérieurs de la Nouvelle-France lesquels, plus tard, n'osaient pas soumettre des rapports circonstanciés de leurs constatations personnelles qui auraient pu les faire voir sous un mauvais jour. Et ainsi, les hauts fonctionnaires coloniaux se devaient naturellement par la suite de donner des nouvelles et décrire les situations et les événements sous le plus beau jour possible à moins, bien sûr, de vouloir mettre en péril leur propre tête. Ce qui n'aurait certes pas été très intelligent.

Or, il nous est indéniablement resté de sérieuses et abondantes notes des péripéties des longs voyages de Jacques Cartier loin à l'intérieur des terres jusque-là inconnues de l'Amérique septentrionale. En outre, il faut dire tout de suite que, comme tous les explorateurs des temps anciens, il était lui aussi d'abord et avant tout à la recherche d'une route nouvelle devant conduire tous ces hardis coureurs d'aventures vers les fabuleuses ressources de la Chine et des Indes. Car, à l'époque, l'Europe était alors malheureusement séparée depuis un bon moment de ces plantureuses régions pour les raisons politiques et militaires que l'on sait.

*   *   *

Cependant, il faut aussi faire remarquer au début que lorsqu'on entreprend la lecture des rapports écrits, qui racontent en détail les voyages de Jacques Cartier, on doit d'abord entendre avec patience le récit un peu ennuyeux d'une foule d'épisodes préliminaires qui ont malgré tout leur importance. En effet cela peut nous aider à mieux comprendre ensuite les divers incidents de cette extraordinaire entreprise survenue il y a plus de 440 ans.

Donc, Jacques Cartier s'était personnellement préparé avec beaucoup de minutie pour cette opération vers l'inconnu où il allait littéralement risquer sa propre vie et celle de ses compagnons de voyage.

Ainsi il y eut de longs préparatifs d'approvisionnement puis un hésitant et difficile départ vers des régions outre-mer qui, à l'époque, étaient encore totalement inexplorées. De vagues rumeurs laissaient bien entendre que ces "Terres-Neuves" avaient déjà été visitées en bordure par des Vikings, des Irlandais, des Italiens, des Portugais, des Basques et des Bretons. Mais tout ce joli monde se gardait bien de donner des détails au sujet de ses expériences expéditionnaires. Pour diverses raisons, connues de ces seuls aventuriers, ils ne voulaient peut-être pas susciter une trop forte concurrence et ainsi nuire à leurs lucratives et plutôt secrètes randonnées.

En outre, pour compliquer un peu les choses, l'auguste pape romain Nicolas V avait déjà en 1454 généreusement accordé aux Portugais la souveraineté absolue et exclusive de toutes les mers avoisinant l'Europe. Et cela incluait du même coup les voies maritimes longeant l'Afrique et pouvant conduire jusqu'aux Indes magnifiques et mystérieuses.

Puis, en 1493, Alexandre VI Borgia, un autre pape reconnu lui aussi comme fort honorable, avait à son tour, du haut de sa majestueuse autorité pontificale, accordé aux Espagnols et aux Portugais en des pro-

28

portions bien définies une souveraineté encore totale et également exclusive sur toutes les terres à découvrir à l'ouest des îles Açores.

Pour alors atténuer un peu les choses et éviter de vilaines et sérieuses censures papales il avait fallu, dit-on, rien moins que l'intervention personnelle et onctueuse du très révérend Père Abbé du Mont, Le Veneur. En effet ce dernier, par pure chance, se trouvait à être en excellents termes avec un nouveau et subséquent pape régnant du nom de Clément VII qui, étant lui-même un Médicis, allait à son tour devenir fort célèbre pour de nombreux démêlés et diverses autres raisons. Ainsi, grâce à cet heureux contact, le Très Révérend Le Veneur avait pu obtenir encore une nouvelle interprétation des gênants et absolus décrets pontificaux d'auparavant. Par conséquent, il a, à présent, été expliqué à toute la chrétienté que les édits formels de Nicolas V et d'Alexandre VI avaient bien fait naître une formidable et gratuite domination de la part de souverains spirituels légitimement régnants. Mais le nouveau décret de Clément VII ajoutait avec beaucoup de grâce que cela ne pouvait s'appliquer qu'aux seuls territoires déjà découverts.

Et voilà! C'était très simple. Il ne s'agissait indiscutablement, encore une fois, que d'y avoir pensé. En outre cette diplomatique et ingénieuse solution devenait à la fois intéressante et surtout efficace. Sauf peut-être pour quelques-uns trop imbus d'un rigoureux formalisme traditionnel.

Ainsi le bon roi François Ier, souverain de la France, obtenait enfin moralement une sorte de sauf-conduit et le champ libre. Quitte, évidemment, à pouvoir par la suite donner un effet pratique à cette nouvelle doctrine coloniale par le moyen des armes. Car les puissances ibériques ainsi dépossédées subito presto n'ont pas trouvé la chose bien drôle. Et à leur tour, ces gens ont évidemment et sans retard entrepris de contourner une fois encore cette nouvelle difficulté contrariante qui n'avait aucunement été prévue par les principaux intéressés.

Mais tout cela rendait donc possible une magnifique aventure maritime qui se proposait de changer littéralement le cours de l'histoire du monde étant donné le changement imprévu et inespéré de la politique pontificale romaine. Des explorations et des prises de possession de territoires outre-mer par d'autres populations que celles des seules régions ibériques semblaient à présent être permises ou tolérées. Aussi des Français, et également des Anglais, ont sans retard songé à entreprendre d'audacieuses courses à voile vers les vastes espaces énigmatiques des domaines lointains qui allaient devenir l'Amérique du Nord.

*　　*　　*

Donc, comme il fallait à présent s'y attendre, en avril 1534, le capitaine malouin Jacques Cartier prit la mer avec deux petits navires en route vers la destinée recherchée.

Il explora tant bien que mal les abords de Terre-Neuve, le golfe Saint-Laurent et alla même planter une croix sur le sol ferme, devenu par la suite une portion de la Province de Québec à l'endroit qui est à présent connu sous le nom de Gaspé. Une croix que Cartier lui-même disait avoir trente pieds de haut. Ce qui devait certes impressionner les Indiens présents, qui regardaient ébahis, n'ayant jamais vu un pareil déploiement. D'autant plus qu'elle était garnie d'un écriteau en forme d'écusson sur lequel était inscrit en grosses lettres "Vive le Roi de France". Mais les aborigènes ne savaient pas lire. Il y avait donc de quoi les intriguer sérieusement.

Or, fort heureusement pour nous tous, il s'est produit que Cartier a cru bon de rapporter lui-même certaines expériences qu'il a vécues au cours de cette équipée assez rare et préservée dans les fastes européennes de cette lointaine époque.

Il a dit, entre autres, avoir alors rencontré des gens d'une belle corpulence, quoique farouches et sauvages. Ils avaient les cheveux relevés, liés en poignée de foin serrée, et garnis de plumes d'oiseaux. Ils étaient tous vêtus de peaux de bêtes, mais les femmes étaient plus closes et serrées en leurs peaux et ceintes par le corps. En outre tous étaient également peints de diverses couleurs. Ce qui ne pouvait manquer d'étonner les voyageurs français peu habitués à de pareils usages. Ils avaient aussi des barques faites d'écorce de bouleau avec lesquelles ils allaient faire la pêche aux loups marins en pleine mer. Ce qui, là encore, a dû surprendre les Français qui n'auraient peut-être pas eux-mêmes osé prendre de tels risques.

De plus, ces gens "sauvages" ont paru être d'une nature plutôt affable. En effet, à quelques reprises, ils s'approchèrent par bande et se mirent à danser et à faire d'autres cérémonies. Ensuite, après un échange de petits cadeaux symboliques, ils donnèrent spontanément aux Français tout ce qu'ils avaient, au point qu'ils s'en retournèrent tout nus, "sans rien sur eux" et en faisant des signes qu'ils reviendraient le lendemain avec de nouvelles pelleteries. Et là aussi les Européens n'étaient guère préparés pour ce genre d'hospitalité amicale et plutôt raffinée.

Or, un jour de juillet de l'année 1534, alors que Cartier et son monde étaient à explorer les côtes de la baie des Chaleurs, qui fut nommée de la sorte dès ce moment, les Français rencontrèrent soudain un parti de sauvages comprenant plus de trois cents hommes, femmes et enfants. Plusieurs de ces derniers apportèrent aussitôt aux visiteurs "Blancs", sur des plaquettes de bois, de nombreuses pièces de loup marin qui venaient d'être cuites et étaient toute chaudes.

Il fallait naturellement répondre à une pareille gentillesse. Aussi, pour ce faire, Cartier dépêcha sans retard deux hommes apportant de menus cadeaux de hachettes, de couteaux, de chapelets et d'autres articles du genre. Ce qui ne pouvait en aucune manière appauvrir le personnel de l'expédition. Mais alors aussitôt, des groupes d'Indiens en grande joie s'approchèrent des visiteurs avec leurs barques pleines de fourrures dans le but évident de poursuivre les échanges déjà si bien commencés.

Puis nombre de femmes s'avancèrent dans la mer en chantant et en dansant jusqu'à ce qu'elles aient de l'eau au-dessus des genoux. Et d'autres, voulant sans doute se montrer si possible encore plus aimables, s'approchèrent résolument des visiteurs puis sans aucune gêne elles entreprirent de leur caresser les bras avec leurs mains. Et pendant ce manège imprévu elles donnaient des signes évidents qu'elles éprouvaient toutes beaucoup d'ostensible allégresse. Ensuite, comme on devait à présent s'y attendre, elles commencèrent à leur tour à donner encore une fois tout ce qu'elles avaient de sorte que bientôt il ne leur restait plus que leurs corps nus et elles exhibaient alors leurs charmes sans aucune fausse honte ni trace d'inutile retenue. Ce qui ne pouvait certes être jugé qu'un geste collectif de fort aimable urbanité et délicat savoir-vivre.

Au point où en étaient rendues les choses il faut aussi se rappeler que le capitaine Jacques Cartier était accompagné d'une bande de marins plus ou moins amateurs qui, durant de longs mois, avaient navigué solitairement en mer et avaient donc été tout à fait privés des aménités coutumières de la vie en société. Aussi, les gestes fort amicaux des gentilles Indiennes ont dû requérir de la part de ces visiteurs un peu ébahis, soudainement et ouvertement choyés, une forte dose d'une stoïque réserve, sinon d'une abnégation très pure et fort louable pour résister victorieusement à des offrandes aussi notoires et manifestes.

Mais, hélas! sur ce point d'échanges de gestes hospitaliers, de la coupe aux lèvres la distance étant toujours si minime, Cartier n'a pas jugé à propos de nous fournir des détails. On ne peut donc que présumer. Et cela est regrettable. Car surtout pour nous les Néo-Américains d'aujourd'hui, fort convaincus d'avoir inventé en personne toute la gamme des belles et gracieuses manières de l'homme dit civilisé, il aurait été intéressant et instructif de se faire dire sans détour comment les choses se passaient au Nouveau-Monde il y a plus de quatre siècles. On en est que plus perdant pour autant.

On pourrait ajouter ici, au sujet de ces nouveaux amis de la baie des Chaleurs, que Cartier a cru bon de noter qu'ils semblaient être un peu nomades et que leur terre était très tempérée et la plus belle qu'il soit possible de voir. Ces gens vivaient surtout de poisson, de blé sauvage comme seigle, de pois, de groseilles blanches et rouges, de fraises, de framboises, d'herbes de bonne odeur et de beaucoup de saumon. En outre il y avait de très belles prairies et, ici et là, de grandes étendues de roses rouges et blanches, ce qui rendait l'endroit fort attrayant et calmement plaisant.

Après les descriptions détaillées des moeurs de ces indigènes en peaux de bêtes et de la vie un peu idyllique qu'ils semblaient mener en toute indolence et quiétude, il n'est donc pas étonnant qu'en Europe on se soit épris d'aussi belles images d'une grande nature tranquille et sans retouche. Aussi, il est vite devenu à la mode de parler avec beaucoup d'évidente sympathie de ces races lointaines de "bons sauvages" qui pouvaient, à coup sûr, nous servir de modèles. De très grands penseurs français ont parlé en ces termes.

Or, à quelques jours de là, et tout en continuant les explorations entreprises, la flottille de Cartier rencontra un autre groupe d'aborigènes le long de la côte de Gaspé. Ces derniers étaient en train de faire la pêche à un endroit où le poisson abondait visiblement. Le capitaine malouin raconta alors que ce nouveau groupe devait bien compter pas moins de deux cents personnes qui occupaient environ quarante barques. Il les appela, eux aussi, des sauvages et il ajouta qu'ils avaient semblé cette fois, et à première vue, être plutôt pauvres.

Cependant, après leur avoir donné quelques petits cadeaux de couteaux, de chapelets, de peignes et d'autres objets de peu de valeur, ces gens en retour ont aussitôt entrepris d'offrir des signes évidents de grande joie. Or tous étaient nus sauf que quelques-uns portaient des lisières de peaux de bête en forme d'écharpe sur l'épaule. En outre, ils parlaient une langue différente des autres indigènes qui avaient été précédemment rencontrés. Ils avaient un autre genre de coiffure, leur crâne semblant avoir été rasé de près sauf pour une touffe sur le haut de la tête qui était arrangée comme une queue de cheval retenue avec une espèce de lanière.

Et soudain, d'une façon très spontanée, tous les hommes là encore se mirent à chanter et à danser en faisant, à leur tour, des signes de grande joie. Peu après les jeunes femmes s'approchèrent des visiteurs blancs et on donna, à elles aussi, de petits cadeaux de peignes et de clochettes d'étain, ce qui parut leur procurer un très vif plaisir. Résultat, les nouvelles arrivantes s'empressèrent aussitôt, et comme cela à présent paraissait bien être la coutume du pays, de remercier le capitaine en lui caressant ouvertement et amicalement les bras et la poitrine avec leurs mains alertes. Ce qui sembla inciter les autres femmes, jusque-là demeurées à l'écart, de s'approcher vivement sans doute pour obtenir, elles aussi, de menus cadeaux, et elles se mirent à frotter également le capitaine avec leurs mains, ce qui s'après Cartier lui-même semblait bien être leur manière de manifester une grande amitié. Puis après que chacune de ces nouvelles admiratrices eut aussi reçu de petits objets elles entreprirent incontinent de danser et de chanter des airs plutôt jolis et fort variés. Le spectacle improvisé devenait magnifique et inoubliable.

Or, comme il fallait s'y attendre, à la suite de ces gracieuses et plaisantes aménités, les visiteurs furent vite pourvus de grandes quantités de poissons et, a dit Cartier pince-sans-rire, surtout de maquereaux qui venaient d'être pêchés peu auparavant au moyen de filets fabriqués de fil de chanvre qui semblait croître en abondance dans les environs.

Au fait, Cartier n'a pu s'empêcher de remarquer que, malgré leur indigence apparente, ces Indiens semblaient être en mesure de se fort bien nourrir en toutes saisons. En effet, en plus des produits de leur pêche et de leur chasse, ils amassaient aussi de bonnes provisions de gros mil, de pois, de prunes, qu'ils faisaient sécher en vue de l'hiver, de noix, de poires, de pommes et de beaucoup d'autres fruits fort bons au goût. Cela n'a pas été sans étonner grandement le capitaine et ses compagnons vu l'isolement et le manque d'outillage de ces gens perdus dans la forêt sauvage et sans fin. Il fut cependant surpris de constater que ce monde n'employait pas de sel dans son alimentation et que de plus ils semblaient tous être de fort habiles larrons capables de dérober en un clin d'oeil tout ce qui s'adonnait à être à la portée de leur main. Ce contre quoi il fallait alors se prémunir en tout temps.

Comme quoi, en fait de petites manières humaines, les Indiens de l'Amérique d'autrefois n'avaient qu'assez peu de choses à apprendre des "découvreurs" européens qui venaient ainsi les visiter chez eux tout à fait à l'improviste.

* * *

Puis, d'une chose à l'autre et après de nouvelles

randonnées ici et là qui firent connaître d'autres parties du pays, on était maintenant rendu vers la mi-août de cette année 1534. Désireux de faire un prompt rapport, à propos de ses intéressantes trouvailles, Jacques Cartier décida qu'il serait sage de ne pas prendre de risques additionnels et peut-être inutiles. Il résolut donc que le temps était venu pour lui et ses compagnons de retourner en France.

Mais auparavant, comme dernier effort touristique, et en quelque sorte pour prouver clairement qu'il s'était bien rendu en des lieux fort éloignés et jamais encore visités par des "hommes blancs", après de laborieux pourpalers avec un chef autochtone de Gaspé, Cartier avait réussi à obtenir de ramener avec lui en Europe deux "sauvages" ou Indiens authentiques. Ils se nommaient, dit-on, et autant qu'on a pu comprendre, Taiguragny et Domagaya. Un pareil geste était sans doute un peu risqué de la part de visiteurs itinérants et jusque-là inconnus. Cela aurait pu attirer de mauvais ennuis aux découvreurs européens. Mais enfin, en dépit des apparences douteuses, l'affaire a paru être par la suite couronnée d'un certain succès. Quoiqu'il en ait aussi résulté de sérieux désagréments qui allaient causer de vilains embarras à l'occasion de voyages subséquents. Il est trop tôt toutefois pour parler de tout cela et préférable de ne pas anticiper.

Cependant, comme sorte de justification pour ce genre d'enlèvement impliquant des gens un peu sans défense, il fut alors expliqué officiellement qu'il ne s'agissait en somme que de faire apprendre à ces bons indigènes candides les rudiments du bel idiome français. Et cela allait permettre par la suite aux Européens d'avoir à leur emploi, et à peu de frais, de fort utiles intermédiaires et interprètes. Ce n'était peut-être pas très exact mais le motif invoqué devenait ainsi une assez bonne excuse.

De plus on pouvait toujours, et à tout hasard, faire en outre valoir l'autre intention fort louable d'amener peu à peu ces bonnes âmes bien disposées à se convertir formellement à nos augustes croyances et pratiques morales très chrétiennes de cette pieuse époque. Cela devenait alors, et pour tout le monde dit occidental, un argument péremptoire et irrésistible, les choses en ce domaine en étant au point que tous connaissent bien aujourd'hui. Ce qui une fois encore devait certes faciliter les choses.

Ainsi, tout heureux, Jacques Cartier avec ses frêles petits voiliers a pu retourner en France après avoir affronté de nombreuses et vilaines tempêtes. Il accosta, comme il a dit lui-même, le cinquième jour de septembre de ladite année au havre de Saint-Malo d'où il était préalablement parti. Il apportait un bagage de précieux renseignements et des preuves palpables du succès de son expédition. Sans cela, de mauvaises langues auraient pu faire planer de sérieux doutes sur cette dispendieuse aventure. Car le bon capitaine n'avait pas que des amis en son pays comme il allait bientôt s'en rendre compte. En effet le succès des uns a souvent tendance à exciter la jalousie des autres.

Cependant, ô surprise, la France officielle se montra vite réjouie par un tel développement. Et Jacques Cartier fut sans retard pressé de voir à l'organisation d'une autre entreprise du même genre afin de pousser davantage ses recherches jugées très intéressantes et susceptibles de devenir à court terme profitables pour tous les intéressés. On peut deviner le mobile personnel des promoteurs de cette nouvelle embardée alors qu'eux-mêmes se préoccupaient assez peu des graves risques qui, une fois encore, seraient encourus par ces voyageurs au long cours pourvus seulement de moyens de fortune des plus rudimentaires.

Cartier n'eut donc guère d'autre choix que d'appareiller à nouveau au printemps de l'année suivante. Et, comme pour faciliter les choses, en mai 1535 l'explorateur malouin fut maintenant promu au grade de "capitaine général et pilote du roi". Cela, au fait, ne coûtait rien à personne, a dû en faire sourire plusieurs, et ressemblait beaucoup à ce qui s'était produit auparavant pour Christophe Colomb et Fernand de Magellan lorsque ces derniers avaient offert leurs services au royaume d'Espagne pour les fins que l'on sait.

Or cette fois, Cartier se trouva officiellement à la tête d'une flottille de trois petits navires équipés pour une promenade en haute mer pouvant, si nécessaire, durer une quinzaine de mois. L'affaire devenait donc sérieuse. Le projet royal et officiel visait à parachever la navigation déjà si bien commencée et à permettre ainsi de reconnaître les autres régions et territoires au-delà de ce qui était à présent désigné sous le nom de Terres-Neuves.

A ces louables fins les vaisseaux nolisés s'appelaient la Grande-Hermine, la Petite-Hermine et l'Emerillon. En outre, et pour une fois, ces unités navales de cent, de soixante et de quarante tonneaux avaient été bien radoubées et même munies de voiles et de cordages supplémentaires. De plus, on avait fait assembler du personnel le plus fiable et utile qu'il fut possible de recruter. On voulait décidément assurer le succès de cette nouvelle entreprise au long cours.

*　　*　　*

Ainsi, après tous ces efforts, vers la mi-mai de 1535, Cartier est à nouveau parti de Saint-Malo avec ses petits voiliers qui ne paraîtraient guère impressionnants aujourd'hui. Mais à l'époque cela devait fournir un spectacle plutôt remarquable. Surtout si l'on songe aux graves risques qui étaient alors encourus lorsqu'il s'agissait d'affronter les caprices de l'océan Atlantique avec des moyens aussi modestes. C'était l'époque des hommes remplis d'une bravoure à toute épreuve. En sus, naturellement, de toutes leurs autres qualités.

D'ailleurs, c'est Cartier lui-même qui nous a donné une idée des misères qui pouvaient naître de pareilles aventures maritimes. Il a, en effet, raconté comment peu de temps après leur départ les trois petits navires furent soudain pris dans une tempête si violente et déchaînée que, voyageant jusque-là en formation de convoi, les trois ont été littéralement dispersés aux quatre vents sans pouvoir faire quoi que ce soit. Ils ne se sont revus que beaucoup plus tard quand les uns après les autres ont fini par arriver à Terre-Neuve à un endroit qui avait été prévu à l'avance. Chacun avait alors vogué tant bien que mal, seul, désemparé et à sa manière, sans savoir ce qui pouvait bien être arrivé aux autres.

Or, après les joyeuses "retrouvailles", les marins à présent remis de leurs émotions entreprirent d'explorer plus à fond Terre-Neuve et ses alentours. Il fut vite remarqué qu'il s'agissait là d'une île de forte dimension. Ensuite, en allant plus avant vers l'inconnu, on pénétra peu à peu dans un immense cours d'eau intérieur qui, à la suggestion de Jacques Cartier lui-même, allait être appelé la rivière et peu après le fleuve de Saint-Laurent en Canada. Un état de choses demeuré tel quel jusqu'à ce jour.

Et la flotte européenne, toujours avide d'explorations et d'audaces nouvelles, a bientôt atteint des sites jusque-là ignorés. Pour s'y reconnaître, ils furent tour à tour désignés l'île d'Anticosti, l'île aux Coudres, Tadoussac, l'île d'Orléans, la rivière Saint-Charles et Stadaconné, par la suite appelé Québec, est demeurés inchangés depuis lors.

Mais, comme il fallait bien s'y attendre, le long des rives du Saint-Laurent les voyageurs rencontrèrent des Indiens avec qui ils devinrent, dit-on, vite familiers. Cela fut surtout rendu possible grâce à Taiguragny et Domagaya, que Cartier ramenait de France tel que promis l'année précédente.

Jacques Cartier et ses gens furent naturellement, et encore une fois, l'objet de réceptions fort civiles qui comprenaient comme de coutume les gestes aimables et intimes auxquels à présent ils étaient assez bien habitués. Il y eut donc des déploiements de danses, diverses cérémonies, des dons d'anguilles et autres sortes de poissons, de quantités de gros mil qui était leur pain et aussi des fruits tels que gros melons. Il y avait tout ce qu'il fallait pour faire la fête. Et bientôt des hommes et surtout des femmes arrivèrent d'un peu partout en barques nombreuses pour accueillir eux aussi les nouveaux arrivants. Cela amena bien sûr des échanges de menus cadeaux et tout le tralala ordinaire. Les visiteurs d'outremer étaient aussi amicalement bien reçus qu'il était possible de le faire en la circonstance.

Puis, au plus fort des réjouissances bruyantes, on vit soudain arriver sur les lieux le grand seigneur et chef du Canada appelé Donnaconna ou Agouhanna. Il n'était pas toujours facile en effet de comprendre correctement les expressions verbales employées par les autochtones. Or cet important dignitaire s'amenait ainsi sur les lieux à la tête d'une imposante flottille comprenant pas moins de douze barques remplies de gens du pays. Cela a certes fait une forte impression sur les Visages-Pâles européens. Ils se voyaient ainsi et tout à coup entourés et nettement débordés par cette affluence populaire qui, de toute évidence, s'efforçait de se faire voir sous un jour irrésistiblement amical.

S'étant alors approché avec ses gens des navires de Jacques Cartier, le grand chef Donnaconna entreprit aussitôt de débiter un éloquent discours ou "prêchement" suivant la façon habituelle en "agitant son corps et ses membres d'une merveilleuse manière". Ce déploiement improvisé d'ostensible sympathie était une manifestation évidente de grande joie et de dispositions fort rassurantes à l'adresse des visiteurs arrivant de très loin et qui n'étaient guère accoutumés à ce genre de choses le long des côtes du continent européen et autres rivages des alentours.

Or pour rendre, si possible, le spectacle encore plus dramatique, Taiguragny et Domagaya s'approchèrent à ce moment de Donnaconna pour lui dire à voix forte, et publiquement, toutes les merveilles qu'ils avaient vues en France et comment ils avaient été bien traités par les gens de ce pays. Le grand seigneur du Canada a alors aussitôt paru enchanté par de tels propos. Il s'amena donc à son tour près de Jacques Cartier pour lui caresser les bras et les embrasser affectueusement. Et tous ceux qui étaient présents ont aussi semblé fort heureux d'entendre ces récits louangeurs des deux Indiens rapatriés et revenus sains et saufs en terre d'Amérique.

Ces gentilles activités se terminèrent naturellement, et encore une fois, avec un apport mutuel de boustifaille. Les marins français, pour leur part, contribuèrent d'un don de pain et de vin. Et cela, au dire de Cartier, a paru procurer un grand plaisir au seigneur Donnaconna et à toute sa bande, tous étant visiblement peu familiers avec des aliments de ce genre. Puis il y eut, bien sûr, des échanges additionnels de petits cadeaux dont, depuis les débuts de cette merveilleuse randonnée, il semblait y avoir une provision pour ainsi dire inépuisable.

En outre, à propos de Stadaconé ou le Québec

d'aujourd'hui, Cartier n'a pu s'empêcher de décrire les lieux avec un véritable enthousiasme. La terre à cet endroit, a-t-il dit, était aussi bonne et fertile qu'il fut possible de voir. Ces lieux étaient littéralement remplis d'arbres aussi beaux que ceux de France. Il y a vu chênes, ormes, frênes, noyers, pruniers, cèdres, vignes, aubépines portant de gros fruits. Il y croissait aussi un chanvre excellent et tout cela poussait en apparence sans semence ni aucun labeur. Ce qui a paru l'étonner beaucoup et presque faire croire à une sorte de paradis terrestre.

Cartier exagérait peut-être un peu. Mais, en terre aussi lointaine et sauvage, il ne s'attendait sans doute pas à de pareilles trouvailles. On peut donc comprendre son enthousiasme spontané pour ces lieux enchanteurs que lui et ses compagnons étaient en train de "découvrir" pour la plus grande joie et bénéfices de futurs voyageurs. Car les récits de telles explorations et aventures en lointaines régions ne manqueraient sûrement pas d'attirer d'autres découvreurs avides de venir, à leur tour, vérifier toutes ces affirmations.

Ainsi, jusqu'à présent, tout le monde s'était fort bien conduit les uns envers les autres. Et à chaque nouvel accostage de la flottille en voie d'exploration, l'on vit arriver d'autres seigneurs autochtones entourés, eux aussi, d'hommes et de femmes du lieu. C'était alors la répétition inévitable de nouvelles allocutions incompréhensibles, mais éloquentes et fort animées, suivies de danses et de chants pendant que les femmes souriantes et complaisantes s'approchaient des embarcations des visiteurs jusqu'à ce qu'elles fussent dans l'eau au-dessus des genoux. Puis se produisaient invariablement de nouveaux gestes d'attouchements divers qui étaient sans aucun doute des signes "de bon amour et de bon vouloir", selon le propre témoignage du capitaine.

Accueillis ainsi avec tant de grâce, les Français se devaient encore une fois de donner des couteaux, des chapelets de verre, et autres petits objets de peu de valeur. Tout cela rendait ce monde candide tellement heureux que Cartier n'a pu s'empêcher de rapporter qu'on pouvait les entendre continuer à chanter, à danser et à faire la fête alors qu'il était rendu à plus d'une lieue de distance de son dernier point d'arrêt. Cela valait certes la peine d'être noté pour bien informer ceux qui, plus tard, auraient à leur tour l'envie de venir faire une promenade en des lieux aussi ravissants. Du moins tant que le charme magique ne serait point rompu. Ce qui d'ailleurs n'a malheureusement pas tardé.

Mais cela pourrait peut-être aussi expliquer que, emporté lui-même par un soudain engouement, Cartier a cru à propos de nommer île de Bacchus la gentille langue de terre située au milieu du fleuve près de Québec. Quoiqu'elle fut plus tard renommée l'île d'Orléans, telle qu'on la connaît jusqu'à ce jour.

Or peu après, c'est-à-dire vers le quatorze septembre, il y eut une nouvelle et grandiose démonstration de bienvenue accordée aux explorateurs européens par les autochtones. Et cette fois, Donnaconna s'amena avec pas moins de vingt-cinq barques toutes chargées de passagers qui donnaient une fois encore, et du moins en apparence, des signes de grande amitié.

A ce moment, les Français projetaient ouvertement de poursuivre leur exploration d'endroits encore plus éloignés. Ils voulaient se rendre à tout risque, jusqu'à Hochelaga dont on avait beaucoup entendu parler et qui devenait ainsi le but prochain de cette belle entreprise maritime.

Mais tout à coup, pour compliquer un peu les choses, il apparut soudain que les habitants de Stadaconé n'approuvaient guère cet inoffensif désir de Cartier d'aller en ces lieux lointains. Et, sans doute pour détourner les Français de cette nouvelle aventure, Donnaconna, peu après, alla même jusqu'à faire le don à Cartier d'une fillette d'une dizaine d'années et de deux petits garçons paraissant plus jeunes. Mais, malgré ces bonnes aménités, le pilote du roi continua néanmoins de s'en tenir à sa résolution première d'aller voir en personne ce mystérieux emplacement. Même si l'on tentait très fort à présent de l'en tenir éloigné pour des raisons jamais expliquées ni comprises par la suite.

Ainsi, malgré le refus inattendu de Taiguragny et de Domagaya de faire partie de cette nouvelle expédition tel que déjà entendu, et l'inutilité de nouveaux cadeaux remis à Donnaconna pour l'amadouer en vain, le dix-neuf septembre, Cartier ordonna l'appareillage immédiat du galion à voiles et des deux barques disponibles en vue de remonter le fleuve jusqu'à la destination projetée.

Or, en toute surprise, ici et là d'autres habitants des rives graduellement visitées en cours de route s'approchèrent aussi en groupes nombreux. A tour de rôle ils donnèrent, là encore, des signes évidents de leur grande joie et de leur sympathie spontanée pour les navigateurs aux "Visages-Pâles". Ils leur apportèrent même de grandes quantités de poissons fraîchement pêchés et d'autres cadeaux, allant jusqu'au don remarquable d'une petite fille et d'un petit garçon. Ce qui devait paraître un peu étrange et inattendu pour ces Européens itinérants non habitués à ce genre de manifestations amicales.

Enfin, après de nombreux incidents semblables et d'autres rencontres avec des seigneurs et des peuplades avenantes et joyeuses, et aussi des échanges répétés de vivres et de petits présents, le deuxième jour d'octobre 1535, les Français sont arrivés à Hochelaga depuis lors devenu Montréal.

Et ici l'accueil accordé aux visiteurs fut encore une fois et si possible, plus chaleureux que ce qui s'était produit jusque-là. Il y eut bien sûr de nouveaux dons de poissons et autres victuailles que Cartier et ses gens acceptaient tout heureux, en donnant à leur tour "des couteaux, des chapelets et autres menues hardes" dont il semblait y avoir une provision intarissable et qui paraissaient rendre fous de joie les bonnes gens du pays.

A cette occasion, Cartier a affirmé que pas moins de mille personnes comprenant des hommes, des femmes et des enfants sont ainsi venus spontanément recevoir les visiteurs européens dans une explosion d'allégresse magnifique. Tout ce monde chantait et dansait par grandes bandes puis s'approchait pour offrir du poisson et du pain de gros mil comme si tout cela "tombait littéralement du ciel". Les femmes apportaient les enfants à Cartier pour les faire toucher croyant peut-être qu'il possédait des pouvoirs surnaturels et très puissants.

Puis, lorsque après un bon moment de ces cérémonies de bienvenue les Français retournèrent à leurs barques pour souper et passer la nuit, la fête n'en continua pas moins sur le bord du fleuve près des embarcations. De grands feux de joie furent allumés ici et là pendant que les chants les plus variés, les danses bruyantes, et les cris d'allégresse continuèrent ininterrompus durant presque toute la nuit. Pour une première visite des Européens à Hochelaga la réception qui leur fut accordée par les gens de la place était fort éclatante et inoubliable.

Aussi, pour à son tour bien faire les choses, le lendemain matin Cartier s'habilla et s'arrangea du mieux qu'il put afin de paraître correct et convenable. Il fit aussi mettre une partie de son personnel en bon ordre de grande parade. Les autres laissés derrière devaient naturellement assurer la surveillance des barques, une chose plutôt essentielle en la circonstance. Pour le capitaine, il s'agissait à présent d'aller faire une inspection pacifique et une reconnaissance plus détaillée de cet emplacement mystérieux.

Avec l'aide de trois hommes de cette ville, la marche se fit alors par des chemins fort bien battus et en excellente condition. La terre et la plaine étaient visiblement très belles et garnies d'arbres aussi beaux que tous ceux de France. Cependant en cours de route, la petite troupe a dû s'arrêter de temps à autre près d'un feu le long du chemin pour saluer certains seigneurs de l'endroit qui voulaient ainsi montrer leur joie pour cette visite improvisée. Et à chaque fois le rituel exigeait alors bien sûr de nouveaux discours de bienvenue et de gracieuse amitié qui pouvaient durer un bon moment.

Enfin, d'une chose à l'autre, le cortège a fini par se rendre à la montagne du lieu, laquelle fut assez vite escaladée. Rendus au sommet, tous les visiteurs pouvaient voir très loin à la ronde et le panorama était magnifique. Cartier lui-même fut fort réjoui du spectacle et il nomma aussitôt l'endroit le Mont Royal, une appellation qui a heureusement survécu jusqu'à ce jour.

Après sa descente vers la plaine, Cartier nota encore qu'il y avait là au moins une cinquantaine de grandes maisons formant ainsi une véritable ville. Le tout était protégé par un vaste enclos à trois rangs d'une hauteur de deux lances et muni d'échelles et de galeries sur lesquelles étaient placés des tas de roches sans doute comme mesure de défense. Il n'y avait aussi qu'une seule porte d'entrée qui pouvait être solidement fermée à barres quand, sans doute, cela devenait nécessaire.

Cartier profita aussi de l'occasion qui lui était offerte et il y visita quelques maisons. Il les trouva toutes pourvues d'une grande salle où on faisait le feu et de nombreuses chambres, ouvertes et adjacentes, pouvant abriter les familles qui y demeuraient en communauté. Il y avait également des greniers en haut, où étaient conservés des réserves de blé pour faire le pain, des piles de bois pour le chauffage et diverses autres matières et des outils d'usage courant. En somme une organisation civilisée.

Or, les Français étant à présent tous rendus au milieu de cette ville, où il y avait une vaste place publique entre les maisons, ce fut encore une fois la fête générale et populaire. Les visiteurs en promenade ont été naturellement invités à s'y arrêter. Et aussitôt, comme on pouvait s'y attendre, toutes les femmes et les filles du lieu, a dit Carier, s'approchèrent rapidement des voyageurs pour "les baiser au visage, aux bras, et autres endroits du corps où elles le pouvaient". Toutes pleuraient de joie au contact de ces dociles étrangers et elles faisaient voir les meilleures marques d'amitié et d'intérêt qu'il était possible d'offrir sans aucune gêne.

Il faut ajouter à ce propos que, même si malheureusement non racontée en détail par l'austère et pudique Jacques Cartier, on peut assez vite imaginer la scène fort originale de cette circonstance et ses suites immédiates sans doute inévitables. L'explosive nature humaine en pareille occasion étant ce que l'on sait depuis toujours.

En effet, au moment du départ quelques jours après, a encore dit Cartier, quelques-uns de ses hommes "devenus un peu las" et apparemment incapables de marcher plus avant, ont même dû être transportés par des Indiens sur leur dos "comme sur des chevaux" jusqu'au rivage et aux barques. Les pauvres garçons trop ambitieux ou trop entreprenants devaient donc être sérieusement à bout de souffle pour en être rendus là. Et tous comprenaient fort bien l'affaire. Car on était entre marins qui

44

n'offrent pas de commentaires inutiles à la suite d'un petit séjour sur la terre ferme. Pour ces invalides d'occasion la fête avait donc été prise très au sérieux et les belles caresses des gentilles Indiennes du Montréal d'autrefois n'avaient pas été vaines ni bêtement refusées.

Aussi il est très regrettable, encore une fois, que le bon capitaine n'ait pas jugé utile de nous renseigner à ce sujet et sur les moeurs populaires d'il y a quatre siècles et demi au Nouveau-Monde.

A la fin, et au moment définitif du départ, ces aimables gens d'Hochelaga continuèrent de suivre assidûment les visiteurs étrangers en train de se retirer pour de bon. Ils naviguèrent même dans leur sillage sur le fleuve aussi longtemps qu'il leur fut possible de le faire.

Mais on était à présent rendu au cinq octobre. Il fallait donc, malgré les regrets, se hâter sur la voie du retour vers la province de Canada et l'emplacement plus familier de Stadaconé. En effet, la mauvaise saison était sans doute proche et pouvait être vilainement rigoureuse, si l'on se fiait aux vieilles rumeurs racontées au sujet des hivers en Amérique du Nord, bien que, à ce moment, aucun membre de cette expédition n'avait encore eu une expérience personnelle d'un pareil phénomène. En outre, après toutes les fortes émotions des derniers jours, les visiteurs devaient se sentir heureux mais un peu fatigués. Il était donc temps de retourner à la maison pour se reposer et récupérer tant bien que mal.

Cependant, en cours de route, il y eut un dernier et court arrêt momentané au site qui est par la suite devenu Trois-Rivières et que Jacques Cartier décida de nommer "la rivière de Fouez". Cela devenait une dédicace formelle et publique qui fut sans retard marquée, comme d'habitude, par l'érection d'une autre croix monumentale sur la pointe d'une des petites îles du lieu qui s'avançait plus que les autres à l'intérieur du fleuve.

Et ainsi, d'une chose à l'autre, le onze octobre cette belle expédition a fini par revenir à ses navires qui furent trouvés en bon état au havre de Sainte-Croix, à la rivière Saint-Charles, où ils avaient été laissés au moment du départ pour l'aventure d'Hochelaga.

Cartier a même noté dans son récit des faits quotidiens que les maîtres et marins, qui étaient restés derrière pour fin de surveillance, s'étaient occupés entre-temps à construire tout près des navires un véritable fort formé de grosses pièces de bois toutes solidement jointes les unes aux autres. La nouvelle construction était même garnie de plusieurs pièces d'artillerie. Tout cela avait sans doute été fait par prudence pour le cas où la bonne humeur des gens du pays avoisinant en viendrait à être moins sympathique qu'elle ne l'avait été jusqu'à ce moment.

*   *   *

Or à la surprise générale le grand seigneur Donnaconna de Stadaconé, encore accompagné des voyageurs Taiguragny et Domagaya, est venu pour dire sa joie et faire bon accueil à ceux qui revenaient parmi eux. Il en résulta naturellement une fête. Et, profitant sans doute de l'occasion, une pressante invitation fut faite à Cartier et à son monde pour qu'à leur tour ils aillent rendre visite dans leurs meubles, à ceux qui venaient ainsi leur souhaiter la bienvenue et se réjouir que tout semblait s'être bien passé pendant leur expédition à l'intérieur du pays.

Ainsi le lendemain, le treize du mois, allant tous au rendez-vous prévu, les hommes et les femmes de Stadaconé sont bien sûr encore une fois venus au-devant des Européens qui s'approchaient en parade et en bon ordre. Les hommes se sont alors assis en rangs suivant leur habitude et les femmes par contre continuèrent de s'amener près des visiteurs en chantant et en dansant en signe de salutation et de témoignage de grande amitié, le tout accompagné des gestes traditionnels de bonne sympathie. Et il y eut de nouveaux échanges de petits présents de couteaux pour les hommes et de bagues d'étain pour les femmes et les filles. Ce qui suscita naturellement en retour des dons de vivres et autres manifestations du genre comme à présent on était accoutumé de le faire.

Par la suite on organisa de nouvelles rencontres entre Français et autochtones qui commençaient à se connaître assez bien. Même si de temps à autre il s'est produit de petites mésententes apparemment dues à des difficultés de langage.

46

Cependant on était rendu en octobre fort avancé.

Aussi, après avoir tout considéré, le capitaine Cartier décida qu'il ne serait pas sage de se risquer aussi tard en saison dans une aventure de retour vers le bas du fleuve, le golfe, puis l'océan, à cause de la neige et des tempêtes dont on lui avait souvent parlé. Il choisit plutôt de demeurer tranquillement près de Québec et faire du même coup l'expérience d'un premier hivernage communautaire en Amérique.

Pour le meilleur ou pour le pire.

Or ce fut, cette fois, littéralement pour le pire.

Car la terrible maladie du scorbut a soudain fait son apparition. Et tout le monde, ou à peu près, en fut vite atteint causant des jambes et des hanches enflées, des nerfs noircis comme du charbon, des bouches et gencives infectées et pourries. Sur toute la troupe des Français seuls trois ou quatre ont été épargnés. On peut imaginer la vie et le moral des gens en de telles conditions qui n'avaient nullement été prévues.

En outre, et pour comble de malchance, il fallait pour survivre lutter contre un hiver de neige, de froid, de glace épaisse et de misères de toutes sortes avec un attirail simpliste et nettement insuffisant. Car on n'avait jamais vu cela et on n'était pas préparé pour une pareille infortune.

Un moment est venu où tous les membres de l'équipage européen ont cru en être rendus au seuil du trépas malgré les chaleureuses invocations et autres pressantes dévotions, prières et promesses de pèlerinages futurs si on réussissait à s'en tirer. On voyait aller vers une fin ignominieuse et sans histoire ce qui avait jusque-là paru être une belle et mémorable aventure.

Ce furent les Indiens eux-mêmes qui amicalement enseignèrent aux Blancs le remède facile et naturel du jus d'un sapinage bouilli qu'il fallait prendre d'urgence pour se soigner et guérir avant qu'il ne soit trop tard. On n'avait visiblement pas d'autre choix et ce fut fait grâce au concours d'Indiennes qui montrèrent où aller et comment s'y prendre pour réussir le miracle purificateur.

Cartier y perdit quand même plus d'un tiers de son personnel ce qui, en la circonstance, était une sérieuse

47

tragédie. Mais il réussit malgré tout à passer au travers.

Et le trois mai suivant, fête de Sainte-Croix, il alla planter en terre ferme, une autre belle croix de trente-cinq pieds de hauteur avec un écusson en bosse en l'honneur du roi et annonçant à tout venant: Franciscus primus, Dei gratia, Francorum rex, regnat! Les Indiens qui ne parlaient déjà pas le français n'ont naturellement rien compris de cette magnifique sentence latine qui par la suite est apparemment disparue sans laisser de traces. Car personne n'est restée derrière pour la surveiller.

Le six mai, après de nombreuses cérémonies d'adieu, il appareilla et partit avec les survivants en assez piteux état. Mais non sans ramener avec lui en France et d'une façon plutôt laborieuse et discutable le grand seigneur Donnaconna et plusieurs autres qui tous, malheureusement, ne devaient plus revoir leur pays d'origine.

Cartier devait faire d'autres voyages en Amérique quelques années plus tard. Mais à ce moment, il savait à quoi s'attendre en fait de climat et de réception de la part des aborigènes qui jusque-là s'étaient toujours montrés des plus aimables pour les visiteurs arrivant d'outre-mer.

Il est certes regrettable que d'aussi gentilles amitiés n'aient pas été préservées par la suite à cause d'événements divers sur lesquels on n'a guère à revenir. Cela d'ailleurs nous éloignerait inutilement de notre présent sujet.

3. Roberval devient soudain jaloux à cause des agissements de Marguerite sa nièce peu fidèle

En l'an de grâce 1540, dans l'important pays de France, régnait depuis vingt-ans un roi qui s'appelait assez symboliquement François 1er. Or ce grand souverain, de par la raison d'État, se devait d'être très catholique à peine de voir son règne âprement contesté par de puissants seigneurs ayant alors un droit de vue sur l'occupation du trône royal.

Fils de Louise de Savoie et de Charles de Valois comte d'Angoulême, cousin en propre et gendre en titre du précédent roi Louis XII, le vieux Père du Peuple, ce dont il avait auparavant épousé la fille Claude de France, ce nouveau titulaire en obtenant presque par accident une place dans le tableau chronologique des souverains de son pays, au décès de son beau-père en 1515, décida dès son accession au trône, que la nouvelle lignée des Valois-Orléans-Angoulême, dont il devenait le premier représentant, allait à son tour laisser une empreinte remarquable dans l'histoire de France.

Aussi, après de nombreuses intrigues de Cour, où furent même mêlés de près Henri VIII et sa jolie et sémillante soeur Mary d'Angleterre, et beaucoup d'autres, ce nouveau monarque se comporta comme si à partir de son avènement tout allait recommencer dans cette activité un peu spéciale du système gouvernemental de la royauté française.

Mais, tout catholique qu'il se devait d'être en raison de son auguste poste, cela n'empêchait pas François 1er d'avoir une sympathie assez ouverte pour les frères séparés au niveau des croyances et pratiques religieuses et qui s'appelaient alors de méchants huguenots ou vilains protestants.

Or, à ce moment, l'Europe occidentale entière était

49

soudain aux prises avec une fièvre nouvelle la portant à entreprendre toutes sortes de grandes découvertes géographiques. Et cette maladie originale poussait les peuples à se rendre, à tour de rôle et malgré les risques, vers de nouveaux territoires situés très loin au-delà des mers et demeurés jusque-là des endroits tout à fait inconnus et enrobés de multiples et brumeuses légendes pouvant effrayer ceux qui n'avaient pas les nerfs solides.

Ainsi par exemple en France, après un précédent échec, dès l'année 1524 un groupe de banquiers italiens avaient, théoriquement au nom du roi chevalier, commandité une vaste entreprise d'exploration maritime vers la Moscovie puis les terres d'Amérique. Cette aventure originale avait été placée sous la direction du navigateur florentin Giovanni da Verrazzano.

Après une traversée qui ne lui prit qu'environ vingt-cinq jours il arriva en Floride que d'autres explorateurs avaient déjà découverte dix années plus tôt. Il remonta alors vers le nord en suivant les côtes, accostant ici et là, et faisant ami avec les aborigènes qui venaient en canot saluer les voyageurs. Ainsi, d'une chose à l'autre, il visita les territoires qui devinrent par la suite le Cap Breton, la Nouvelle-Ecosse et Terre-Neuve. Et, un peu pris d'enthousiasme pour tout ce qu'il venait de voir, il donna à toutes ces nouvelles régions le nom de "Gallia Nova", c'est-à-dire "Nouvelle-France". Il ajouta même à des points particuliers qui le frappaient davantage des noms à forte consonance franco-florentine tels que Valle Umbrosa, Certosa, L'Annunziata, Dieppa, Anaflor, Longavilla, Normanvilla, et beaucoup d'autres.

En théorie, et au moins sur papier, la Nouvelle-France était née et reconnue dès 1524. Malheureusement, et malgré un élan d'exaltation momentanée, l'affaire n'eut pas de suite utile, bien que Verrazzano et son frère Jérome eurent fait pas moins de trois voyages en Amérique avec de nouvelles trouvailles à chaque fois.

Les choses hélas! devaient en rester là. L'actif chercheur Verrazzano a fini par être surpris, un jour qu'il était au dépourvu et sans défense à terre quelque part dans les franges du Brésil. Il fut capturé, massacré et dûment dévoré par des autochtones Caraïbes affamés, aux tendances cannibales qui, ne sachant mieux, croyaient faire là une bonne affaire. Et toutes ces belles aventures s'arrêtèrent là. Sauf qu'il y eut des survivants qui réussirent à revenir en Europe et ont pu donner la version finale de tous ces beaux quoique vains efforts. Décidément les gentilles explorations outre-mer pouvaient entraîner certains risques.

Puis était venu le tour de Jacques Cartier de se lancer lui aussi dans des aventures de découvertes en 1534, 1535, 1536, 1541, et cetera, comme on le sait déjà.

Ensuite, ce fut l'entrée en scène de Jean-François de La Rocque, chevalier, et sieur de Roberval. Courtisan, grand dépensier, il est vite devenu fort connu en France. Le grand et célèbre écrivain François Rabelais l'avait surnommé Robert Valbringue dans ses écrits. Le roi François 1er, qui l'a favorisé, en fit son vice-roi pour gérer les futurs territoires néo-français de l'Amérique septentrionale et il l'avait même appelé amicalement le petit roi du Vimeu. Cela voulait sans doute montrer une marque d'affection un peu particulière de la part du souverain à l'endroit d'un bon ami de longue date et sur qui il pourrait toujours compter pour de loyaux services dans l'avenir.

Mais, à cause de ses croyances religieuses jugées peu conformes aux normes reconnues comme les seules acceptables, et d'ailleurs assez mal en point au niveau de ses finances personnelles, Roberval a dû un jour quitter la France pour, un moment, éviter le pire.

Puis il se risqua de revenir chez lui, croyant qu'on le jugerait à présent moins dangereux pour les gens de son voisinage. Et il songea sans retard, et fort sagement, à apporter un règlement à ses deux problèmes intimes d'insolvabilité chronique et de croyances inorthodoxes. Il s'agissait tout simplement d'aller tenter fortune loin au-delà des mers en Amérique à propos de laquelle la rumeur populaire suggérait qu'il était facile de s'enrichir très vite tout en se tenant loin des créanciers malveillants de l'Europe continentale.

D'où l'idée de se faire colonisateur sur une grande échelle, pour des objectifs purement personnels, pouvait peut-être aussi s'allier à un secret désir de profiter de l'occasion pour implanter au loin un nouvel établissement qui serait correctement régi par la foi protestante d'expression française. Mais sur ce dernier point on ne saura sans doute jamais la vérité. Car Roberval a fort prudemment gardé le silence à ce sujet qui aurait pu lui jouer un vilain tour s'il avait ouvertement donné un sens concret à cette entreprise missionnaire.

Or, à la surprise générale, le soudain projet de Roberval d'aller maintenant faire de l'exploration et des prises de possession de territoires éloignés a semblé plaire sérieusement à François 1er. Cela, en effet, pouvait arranger beaucoup de choses tout en laissant intacte sa royale autorité. Aussi le roi de France a, dit-on, promptement payé lui-même les dettes les plus vilaines de La Rocque Roberval. Puis il fit rédiger et ensuite il signa un solennel parchemin qui créait son ami et courtisan rien de moins que vice-roi. Ce qui était certes un geste assez exceptionnel.

Ce rare document de la part du roi chevalier en date de janvier 1541 accordait en toutes lettres la nomination officielle de lieutenant général, chef, directeur et capitaine de Canada, Hochelaga et terres de Saguenay, pour se mettre en relation avec les sauvages, habiter le pays et construire villes, forts, églises, et cetera. Et cela incluait aussi le pouvoir de recruter du personnel même dans les prisons avec comme récompense l'offre d'une commutation des sentences déjà rendues. Et encore le versement d'une très grosse somme d'argent pour faire équiper suffisamment les navires jugés nécessaires à cette grandiose entreprise maritime et coloniale.

Mais il restait néanmoins à résoudre le sérieux problème de l'inexpérience reconnue de Roberval en semblables matières. D'où la nécessité pour le roi d'avoir, encore une fois, recours aux services du capitaine Jacques Cartier qui avait déjà à son crédit deux expéditions du même genre en Amérique. Par ailleurs il fallait également, et avec adresse, faire accepter à Cartier un rôle de subalterne, et de second plan, sous les ordres d'un favori qui allait théoriquement conduire toute l'aventure et donner les commandements. Même si ce chef officiel n'avait en apparence aucune idée des conséquences de ses décisions basées inévitablement sur un passé inexpérimenté, et donc peu préparé pour une opération de ce genre.

Or, justement à cause de son manque notoire de connaissances en pareilles matières, Roberval éprouva tout de suite de sérieuses difficultés à obtenir du personnel même en s'adressant aux prisons des alentours. Puis le montant d'argent alloué est vite devenu insuffisant. Alors Roberval, en vue de néanmoins mener à bonne fin son beau projet, encouragea bientôt des assauts de pillage contre d'autres vaisseaux naviguant dans les parages. Par malheur, quelques-unes des cargaisons saisies appartenaient à des Anglais. Ce qui entraîna vite des problèmes et des réclamations officielles et sévères de la part de Henri VIII d'Angleterre. D'où une gêne naturelle et une situation internationale assez piteuse pour le pauvre François 1er qui n'avait certes pas prévu de pareils développements.

Pendant ce temps, Cartier avait pour sa part complété ses préparatifs plus rapidement et, de guerre lasse, il a fait voile et s'est mis en route dès mai 1541. C'est-à-dire à peu près une année avant que Roberval ait réussi à en faire autant. Toute l'affaire débutait très mal.

Au fait, Roberval n'a finalement pu lever l'ancre qu'en avril 1542. Ses trois navires, en plus d'un certain nombre d'officiers transportaient naturellement des provisions pour ce grand voyage et aussi, a-t-on dit, plus de deux cents hommes et femmes qu'il avait laborieusement recrutés "dans la lie du peuple". Ce qui n'était certes pas la meilleure garantie de succès dans ce projet de fondation d'une colonie devant avoir un caractère de permanence et de crédibilité.

Ainsi, après toutes ces complications, Roberval a fini par arriver au havre de Saint-Jean dans l'île de Terre-Neuve. Et il s'agissait à présent de décider ce qu'il faudrait faire pour poursuivre l'aventure vers le grand inconnu avec les seuls moyens disponibles à bord.

Or, pendant que les délibérations se poursuivaient assidûment, quelques jours plus tard l'on vit soudain approcher les vaisseaux de Jacques Cartier. Ce dernier revenait de sa promenade nouvelle le long des rives du Saint-Laurent, incluant un autre difficile hiver à Stadaconé et pour cela bien résolu de retourner paisiblement en France le plus tôt possible. En outre, il était surtout anxieux d'aller montrer à la cour les échantillons de minerai, en apparence fort précieux, qui avaient été recueillis à même la falaise de Québec, remarquable rocher depuis lors et pour cette raison appelé le Cap Diamant. Car à ce moment, tout le personnel de cette expédition avait la ferme conviction que cette proéminence rocailleuse n'était rien moins qu'une formidable réserve de diamants de toutes les grosseurs imaginables.

Mais Roberval était toujours le supérieur hiérarchique de Jacques Cartier. Aussi, en cette capacité, il ordonna à ce dernier de rebrousser chemin vers l'intérieur des terres. Le vice-roi voulait à son tour, et bien naturellement, découvrir pour son propre avantage l'endroit précis où se trouvaient ces formidables richesses dont parlaient depuis si longtemps de persistantes et mystérieuses légendes maintenant confirmées par les trouvailles de son subalterne.

Par contre, Cartier désirait, bien sûr, être le premier à pouvoir étaler à la cour de France son succès personnel comme prospecteur d'occasion. Aussi, malgré les ordres formels de Roberval, le capitaine malouin fit secrètement et silencieusement lever l'ancre de ses navires au cours de la nuit et sans bruit la flottille appareilla et mit à la voile, encore une fois, en route vers la lointaine Europe.

Le lendemain matin, au réveil, des gens malveillants s'empressèrent de venir annoncer à Roberval la fort mauvaise nouvelle. Cartier et tout son monde étaient bel et bien partis et disparus au large sans laisser de traces. Et il était bien inutile, à cette époque de chercher à rejoindre les fugitifs. En effet la vitesse du vent propulseur était exactement la même pour tous dans une région donnée et on ne pouvait donc pas aller plus vite dans l'espoir de rejoindre quelqu'un d'autre après un certain retard.

Le vice-roi dépité et un peu confus a donc dû se résigner à poursuivre son aventure tout seul et au hasard dans une région qui lui était complètement étrangère. Sauf qu'il savait plutôt vaguement qu'il y avait là un grand fleuve, des îles énormes fort nombreuses, de hautes et jolies montagnes ici et là, et également un humble établissement terrestre à un endroit où le fleuve se rétrécissait. A l'époque, c'était appelé Stadaconé par les autochtones, mais bientôt ce lieu allait devenir Québec. Un nom qui d'ailleurs a depuis lors été reconnu par toutes les générations subséquentes jusqu'à ce jour.

Et Roberval, se lançant ainsi bravement vers l'inconnu et fort de sa qualité de lieutenant-général, a voulu faire preuve de sa vice-royale autorité. Il entreprit donc spontanément d'attribuer des noms de sa propre et personnelle invention à divers endroits qu'il s'est alors adonné à visiter et à "découvrir" à son tour pour la première fois.

Ainsi, par exemple, il rebaptisa du nom de "France-Roi" le petit poste devenu vacant de Stadaconé qui avait été érigé puis rénové par Cartier au cours de ses deux précédents voyages. Ensuite, et encore pour bien marquer sa présence et suprême juridiction, il en fit autant avec le fleuve que Cartier avait nommé le Saint-Laurent et que Roberval décréta, séance tenante, qu'à l'avenir ce magnifique et paisible cours d'eau serait connu officiellement par nul autre nom que celui de "France-Prime". Sans doute en l'honneur de François Ier qui lui, occupé à autres choses en Europe, ne pouvait rien savoir de tout cela.

Malheureusement, et d'ailleurs comme pour tout le reste de ses nombreuses entreprises personnelles, ces deux magnifiques innovations de Roberval allaient demeurer sans lendemain. "France-Prime" n'a jamais survécu dans les catalogues géographiques ultérieurs. Et le fleuve canadien est fort calmement demeuré le Saint-Laurent au glorieux cours, comme le dit si bien un de nos hymnes nationaux. De même il a en été pour "France-Roi" qui a aussi continué d'être appelé prosaïquement Stadaconé et puis Québec comme on le sait déjà.

Et, comme sorte de post-scriptum à cette aventure mal partie et ayant connu une fin plutôt malheureuse, il peut être rappelé brièvement ici que Roberval et ses gens ont, comme auparavant Cartier, connu un hiver très rigoureux et fort difficile. Il en résulta beaucoup de dégâts parmi le personnel qui n'avait évidemment et encore une fois, aucune préparation matérielle adéquate pour ce genre d'expérience un peu particulière.

Il y eut de la maladie. Plus du tiers du corps expéditionnaire sans défense succomba aux vilaines attaques du scorbut sans pouvoir offrir de résistance utile.

On en était piteusement réduit à attendre les vagues secours qu'on avait requis de France. Car, en septembre précédent, Roberval avait envoyé son plus petit vaisseau afin de tenter d'obtenir de l'aide additionnelle jugée indispensable.

Et pourtant, malgré tous ces malheurs, Roberval tenta néanmoins avec huit barques de rescaper quelque chose de ce disgracieux naufrage en se rendant lui aussi jusqu'à Hochelaga et Montréal. Mais, là encore, la guigne s'acharna. Une barque sombra entraînant la perte d'au moins huit gentilshommes. Ce qui a paru mettre un point final à cette nouvelle et inutile exploration. Il est même miraculeux que tous ces gestes stériles, douloureux et coûteux n'aient pas entraîné une explosion de réelle mutinerie chez le personnel un peu captif qui devait toujours endurer sans gloire les mauvais coups.

Or, ô miracle! en approchant de Stadaconé on s'aperçut que Cartier était en effet revenu pour tenter de sauver ce qui pouvait encore l'être de toute cette entreprise littéralement manquée. Une opération de rescapage qui d'ailleurs a été appelée par la suite son quatrième voyage de 1543. Mais là encore, hélas! le maître-pilote Cartier, en vertu des arrangements précédents toujours considérés valides, continuait d'occuper un rôle de subalterne, ce qui ne pouvait guère lui faciliter les choses dans son rôle de secouriste bénévole.

Par ailleurs, les résultats désastreux qu'il pouvait à présent voir de ses propres yeux n'étaient peut-être pas de nature à tellement lui déplaire. On avait voulu se passer gaillardement de ses services, de sa calme expérience et toute l'aventure improvisée tournait à la faillite la plus complète.

Mais enfin, pour faire ce qui devait l'être, tout ce qui restait de survivants chez les Français de tous rangs fut dûment ramené à la mère patrie. Aucun de ces apprentis colonisateurs un peu abasourdis n'est en apparence demeuré au Canada pour s'y implanter. A moins qu'il y ait eu quelques déserteurs inconnus poussés par des motifs non déclarés. C'était donc l'échec le plus complet d'une fort coûteuse équipée qui revenait les mains vides.

Roberval, dès son retour, a dû tout vendre ce qui lui restait afin de payer, encore une fois, une partie de ses dettes les plus criardes. Il tenta même de crâner pour un temps quand François Ier, toujours bon prince et aussi fidèle, lui accorda un autre commandement à Senlis dans l'espoir de l'aider à se tirer un peu d'affaires. Mais, pour comble de malchance, on dit encore que le pauvre explorateur d'occasion aurait peu après péri bêtement assassiné près du cimetière des Saints-Innocents. Un geste ridicule qui semblait bien mettre un point final à cette remarquable mésaventure.

Pour sa part Cartier se trouvait maintenant, et pour la première fois de sa vie, créancier du roi qui, à cause de nombreux conflits militaires malheureux avec ses voisins, avait lui-même de la difficulté au niveau des ressources monétaires et en était réduit à faire du marchandage.

Mais par ailleurs, et également pour comble d'infortune, les spécimens du minerai rapportés de Québec furent déclarés sans valeur par ceux qui s'y connaissaient en ces choses. Il n'y avait donc, là encore, rien d'utile à attendre de ce côté. Au fait dans tout le royaume de France, il s'est vite répandu une expression populaire assez cruelle qui faisait couramment dire aux gens qu'une certaine chose était aussi fausse "qu'un diamant du Canada".

Cela, une fois encore, voulait tout dire concernant ce beau projet d'une exploitation minière qui devait tout bousculer au niveau des diverses fortunes royales de cette époque européenne agitée et toujours à court d'argent.

*   *   *

Or, et sans que personne ait pu le prévoir, ce fut précisément à l'occasion de ce désastreux voyage de Roberval outre-mer que se serait produit la première histoire véritablement amoureuse entre Français temporairement en territoire de l'Amérique septentrionale.

Voici donc brièvement ce que racontent encore aujourd'hui les vieilles chroniques qui nous sont depuis lors restées concernant cette aventure sentimentale au caractère plutôt exceptionnel et qui tourna vite au tragique.

Il apparaît que, peu de temps après la nuit sombre durant laquelle Cartier et ses gens faussèrent compagnie au chatouilleux vice-roi près des côtes de Terre-Neuve un curieux incident se serait produit à bord d'un des vaisseaux de M. La Rocque de Roberval.

Une demoiselle du nom de Marguerite La Rocque de Roberval aurait, en effet, été à la fois la nièce en propre du sieur de Roberval et accidentellement l'une des passagères bénévoles de cette expédition si mal menée par son cher oncle le vice-roi qui voulait à tout prix devenir célèbre.

Et voici, dit-on, à peu près comment les choses se sont produites en prenant soin, bien sûr, d'ajouter que, comme dans toutes les belles histoires d'amour du lointain passé, il est possible qu'avec le temps un peu de légende ait pu se glisser inconsciemment dans les récits qui ont survécu de cette mémorable aventure.

Ainsi Mademoiselle Marguerite la nièce du chef de cette expédition aurait, elle aussi, participé à ce voyage pour le moins étonnant. Et par moment la chose a dû lui paraître fort ennuyeuse. Surtout pour une jeune fille de belle famille habituée depuis longtemps à de petites distractions moins assommantes que la vie monotone et répétitive de longs jours sans incidents particuliers, tous étant littéralement perdus en haute mer et incapables de pouvoir y changer quoi que ce soit.

Et Roberval, sans doute désireux comme tout le monde de tuer le temps, avait alors acquis l'habitude de voir seul à seul et régulièrement sa proche et jeune parente. Le but déclaré de ces rencontres en tête à tête était de la mettre au courant de ses affaires intimes, de ses projets et aussi de ses bonnes chances de pouvoir enfin refaire sa fortune et effacer ses dettes encore en souffrance. Puis, en toute sympathique confidence, il pourrait, ajoutait-il, s'organiser enfin une vie princière qu'il croyait bien mériter, comptant d'ailleurs sur ses appuis nombreux et puissants à la cour de France. Et

aussi sur tous les bons amis qui sans doute ne manqueraient pas de venir grossir sa suite personnelle une
fois que tous sauraient à quel point il serait devenu
riche et influent.

L'on comprendra que la jeune et gentille nièce
devait certes écouter tous ces beaux discours en donnant
des signes manifestes d'une grande joie et d'un total
ravissement, allant peut-être jusqu'à des déploiements
d'un caractère plus intime.

Or, l'oncle Jean François de La Rocque était un
partisan déclaré d'une conduite fort convenable telle
que hautement recommandée par la "nouvelle opinion"
et les austères croyances de la grande Réforme. Mais
l'homme qui s'ennuie dans une oisiveté cruelle et involontaire, à cause de l'éloignement et d'une vilaine solitude, peut, malgré toute sa bonne volonté et sa ferme
résolution, redevenir pour un moment en quelque sorte
très humain. Avec toutes les résultantes habituelles qui
se produisent d'ordinaire en une pareille circonstance.

Et soudain, hélas! et à l'insu de tous ou à peu
près, M. de Roberval n'était plus du tout le seul homme
à bord qui aimait bien raconter les confidentiels détails
de sa vie et de ses projets d'avenir à la douce et accorte
Marguerite. On a même rapporté que quelques-uns des
gentilshommes qui avaient accepté de faire partie de
cette folle aventure s'étaient ainsi embarqués dans l'affaire plus pour les yeux doux et peut-être pour l'affection éventuelle de la gentille nièce que pour se placer
magnanimement au périlleux service du roi qui lui,
entre-temps, avait bien d'autres chats à fouetter.

Donc on peut déceler tout de suite les éléments
cachés mais fortement explosifs qui étaient en train de
s'attirer et de se regrouper à bord d'une de ces oasis
flottantes aux proportions naturellement exiguës qui
pouvaient rendre un peu compliqués les rendez-vous
intimes lesquels devaient être naturellement discrets et à
l'abri des regards malveillants. Il y a comme cela chez
les hommes des choses que nos traditions occidentales
recommandent fortement qu'elles soient faites dans
l'atmosphère d'une gentille camaraderie sinon même
dans le cadre d'un isolement temporaire. D'ailleurs,
depuis toujours tous spontanément agissent ainsi.

La belle Marguerite voyait donc fréquemment et amicalement son oncle. Et quand ce dernier devait de par ses augustes fonctions s'occuper de matières d'une nature plus professionnelle, la nièce condescendante et sans doute aussi charitable acceptait avec discrétion d'écouter le récit des projets intimes d'autres gentilshommes. Car eux aussi devaient avoir des choses intéressantes à étaler tendrement sur leur passé, leur présent et leur avenir. On devait bien sûr s'y attendre.

Et voilà bien ce qui a pu engendrer le drame historique.

D'une part la duègne Damienne, en bonne surveillante, savait naturellement tout ce qui se passait à bord. Elle avait d'ailleurs la stricte responsabilité de tenir en tout temps la primesautière Marguerite sous sa garde vigilante et très personnelle. Mais, fort malencontreusement, il s'est produit un jour que le vice-roi se trouva libéré de ses travaux habituels plus tôt qu'il n'avait prévu. Il profita donc aussitôt de son loisir inopiné pour se précipiter dans la cabine voisine qui était celle de la nièce toujours complaisante, attentive et docile. Du moins jusque-là.

Or, par une malchance inexplicable, la fille n'était pas là. Et Roberval en fut inquiet, puis curieux et finalement même un peu soupçonneux. Aussitôt il décida de tenir l'oeil ouvert, et pour en avoir le coeur net il se permit même quelques petits interrogatoires ici et là, histoire de s'informer.

Alors a-t-on dit, survint une nuit belle et douce sous les scintillantes étoiles et le poétique clapotis des vagues calmes contre les flancs vermoulus du petit voilier. Et cela pouvait naturellement inspirer des jeunes à faire de mutuels et tendres échanges. Pour sa part Roberval tout absorbé par son enquête assidue visant à lui faire retrouver sa nièce encore une fois absente, pour lui annoncer sans doute quelque bonne nouvelle toute fraîche a fini par découvrir dans un coin obscur sa jeune parente. Mais, ô horreur! à ce moment précis elle était en train de participer à une conversation des plus attachantes avec un jeune gentilhomme débordant visiblement de forts beaux projets. Et la scène gentille, mais tout à fait imprévue, amena aussitôt le fougueux vice-roi, hors de lui-même, à faire l'éclat d'une colère très bruyante autant que vertueuse et un peu puritaine.

Des mots assez durs furent, dit-on, échangés sans retard ni ménagement. Bien que l'oncle fût sans doute un peu mal placé pour faire une scène de jalousie en règle à sa proche parente qui, en théorie du moins, avait bien le droit de prendre part à un petit colloque innocent en haute mer avec des jeunes de son rang et de son âge. D'ailleurs, en réalité et en toute candeur il n'y avait certes aucun mal là-dedans. Bien au contraire.

Mais le digne vice-roi avait, dit-on été humilié et mortifié. Et il était sans doute aussi un peu mal à l'aise de s'être échappé de la sorte et trahi lui-même. Car il devait soudainement se rendre compte que, pour une fois, il n'avait pas tout à fait eu le beau rôle dans ces échanges improvisés et un peu trop acrimonieux en la circonstance.

Cependant dans son jugement personnel il avait littéralement surpris l'infidèle Marguerite la main dans le sac, comme dit le proverbe. Et tout de suite lui est venue l'idée d'un immédiat besoin de rectifier cette fausse situation en chassant publiquement ceux qui avaient été la cause de cette blessante algarade. Du même coup cela pourrait aussi donner une solide leçon de morale gallicane réformée aux autres qui par la suite seraient à leur tour tentés de devenir de vilains contrevenants et surtout de se laisser bêtement prendre sur le fait. Ce qui aggravait la chose.

La fortune pour le lieutenant-général vice-roi était, bien sûr à portée de sa main. Mais par contre il avait été éconduit et traité de haut devant des subalternes par sa propre nièce et proche parente. Cela était su et demandait donc une sanction quelconque qui pourrait aussi servir d'exemple de dissuasion dans l'avenir.

Or, par un méchant hasard, peu après la flottille vice-royale naviguait maintenant dans le voisinage des rives d'une île inconnue où l'on voyait de hautes herbes, de grands arbres et beaucoup de fleurs sauvages fort variées. Les marins vite en train de pêcher prenaient d'énormes quantités de beaux poissons et l'île était visiblement remplie d'oiseaux les plus divers comme un simple coup d'arquebuse l'a bientôt démontré. Et Marguerite, accoudée au bastingage, regardait nonchalamment la scène et tout près le jeune amoureux des derniers temps continuait de lui faire de nouvelles et concrètes avances et autres exhibitions du genre.

Soudain, à la vue de tout ce qui se passait sous ses yeux officiellement offusqués, Roberval toujours aux aguets s'est alors rendu compte qu'il venait de trouver ce qu'il cherchait. Il pouvait, ici même, exercer son secret projet de répression exemplaire qu'il ruminait depuis qu'il avait découvert les petits jeux hors série de l'infidèle Marguerite devenue littéralement incorrigible.

Sans prévenir qui que ce soit, et sur un ton autoritaire qui n'admettait aucune réplique, le vice-roi fit mettre à l'eau une embarcation avec des fusils, des munitions, un peu de vivres, des hardes, et quelques autres menus articles de moindre importance. Tous les équipages, qui attentivement suivaient l'intrigante manoeuvre, ont aussitôt cru que le lieutenant-général allait faire une visite à l'île et peut-être procéder à y fonder enfin un établissement permanent. Cela deviendrait ainsi le premier de cette expédition errant jusque-là à l'aventure sans visiblement de but précis.

Mais non. Le capitaine Jean Fonteneau dit Alphonse de Saintonge reçut l'ordre péremptoire de son supérieur hiérarchique de prendre, séance tenante, la demoiselle de Roberval et aussi sa servante et duègne Damienne, de les placer à bord de l'embarcation préparée, de les transporter sans retard dans l'île et de les y laisser toutes deux jusqu'à instructions futures.

Ceci étant dit, au vu et au su de tous, Marguerite accepta aussitôt et sans broncher la décision de son oncle. Elle s'avança ne daignant même pas lui jeter un regard implorateur ni lui adresser une ultime parole de regret. La barque avec sa cargaison improvisée commença aussitôt à s'éloigner sans que personne n'ait pu faire quoi que ce soit pour arrêter cette pure folie.

Ce que voyant, et pressentant peut-être aussi que tout cela pouvait finir par mal tourner, le jeune gentilhomme épris de la nièce se jeta à l'eau par-dessus bord nageant à son tour vers l'embarcation qu'il rejoignit bientôt. Le vice-roi témoin de ce développement imprévu aurait alors ordonné à voix forte au capitaine Fonteneau de prendre également le jeune homme et d'aller le mener lui aussi sur l'île avec les deux femmes. Et l'opération se déroula ensuite ponctuellement, telle que commandée, à la vue de tout le personnel des équipages, tous étant naturellement fort intrigués par ce curieux manège. Car personne bien sûr ne savait au juste ce qui était en train de se passer ni même de quoi il pouvait s'agir. Et pour sa part, Roberval n'a pas cru utile de fournir d'explication.

Mais tous ont commencé à comprendre quand Fonteneau est revenu seul à son poste et que le vice-roi ordonna la mise à voile générale et le départ immédiat de la flottille. Les marins et les autres passagers n'ont certes pu faire autrement que d'obéir aux ordres reçus quoique la tradition ajoute qu'aussi longtemps qu'il le fut possible les yeux de tous restèrent fixés vers les côtes de l'île qui à présent se perdait dans le lointain. Ce fut même aussitôt, dit-on, que les témoins involontaires du drame qui venait de se dérouler sous leurs yeux ont donné à cet endroit le nom de l'île de la Demoiselle et plus tard celui de l'île des Démons. Car la légende se mit à raconter que, par la suite, en approchant de l'île on pouvait entendre des hurlements d'un genre littéralement démoniaque et terrifiant.

*   *   *

Or ici la légende, des rumeurs retouchées et divers témoignages laborieusement obtenus par la suite se sont quelque peu entremêlés. Les détails qui nous restent sont même parfois différents d'une version à l'autre à propos de cet insolite bannissement de trois personnes adultes dans un milieu isolé, insulaire et, a-t-on dit, plutôt inhospitalier.

Par exemple dans son "Histoire des amants fortunés" et d'autres écrits, Marguerite de Navarre, soeur de François Ier, a raconté cette affaire qu'elle connaissait apparemment très bien. Elle a alors suggéré que les exilés auraient, semble-t-il, voulu nuire au Capitaine mais elle ne dit pas en quoi. La femme en larmes aurait même supplié de la laisser suivre son "mari" en une petite île sur la mer où il n'y avait que bêtes sauvages. On lui aurait, en outre, permis d'apporter ce dont elle avait nécessité. Tout ce singulier drame en était donc presque réduit à un geste de pure mais étonnante compassion. Il fallait bien abrier les choses un peu.

Mais alors la colère précédente de Roberval et la cruelle répression qu'il imposa, même à la duègne, deviendraient assez incompréhensibles si les deux amoureux pris en faute étaient déjà mari et femme. La bonne et indulgente reine de Navarre a sans doute pieusement voulu entourer cette belle histoire d'une certaine respectabilité pour rendre l'affaire plus acceptable à ses contemporains. Par ailleurs, l'extrême correction qui fut infligée semble bien faire voir que la jeune et noble nièce avait été dûment la maîtresse en titre de son jaloux et fougueux oncle vice-royal et que son petit écart momentané lui en a fait littéralement perdre les pédales. Autrement les rapports d'éclats de voix et de scènes coléreuses n'auraient guère d'explication plausible. D'autant plus que ces mêmes récits ajoutent, sans fausse honte, que la bonne servante Damienne avait agi jusque-là comme complaisante et "accorte maquerelle". Des mots certes un peu durs mais qui devaient avoir un sens précis dans cette histoire d'amour à la fois intéressante et mystérieuse.

Par ailleurs d'autres rapports suggèrent aussi qu'un certain marin anonyme apparemment déçu, ou peu considéré, aurait vendu à Roberval le secret des rencontres furtives de Marguerite avec des compagnons d'un soir. Ce qui aurait facilité l'enquête du vice-roi.

En outre le site exact de l'île où se déroula cette curieuse affaire semble demeurer encore incertain. Même à ce sujet les versions données sont quelque peu divergentes quant aux détails et rendent difficile sa localisation présente.

Cependant il appert qu'au lieu de se lamenter en vain, quand les trois exilés se virent abandonnés pour de bon sur leur île, ils ont sans retard érigé un abri quelconque pour se protéger du mauvais temps qui ne manquerait sûrement pas de bientôt venir les visiter. Ils devaient s'attendre à tout, même au pire. De plus Marguerite, d'après sa propre version subséquente, aurait, paraît-il, apporté dans ses maigres bagages de quoi faire un peu de lecture. C'était sans doute dans le but de pouvoir meubler ses loisirs entre les prochains et occasionnels ébats amoureux. Cela aurait donc été le premier exercice purement culturel du genre en Amérique septentrionale.

Et puis il paraît également assez indéniable qu'après tous ces loyaux et généreux efforts Marguerite serait bientôt devenue enceinte. Là aussi le premier événement du genre dans cet original projet d'établissement permanent au Canada. Même si personne n'a cru bon de désigner le père avec précision.

Mais hélas! sans doute un peu découragé par tout ce qui arrivait avec une cruelle et irrésistible fatalité, le pauvre gentilhomme toujours épris de Marguerite aurait alors bientôt "trépassé de tristesse et de sêcherie". Car en huit mois il n'était apparu à l'horizon aucun navire qui aurait pu apporter secours et libération. A ce sujet la reine de Navarre plus pratique ou prudente dans ses énoncés, a blâmé la mauvaise nourriture et les eaux peu potables pour cette fin désastreuse et prématurée du supposé "mari".

Toutefois Marguerite de Roberval n'en continua pas moins de tenir le coup avec beaucoup de vigueur et de crânerie. Elle aurait même donné naissance à son enfant orphelin quelques semaines après le décès du fidèle, fort utile, mais inconsolable gentilhomme qui avait tenu à partager le sort de la belle par la suite cruellement punie un peu par sa faute.

Les deux femmes survivantes "tant maîtresse que servante" ont dû alors se défendre avec beaucoup de vaillance contre les bêtes sauvages qui, paraît-il, rôdaient sans cesse aux alentours. Elles apprirent très vite à se servir efficacement des arquebuses et aussi à l'occasion de l'épée du défunt. Marguerite aurait même affirmé plus tard qu'une fois, en un seul jour, elle aurait tué de ses propres mains pas moins de trois ours dont l'un était "aussi blanc qu'un oeuf". Ce qui a dû avoir été un ours polaire qui se serait en apparence aventuré un peu trop au sud. D'où cette fin aussi désastreuse qu'imprévue. Mais par ailleurs cela a dû vite devenir une bien bonne affaire contribuant à renouveler pour autant les maigres provisions de la garde-robe et du garde-manger. L'incident a donc dû tourner en une véritable fête champêtre et joyeuse du moins pour un moment.

Malheureusement la romantique et imaginative Marguerite de Navarre a encore une fois enjolivé un peu trop la scène en y ajoutant sans hésitation la présence d'énormes lions et autres bêtes fauves du genre. Ce qui démontre bien qu'à distance et après coup un enthousiasme trop débordant peut faire dire des choses qui ont tendance à laisser perplexes les lecteurs des générations subséquentes.

Mais, en dépit de ces petites accalmies, le mauvais sort n'en a pas moins continué à s'acharner sur cette colonie naissante et fragile qui semblait de plus en plus condamnée à une rapide extinction.

Car peu après le décès du seul homme de l'établissement précaire ce fut, a-t-on dit, au tour de la servante Damienne de "suivre le chemin du gentil amoureux" pour un autre monde qui ne pouvait qu'être littéralement meilleur. Mais, encore une fois, cela n'arrangeait guère les choses. Et Marguerite maintenant seule pour voir à tout n'a malheureusement pas été en mesure de fournir les soins délicats nécessaires à la survie du nouveau-né. L'enfant succomba donc lui aussi. A partir de ce moment l'exilée en était réduite à ses uniques et maigres ressources dans ce lieu désert et devenant chaque jour de plus en plus inhospitalier et peu encourageant.

Ce déplorable bannissement aurait, semble-t-il, duré environ deux ans et quelques mois avant que des vaisseaux de Bretagne soient passés par là en route vers une séance de pêche à la morue. C'est alors que les apercevant Marguerite aurait couru vers la plage en lançant des cris, en gesticulant avec vigueur, et donnant des signaux avec des feux et des bouffées de fumée.

Au début les marins itinérants auraient quelque peu hésité croyant bien comme le disaient les légendes être en présence de quelque mauvais esprit qui aurait pu leur faire un vilain parti. Car, à leur connaissance, cette île n'aurait pas eu d'habitants humains mais seulement des bêtes sauvages, des oiseaux et beaucoup de vermine.

Néanmoins des hommes un peu moins poltrons, ou plus curieux, auraient hardiment résolu de s'approcher en barque pour voir de plus près ce que tout ce bizarre manège pouvait bien signifier. Et ces nouveaux arrivants furent bien sûr fort étonnés d'apercevoir cette femme seule visiblement perdue et hors d'elle-même. Ils décidèrent incontinent de la prendre avec eux pour la ramener ensuite en Europe.

Ce fut alors que se serait produite la scène étrange et inconcevable d'une Marguerite maintenant secourue et enfin libérée de sa cruelle misère qui pour un moment a paru soudain hésiter devant ceux qui venaient enfin la chercher comme elle l'avait d'abord désiré. Il a même été rapporté qu'au moment du départ définitif de cette île fatidique, où elle avait si longtemps réussi par ses seules forces à survivre, la pauvre fille aurait, comme ça, manifesté une évidente volonté de ne pas aller plus avant, préférant en apparence demeurer là et mourir solitairement en ce lieu maudit comme la chose était déjà arrivée pour son amoureux, sa servante et son enfant.

Assez inexplicablement la femme tout à coup affichait, sans fausse honte, un attachement insolite, et presque insensé, pour une geôle qui ne lui avait apporté que des misères incroyables.

Mais heureusement que cette hésitation ne fut que passagère. Autrement on n'aurait jamais su la fin de cette belle, même si cruelle, histoire d'amour en terre d'Amérique.

*   *   *

Or, ramenée en France, et bien qu'encore à demi folle pour un moment, Marguerite de Roberval a raconté ce qu'on lui avait fait et qui était confirmé par ceux qui l'avaient recueillie. Aussitôt un écrivain de l'époque a rassemblé les versions et publié ce fantastique récit.

Puis, d'une chose à l'autre les détails de cet étrange drame ont fini par arriver aux oreilles des assidus de la cour de France toujours friands de petits scandales savoureux pour épicer les conversations, un des jeux de société de cette oisive époque. Et alors nulle autre que la reine de Navarre elle-même n'a pu s'empêcher de reprendre à son compte cette histoire en lui donnant la forme d'un roman, un genre littéraire un peu précoce pour son temps.

L'affaire fut intitulée "Extrême amour et austérité de femme en terre étrange". Et la scène se passait naturellement dans une île plutôt vague du lointain Canada d'outre-mer.

Il paraît, en outre, que le sieur de Roberval aurait alors été approché pour lui faire dire si c'était bien vrai, ce qu'on racontait à son sujet et à propos de sa nièce récemment retrouvée. Et l'on rapporte encore qu'avec une allure diaboliquement désinvolte l'ex-vice-roi ne se gênait pas pour confirmer ce qui s'était passé. Il donnait, bien sûr, sa propre version toute personnelle et n'affichait alors aucune trace de remords pour son incroyable conduite envers des gens qui avaient fait partie de sa suite d'explorateurs d'occasion.

Et pour comble de malchance, le nom du fidèle amoureux qui accepta de partager volontairement l'infortune de Marguerite a été oublié et perdu bien qu'il y eût presque joué le rôle principal. A ce sujet on ne peut faire que des suppositions. L'on ne connaît pas plus d'ailleurs le nom de l'enfant qui fut probablement le fruit de ses oeuvres assidues et répétées et dont on ignore tout de son identité et du lieu de sa sépulture.

Enfin, comme genre d'épilogue approprié mais également imprévisible, toutes ces choses étranges ont ainsi peut-être révolté une âme un peu sensible qui a alors cru nécessaire d'apporter un redressement d'après coup à cette cruelle aventure.

Cela pourrait en partie expliquer l'assassinat par des inconnus et la fin ignominieuse de Roberval, une nuit, dans les bordures lugubres d'un vulgaire cimetière sans conséquence qui aurait porté le nom symbolique des Saints-Innocents.

C'était bien, semble-t-il, un terme convenable pour cet incroyable drame d'amour.

4. Les divertissements et l'amour de la vie du poète Marc Lescarbot

Lescarbot a été un personnage plutôt exceptionnel qui participa activement aux premiers efforts de colonisation des Français en Amérique septentrionale.

Cependant, pour des raisons un peu obscures, on a très peu entendu parler de lui dans les chroniques anciennes qui nous sont restées à travers les siècles. Peut-être fut-il considéré un garçon plutôt espiègle ou trop osé pour servir d'exemple aux générations montantes. Car, autrefois, presque tous les rapports d'incidents sur la colonie naissante étaient minutieusement rédigés et propagés par de bonnes personnes attachées principalement à une conversion accélérée des infidèles et au "salut" de toutes les âmes qu'on pouvait rencontrer ici et là en cours de route.

Or, paraît-il, les agissements personnels de Lescarbot ne furent pas jugés susceptibles de servir de bon modèle pour quiconque aurait pu avoir à s'inspirer des faits divers de la colonie. Aussi on a simplement mais ponctuellement omis de parler de lui. D'où ce silence méthodique qui a entouré la venue et les activités subséquentes de cet authentique pionnier du territoire qui fut pour un temps appelé la Nouvelle-France.

Mais, en venant lui aussi en Amérique, il a comme tous les aventuriers européens risqué littéralement sa vie. Même s'il a refusé de courir ce péril avec un air triste et austère. Il est donc juste aujourd'hui de faire mention, même si d'une façon sommaire et avec beaucoup de retard, des événements auxquels il a pris une part active avec les autres hardis explorateurs au tout début des années 1600.

Ce rappel, il faut bien l'admettre, ne peut guère être autrement que bref. Car, comme il vient d'être dit, il faut insister sur ce point que l'on connaît bien peu de choses au sujet de Lescarbot pour les raisons que l'on vient d'indiquer et que tous auront vite comprises.

Cependant quelques maigres indications ont heureusement pu passer à travers les mailles serrées de l'antique censure d'autrefois. Et ces menues ressources, qui ont ainsi survécu, peuvent nous permettre de mieux apprécier ces premiers efforts de colonisation dans de frustes circonstances plutôt difficiles à expliquer en termes d'aujourd'hui.

*　　*　　*

Donc il est venu au pays un pionnier sans peur et sans reproche qui s'appelait Marc Lescarbot.

Et il devient naturellement normal de rappeler tout de suite quelques faits saillants de sa vie que les censeurs anciens, malgré toute leur louable diligence, n'ont pas fait disparaître complètement des diverses chroniques qui, osons le croire, furent rédigées sans arrière-pensée et un peu à la bonne franquette.

Marc Lescarbot serait né entre les années 1560 et 1570 et plus probablement vers cette dernière date. Cela nous fait commencer assez mal le présent récit et, par ailleurs, peut nous aider à mieux comprendre les remarques qui précèdent.

Mais, par chance, il a lui-même écrit que Vervins avait été le lieu de sa naissance. Ce qui fait autant de pris. Lescarbot serait né dans une petite ville située dans le nord-est de la France près des Pays-Bas d'autrefois et de la Belgique d'aujourd'hui. Au nord de Laon et également de Reims pour ceux qui aiment à s'orienter correctement en pareille occasion.

Cet emplacement urbain, aujourd'hui un chef-lieu d'arrondissement du département de l'Aisne, aurait d'abord été une ancienne capitale de la Thiérache. Elle fut pillée par les Armagnacs en 1412, puis dûment brûlée par les Impériaux en 1521 et finalement elle est tombée aux mains des Espagnols en 1653. En somme un carrefour qui fut périodiquement soumis à de rudes épreuves lesquelles ne devaient guère porter les gens de l'endroit à trouver bien drôle la vie en ce monde. Et pourtant l'espiègle Lescarbot aurait vu le jour dans ce turbulent département qui, sous l'ancien régime, aurait fait partie de la vieille province de l'Ile-de-France.

Or, avec le temps, le jeune Vervinois a eu la chance de se familiariser avec les lettres et les sciences d'alors, y inclus celle du droit. Et, un jour de l'année 1598, les choses en vinrent au point que lors des négociations exécutées entre Henri IV de France et Philippe II d'Espagne pour en arriver au traité de paix de Vervins, qui prévoyait des échanges de territoires entre les deux souverains, le jeune licencié en droit Lescarbot prépara deux actions de grâce d'allure panégyrique et cela en langue latine. Le tout était respectueusement voué à l'adresse du légat papal Alexandre de Médicis, cardinal en titre de Florence et qui allait lui-même bientôt devenir pape sous le nom de Léon XI.

A cette occasion l'auguste prélat était dûment et publiquement remercié pour les beaux cadeaux qu'il venait de faire à l'église et à la municipalité de Vervins laquelle avait, hélas! été capturée et ravagée à pas moins de trois reprises au cours des dernières années d'hostilités militaires. Et ce discours un peu surprenant de la part d'un jeune étudiant laïque fut naturellement remarqué. D'autant plus qu'il s'attardait à faire valoir tous les avantages que les gens de la place pourraient à présent espérer avec la signature de cette bienfaisante paix entre la France et l'Espagne après une regrettable période de pas moins de trente-sept années de guerre entre ces deux puissances très catholiques ce qui, comme d'habitude, avait causé des embarras à beaucoup d'innocents qui ne devaient pas savoir ce qui leur arrivait.

Le jeune homme, sans probablement l'avoir fait exprès, se trouva donc à viser assez juste à un moment des plus propices. Car ce bel effort d'éloquence publique s'était produit en présence de personnages à la fois remarquables et fort influents dans tous les sens du terme. On n'a qu'à se reporter par la pensée à cette tumultueuse époque alors incroyablement déchirée par ce qu'on a ensuite appelé l'inorthodoxie sous toutes ses formes.

Donc, pour le jeune aspirant Lescarbot, les choses maintenant semblaient se présenter assez bien. Aussi on ne peut guère se surprendre que dès l'année suivante, soit en 1599, il devenait dûment admis à la profession du droit et désormais un membre en règle du Barreau de Paris. Peut-être du même coup en faisant quelques envieux.

Mais, assurément sans connaître l'avenir, et toujours pour se maintenir dans les bonnes grâces de ceux qui étaient alors les puissants du jour, le jeune avocat s'occupa aussitôt d'un autre travail hautement louable. Il s'appliqua en effet à la traduction et à la publication de deux ouvrages qui auraient, dit-on, été préparés par l'éminent cardinal du nom de César Baronius. Ce dernier succéda un jour à Philippe de Néri comme supérieur de l'Oratoire puis il fut le confesseur du pape Clément VIII et ensuite promu au rang de cardinal. Alors on l'a mis en charge de l'imposante bibliothèque du Vatican. Entre-temps l'homme est devenu un écrivain fort intéressé aux choses ecclésiastiques et, à ce titre, toujours prêt à s'élever contre "l'erreur" partout où, à son sens, cette dernière pouvait faire son apparition et causer ainsi des inquiétudes au niveau de la doctrine officielle et entraîner de sérieux troubles canoniques pour la sérénité des âmes pieusement fidèles.

Ainsi, dans ce nouveau et méritoire travail auquel s'appliqua le jeune Lescarbot pour rendre le plus fidèlement possible la sainte pensée de l'auguste prélat, il s'agissait d'abord d'applaudir sans aucune réserve la réunion si désirable de l'antique Église copte et celle de Rome. Dans l'autre papier, visant des fins assez semblables, il était question cette fois de souhaiter avec ardeur l'union prochaine du Synode de Kiev avec le Saint-Siège de la Ville Eternelle. En somme deux nobles entreprises requérant une priorité immédiate et de tous les instants, et qui pourraient en outre changer radicalement l'histoire du genre humain. Il fallait donc agir de toute urgence.

Et, y allant lui-même de sa propre et ardente inspiration, Lescarbot avait judicieusement dédicacé la traduction du premier document au Très Révérend Geoffroy de Billy, abbé de Saint-Vincent-les-Laon. Et ici Lescarbot faisait ardemment valoir qu'après les quelque 1500 ans, au cours desquels les papes de Rome avaient sagement dirigé les choses du monde chrétien, cela devenait la preuve que le souverain pontife était bien fondé dans son désir d'exercer une indiscutable primauté sur les activités de l'humanité entière qui ne s'en porterait alors que mieux.

Quant à la traduction du deuxième document, lui aussi d'origine cardinalice, les revendications vigoureusement suggérées n'étaient en somme que la conséquence logique de la conquête de Constantinople par les troupes turques et de la conduite équivoque subséquente du patriarche qui, jusque-là, avait exercé sa juridiction sur les territoires conquis et que l'on considérait indigne pour cet emploi.

Tout cela peut sans doute paraître aujourd'hui quelque peu abstrait. Mais, à l'époque ces choses semblaient être devenues de sérieux problèmes auxquels il fallait trouver sans retard des solutions rapides et adéquates.

Aussi il peut avoir l'air surprenant, mais par ailleurs judicieux, de la part du jeune laïque Lescarbot de s'être occupé avec diligence de ces urgents problèmes d'une portée pour ainsi dire universelle. Ce qui, au fait, n'a sûrement pas manqué d'attirer l'attention sur sa vigueur morale. Car ses gestes furent remarqués et dûment enregistrés en haut lieu avec le fort heureux résultat que ces intéressants détails ont survécu à travers les siècles de sorte qu'on peut à présent en faire une équitable mention. D'autant plus qu'il deviendrait un peu difficile de vouloir par la suite soutenir que Lescarbot avait toujours été un vilain et un mauvais garnement qu'il fallait éviter de côtoyer de trop près ou même de préserver les dangereux et suspects papiers qu'il aurait pu écrire et qui sont disparus assez méthodiquement.

Tout ce qui a survécu du jeune praticien jusqu'à présent devient ainsi fort précieux. Car à l'opposé il n'est resté que fort peu de traces de ses plaidoyers sans doute d'une teneur hautement légaliste. Nous n'avons en fait que quelques simples remarques qu'il a, ici et là, incluses dans ses écrits subséquents et qui laissent entendre qu'il n'avait pas trouvé justes certaines attitudes répréhensibles alors prises à son égard et qui, à son avis, tardèrent un peu trop longtemps à être réparées.

Mais par chance extraordinaire, et pour notre plus grand bénéfice collectif, ce fut à ce moment même de grands embarras personnels que le jeune Lescarbot fut un jour approché par le sieur de Poutrincourt. Ce dernier avait soudain eu l'heureuse inspiration de faire de lui une recrue à part entière en vue d'un projet d'expédition vers les terres lointaines de l'Amérique septentrionale que, tout à coup, beaucoup de monde voulait visiter.

Lescarbot a lui-même écrit par la suite qu'il avait alors eu l'honneur de connaître favorablement le sieur de Poutrincourt depuis quelques années. Aussi lorsqu'il fut approché pour devenir membre de l'expédition projetée le jeune avocat accepta presque aussitôt. Il était désireux, a-t-il dit, de voir ce pays mystérieux et de pouvoir en outre examiner personnellement ces terres distantes et inconnues, et du même coup peut-être trouver une raison valable pour s'éloigner d'un monde qu'à présent il considérait plutôt corrompu. Et c'est ainsi qu'il accepta l'offre faite et qu'il donna, comme il a dit, sa parole.

Peut-être aussi qu'il aurait pu s'éviter ces petits et énigmatiques désagréments personnels s'il avait continué de s'en tenir comme auparavant, avec beaucoup de sagesse et de vigueur, à de rigides démonstrations d'ordre mystique et fort louable. Mais cela, dans sa candeur encore toute naïve, il ne l'avait sans doute pas prévu. Et ainsi, croyant jusque-là pouvoir vivre dans un monde au caractère parfait, il avait soudain reçu des coups en provenance de directions dont il ne s'était simplement pas défié. Et le palmarès canonique en aura été quitte pour perdre le souvenir d'une figure plutôt édifiante.

Tout ceci étant dit et arrangé Lescarbot et ses compagnons de voyage purent enfin partir de La Rochelle dans le centre-ouest de la France le 9 avril 1606. Mais un vent violent envoya aussitôt le petit navire s'échouer sur la côte. On perdit alors un mois entier à décharger la cargaison, à réparer les dommages et à recharger à nouveau. L'affaire démarrait plutôt mal. Puis on tenta un second départ vers le 13 mai et cette fois en direction des Açores, en route enfin pour l'Amérique à bord du voilier qui portait tout de même le nom assez symbolique de "Jonas".

C'était, comme Lescarbot l'a écrit lui-même fort savoureusement, de très bon augure. Car cette belle aventure débutait ainsi la veille du saint jour de la Pentecôte. Ils levaient donc l'ancre et se lançaient tous en pleine mer et très tôt les tours et tout le profil de La Rochelle disparaissaient à l'horizon et cela devenait une sorte d'adieu à la France.

Mais Lescarbot n'a pu s'empêcher de noter aussi que cette nouvelle expérience est vite apparue un peu effrayante pour tous ces aventuriers amateurs. Au fait personne n'était préparé pour pareille danse sur un élément aussi instable et peu rassurant car, à tout moment, tous se voyaient à deux doigts de la mort. Avec le résultat que, même si le voyage n'en était encore qu'à son début, bon nombre des passagers n'ont pu se retenir de rendre l'hommage stomacal habituel et irrésistible à Neptune et aux poissons du voisinage.

Et naturellement que les voyageurs, toujours pris par surprise, ont bientôt eu à affronter les inconvénients inévitables créés par des bourrasques de grands vents et de vilaines tempêtes.

Mais ici, en bon observateur des intéressants phénomènes de la grande nature, Lescarbot s'est empressé de noter que, par bonheur, ces malencontreux orages océaniques ont bientôt pu devenir plus ou moins prévisibles grâce au comportement un peu particulier de bandes de marsouins ou cochons de mer qui par milliers, a-t-il dit, s'amusaient littéralement à escorter et peut-être même aussi à hanter le pauvre petit navire souvent impuissant et parti à la dérive. A la vérité plusieurs de ces marsouins espiègles sont devenus un peu trop audacieux et ont fini par y laisser leur peau pour s'être trop approchés de l'équipage ahuri par toutes ces complications fort inutiles. Ainsi plusieurs de ces habitants de la haute mer ont été capturés et ont servi à des fins qui, au départ, n'avaient pas été au programme. Et ces exercices de pêches improvisées ont alors permis à Lescarbot de constater que ces promeneurs aquatiques avaient une solide carapace de gras d'une épaisseur d'au moins deux doigts, surtout sur le

75

dos, et qu'ils étaient en outre munis de robustes rangées de dents qui devaient permettre de bien retenir tout ce qui leur tomberait dans la mâchoire.

De toute façon ces gros poissons têtus et trop curieux ont ainsi permis à l'équipage itinérant de se pourvoir d'un menu varié, imprévu et intéressant jusqu'au moment de l'arrivée aux grands bancs de mer où on pouvait à présent faire la pêche de la morue fraîche. Ce qui, là encore, pouvait certes ajouter à l'agrément et aux distractions du voyage qui, autrement, aurait bien sûr fini par devenir un peu monotone.

Par exemple, quand il y avait tempête on se tenait à l'abri du mieux qu'il était possible de le faire. Et quand tout redevenait trop calme pour naviguer les gens se baignaient et batifolaient dans l'eau de mer, ils dansaient sur le pont, grimpaient dans les cordages et se prenaient à "chanter en musique". Ce qui aurait sans doute été un spectacle fort étrange pour quiconque aurait pu naviguer dans le voisinage d'une pareille exhibition loin de toute civilisation humaine et littéralement perdue entre ciel et mer.

Il y a encore eu bien sûr en route, des rencontres avec d'autres poissons aux formes gigantesques qui s'amusaient à lancer d'énormes jets d'eau en l'air par un trou qu'ils avaient sur la tête. Ils devaient sans doute n'être rien d'autre que des baleines. Mais quant à ces derniers il a paru préférable de garder ses distances. Car ils auraient pu visiblement faire de sérieux dégâts si les marins du frêle petit voilier avaient eu la maladresse d'entreprendre de bien inutiles exercices de force avec ces colossales bêtes.

*   *   *

Puis, avec le temps et un peu de chance, Lescarbot et ses compagnons ont naturellement fini par contourner les Terres-Neuves et se rendre jusqu'en Acadie qui était le but ultime de cette mémorable randonnée.

Ainsi, dans les derniers jours de juillet de cette année 1606, le modeste Jonas un peu essoufflé par cette aventure a fini par atteindre la baie du petit emplacement qui portait à présent le joli nom de Port-Royal. Et cette arrivée un peu inattendue, car il n'existait pas encore de système de communication à longue distance, fut quand même joyeusement saluée par un chef sauvage du nom de Membertou et deux gardiens français. Ces derniers étaient les survivants d'une précédente exploration et courageusement restés sur les lieux lorsque tout le monde était parti l'année d'avant. L'indigène Membertou, pour sa part, avait sans doute considéré charitable de tenir bonne compagnie aux pauvres Européens peu habitués aux longs et rudes hivers de neige et de glace que les gardiens avaient dû affronter en Amérique.

Or, pour le plus grand bénéfice des héritiers que nous sommes de tous ces vigoureux efforts d'exploration et de colonisation d'il y a environ 370 années, il s'est produit que l'avocat, le poète, l'orateur et l'auteur dramatique Marc Lescarbot avait aussi un talent d'historien un peu hors de l'ordinaire. Et en cette qualité il s'est permis de prendre de copieuses notes sur tout ce qu'il voyait se passer autour de lui, après quoi il a rédigé bravement un texte remarquable qu'il intitula sans fausse honte "Histoire de la Nouvelle-France". Et du même coup il est devenu sans le savoir notre premier historien "national". Or en cette capacité, ce que personne n'aurait pu prévoir à l'époque, il nous a ainsi laissé des renseignements fort précieux sur les choses de ce temps qui autrement aurait vite sombré dans un total oubli, ce qui bien sûr aurait été très regrettable.

Et c'est également une chance pour nous, Nord-Américains d'expression française, que Lescarbot ait eu l'excellente idée de rédiger une dédicace en bonne forme "Au roi très chrétien de France et de Navarre Louis XIII, duc de Milan, comte d'Aoste, seigneur de Gênes", et cetera. Puis une autre dédicace à Monseigneur Messire Pierre Jeannin, chevalier baron de Montjeu, Chagny et Dracy, conseiller du Roi et contrôleur général de ses finances. Et encore une troisième du même genre cette fois adressée carrément à la France tout entière. A partir de ce moment beaucoup de monde devait sentir avoir un intérêt personnel dans ces rapports à saveur historique.

Tout cela ne pouvait que freiner un peu la tentation de certains qui auraient pu vouloir s'immiscer dans cette aventure littéraire pour exercer une censure et faire modifier des textes froissant les candides sentiments de bonnes âmes de cette respectable époque.

Ainsi l'on apprend par exemple que Lescarbot s'était amené en Amérique afin de fuir ce qu'il appelait le monde corrompu de l'Europe et par là, en servant Dieu et le roi, vivre paisiblement en Acadie en accomplissant un travail agréable et en évitant du même coup "la vie dure à laquelle la plupart des hommes semblaient réduits". Il s'empressa même d'ajouter dans une lettre adressée à sa mère inquiète, à son départ de La Rochelle, qu'il se lançait "dans l'entreprise la plus généreuse qui fut jamais au monde qui était d'établir la foi et le nom Français parmi les peuples barbares".

Après une aussi claire profession de croyances il devenait sans doute plus ardu d'intervenir dans le récit des rapports subséquents préparés par un homme qui, en outre, avait été ostensiblement un témoin oculaire. Au fait les écrits de Lescarbot ont, tant bien que mal, passé à travers les mailles serrées de la censure de cette période soupçonneuse et toujours en état de guerre ouverte avec la tenace religion réformée des huguenots. Et c'est tant mieux pour nous car ces intéressants ouvrages ont alors pu être publiés et ensuite traduits en plusieurs langues.

Puis, ces précautions oratoires dûment prises par cet historien improvisé, il a cru utile de raconter comment les choses s'étaient alors passées sous ses yeux. Il nous a ainsi permis d'apprendre le dessous de certaines activités de quelques personnages de marque qui, eux aussi, ont fait de solennelles professions de croyances sans limites.

Ainsi, dès le début de ses écrits, Lescarbot nous parle de Champlain qu'il avait bien connu pour avoir navigué avec lui. Or ce dernier avait eu la permission de Henri IV de faire le voyage outre-mer "pour toujours en voyant et découvrant lui en faire un fidèle rapport". Cette explication donnée par Champlain lui-même devenait donc fort rassurante.

Or Lescarbot, qui essayait de voir clair dans ce qui se passait réellement, a cru bon de noter à son tour que ça n'était pas uniquement pour la géographie que Champlain avait entrepris ce périlleux voyage. Et Lescarbot a alors expliqué dans une gentille petite pièce de versification ce qui semblait bien avoir été les vraies intentions du futur fondateur de Québec lors de cette promenade en Amérique en disant naïvement:

> . . . "Car d'un fleuve infini tu cherches l'origine,
> Afin qu'à l'avenir y faisant ton séjour
> Tu nous fasses par là parvenir à la Chine".

Ce qui était assez clair et une légère déviation des beaux projets officiels de propagation de croyances au bénéfice des autochtones locaux, projets répétés à maintes reprises par ces aventuriers en quête de trouvailles profitables en territoires jusque-là inconnus.

Donc les efforts personnels de Champlain aux environs des années 1603 à 1607 semblaient bien se limiter à un rôle de géographe non officiel et de simple observateur. Il était à la recherche, lui aussi et comme beaucoup d'autres, d'une route maritime pouvant un jour permettre à ces explorateurs néophytes de se rendre par voie d'eau jusqu'en Chine, aux Indes et autres pays de lointain Orient. C'était là depuis toujours la source de pièces de soieries, d'épices variées et fort utiles, et autres précieuses commodités du genre. Et toutes ces bonnes choses étaient devenues inaccessibles à cause de routes européennes à présent coupées et rendues inutilisables par suite de guerres récentes aux frontières de l'Europe de ce temps-là.

Tout cela Champlain l'a d'ailleurs confirmé en écrivant dans le volumineux récit de "Ses Voyages" que le sieur de Monts avait fait rapport sur la fertilité du sol et que lui-même avait voulu "trouver un passage vers la Chine sans les incommodités des glaces du Nord ni les ardeurs de la zone torride où les mariniers doivent passer deux fois".

Au fait ils étaient nombreux ces aventuriers qui auraient bien voulu découvrir cette fameuse route sûre qui enfin permettrait l'accès aux comptoirs fabuleux de ce qu'on appelait alors la Chine. Et cela aurait du même coup assuré la renommée et la fortune à quiconque réussirait un aussi formidable exploit. Aussi ce but ultime, et rarement occulte, fut à la vérité poursuivi avec beaucoup de persévérance durant près d'un siècle et demi par tous ces explorateurs professionnels ou simplement d'occasion. Mais, hélas! toujours sans beaucoup de succès.

Ce fut encore grâce aux observations additionnelles et pertinentes de Champlain et de Lescarbot que l'on a appris la nouvelle formule de distractions improvisées par le curé catholique et le pasteur huguenot de l'Acadie. En effet ces derniers s'embarquaient souvent dans de sérieuses disputes à propos de matières théologiques. Et assez vite ces deux respectables ecclésiastiques en venaient à soutenir leurs divergences contradictoires littéralement à coups de poing. Ce qui ne devait pas être bien édifiant pour les fidèles des diverses obédiences. Champlain a même ajouté à ce sujet qu'il ne savait pas lequel des deux était le plus vaillant et qui donnait le meilleur coup mais que le pasteur protestant se plaignait parfois au Sieur de Monts qu'il avait été méchamment battu à l'occasion de telles controverses. Et, devenant ainsi des spectateurs involontaires au cours de ces débats insolites, les Sauvages étaient tantôt d'un côté tantôt de l'autre suivant les aléas de ces échanges corporels. Pour leur part les Français en faisaient autant selon leurs croyances individuelles qui les amenaient à accorder leur soutien moral au saint homme de leur choix.

Ce scandale aurait certes pu se prolonger ainsi à la courte honte des autorités soucieuses du bon ordre dans les maigres rangs de la colonie naissante. Mais une bonne fortune assez imprévue a soudain apporté un terme à ce regrettable état de choses. En effet les pieux révérends sont tous deux tombés sérieusement malades au cours de l'hiver suivant. Et ce fut la mort des fervents contestataires qui a mis un point final à cette scandaleuse dispute.

Alors, comme le pasteur et le curé sont morts à peu de temps l'un de l'autre, les marins chargés de disposer proprement des dépouilles les placèrent ingénieusement toutes les deux dans une même fosse afin, a-t-on dit, de voir si étant morts ils demeureraient enfin en paix puisque vivants ils n'avaient jamais pu s'accorder ensemble.

Tout cela paraît indiquer que, même dans des conditions déplorables et de grand isolement, des subalternes chargés de tâches plutôt ingrates ont trouvé néanmoins l'occasion de faire voir qu'ils n'avaient pas perdu le sens d'un esprit assez gaulois malgré qu'ils aient été perdus loin en des lieux outre-mer et risquant fort de ne jamais revoir leurs foyers.

*　　*　　*

Tous ces événements se déroulaient, semble-t-il, durant l'année 1606, c'est-à-dire bien avant la fondation de Québec.

Or au début de septembre, à la demande du sieur de Monts, Jean de Biencourt sieur de Poutrincourt décida de partir à l'aventure vers le sud pour découvrir si possible des territoires non encore occupés et susceptibles de devenir des lieux mieux habitables pour ériger une nouvelle habitation. Poutrincourt se fit accompagner de son fils Charles, de son maître de barque, de Samuel de Champlain futur fondateur de Québec, de Louis Hébert qui allait devenir notre premier apothicaire et aussi notre premier agriculteur, de Robert Gravé et plusieurs autres incluant des chefs indigènes.

Il fallait faire vite dans ces projets d'exploration et de prise de possession car, au printemps de cette même année, il avait été su que le roi d'Angleterre avait émis une charte autorisant une colonisation immédiate et intensive qui allait bientôt devenir la Virginie. Déjà des aventuriers anglais rôdaient dans les alentours pour, eux aussi, examiner de plus près ces régions dans un but évident de prise de possession de ces terres que tous les Européens s'ingéniaient à considérer libres et inoccupées. Les aborigènes déjà sur les lieux ne deviendraient en apparence que de prochains et loyaux sujets des divers royaumes de l'Europe tous en concurrence pour occuper le plus tôt possible ces espaces vacants et disponibles. Sans parler qu'on pourrait peut-être du même coup trouver enfin la voie la plus accommodante pour bientôt se rendre facilement en Chine et aux Indes, comme on le sait déjà.

Donc Poutrincourt au nom de ses supérieurs immédiats entreprit de rechercher lui aussi cette sorte de nouveau paradis terrestre qui fascinait littéralement toutes les imaginations. Mais par malheur il a semblé que ce nouvel explorateur d'occasion a perdu un temps précieux à "repasser sur les découvertes" qui avaient déjà été faites, et sans beaucoup de succès, par le sieur de Monts et quelques autres. Poutrincourt a même entrepris de présider, entre divers représentants de tribus indigènes, des rencontres à propos de problèmes locaux qui ont paru requérir des solutions hâtives.

Mais, hélas! par comble d'ingratitude il s'est produit inopinément que Poutrincourt et ses compagnons furent attaqués par les indigènes qui au début avaient paru être accueillants mais qui étaient loin d'être fiables même après avoir été pourvus de multiples cadeaux.

Ainsi au début d'octobre on n'avait rien trouvé de neuf ou qui n'avait pas été visité auparavant par les Français peu impressionnés. Champlain lui-même à ce sujet a rapporté dans ses écrits qu'il avait bien alors vu des lieux qui auraient pu permettre "de bâtir et de jeter les bases d'une république". Mais malheureusement à ces endroits encore peu précis les eaux ne lui semblaient pas assez profondes ni les approches, ou entrées, assez sûres. En somme on ne voyait rien qui aurait pu mériter qu'on s'y arrête sérieusement. Même si, pour leur part, les Anglais ne paraissaient pas être de cet avis un peu simpliste.

Puis quand après de courtes tournées à terre, pour faire des reconnaissances de pure routine, il était temps de retourner aux barques pour passer la nuit les indigènes du voisinage profitaient souvent de l'occasion pour tomber sur les traînards et les désobéissants afin de leur infliger un mauvais parti. Ainsi quatre ou cinq de ces explorateurs d'occasion furent rapidement frappés de flèches et durent ensuite être enterrés sur place quoique peu après ils furent déterrés par les mêmes assaillants et leurs restes éparpillés ici et là. Ce qui forçait bien sûr les Français à revenir en arrière pour une nouvelle cérémonie d'inhumation. L'affaire menaçait à présent de tourner au ridicule.

En somme tous ces beaux efforts collectifs n'apportaient aucun résultat profitable à qui que ce soit. Et le projet premier d'aller découvrir des endroits plus propices dans le voisinage du cap Cod n'avait pas encore débuté alors qu'on se retrouvait à présent avec plusieurs blessés qui ne pouvaient être soignés sur la route tandis que les provisions diminuaient à vue d'oeil. Il fallait donc songer sans retard à retourner vers le nord et à rentrer à Port-Royal où, là au moins, on pouvait se sentir un peu plus chez soi.

On s'est peut-être dit qu'on reviendrait l'année suivante. Mais en fait cela allait être à peu près la dernière tentative sérieuse des Français dans ces régions plus au sud qui bientôt deviendraient définitivement la Nouvelle-Angleterre.

Et par malheur le voyage du retour fut difficile. Champlain lui-même a rapporté que toute la malencontreuse expédition a bien failli se perdre sur une pointe imprévue en cours de route.

*   *   *

Il fut donc fort heureux pour Poutrincourt et ses compagnons de voyage que l'infatigable Marc Lescarbot ait été mis en charge de la place durant leur absence. Car, entre-temps, ce dernier avait eu l'ingénieuse idée de préparer une chaleureuse réception à ces découvreurs amateurs qui à présent revenaient à Port-Royal penauds, assez déçus, et couverts de peu de gloire.

Et c'est sans doute ce qui donna du piquant à cette manifestation imprévue, à la fois théâtrale et aquatique, la toute première du genre en Amérique septentrionale et qui pour cette raison a dû présenter un cachet assez remarquable pour ceux qui en furent les témoins.

Cette fête inusitée que Champlain a même qualifiée de "gaillardises" pour réjouir les nouveaux arrivants fut intitulée et a, depuis lors, été connue sous le nom de "Théâtre de Neptune". Et il est sans doute un peu difficile de se représenter aujourd'hui cet étrange déploiement sur les eaux de la mer et à l'orée de la grande forêt sauvage. Une série d'embarcations ont en effet soudain quitté le rivage allant à la rencontre des voyageurs et dans chacune des acteurs improvisés récitaient, à tour de rôle, des textes de circonstance et de bienvenue qu'ils avaient laborieusement appris et qu'ils s'efforçaient de rendre le plus sérieusement du monde. Et tout cela en dépit du fait que la scène de cette exhibition était elle-même plutôt agitée et peu rassurante à cause de la marée sans cesse changeante.

Puis un Neptune s'est avancé vêtu d'un manteau bleu, portant barbe blanche et longue chevelure, et tenant à la main le symbolique trident. L'embarcation de Neptune était traînée par six canots conduits solidement par des Indiens et la flottille étant arrivée près de la barque de Poutrincourt le dieu de la mer salua solennellement, promit son assistance, et prédit sans hésitation le plein succès de l'aventure de Port-Royal qui a d'ailleurs survécu jusqu'à aujourd'hui et qui s'appelle maintenant Annapolis Royal.

Comme fond de tableau on pouvait aussi voir que le fort avait été orné des armes de la France, et aussi de celles de Messieurs de Monts et de Poutrincourt, le tout étant en outre agrémenté de diverses couronnes de fleurs locales et de nombreuses inscriptions en langue latine. On ne se privait littéralement de rien.

Et cet impressionnant spectacle continua de se dérouler au rythme de harangues successives et d'échanges de petits cadeaux le tout étant accompagné d'un choeur qui chantait ses refrains "en quatre parties". C'était de l'indéniable inédit.

L'affaire a sans doute dû bien étonner les pauvres Indiens du voisinage qui n'avaient certes jamais assisté à un pareil déploiement artistique. Mais toute cette gaillarde manifestation a bientôt tourné en une fort solennelle et pressante invitation pour tous les participants et spectateurs à un grand festin qui avait été préparé pour la circonstance.

Ce nouvel épisode fut d'ailleurs solidement appuyé par une bruyante sonnerie de la trompette et une bonne salve de canonnade pendant qu'un des acteurs récitait avec une joie évidente un petit poème de Lescarbot tout à fait approprié à la circonstance et qui ne laissait de place à aucune ambiguïté.

"Sus donc rôtisseurs, despensiers, cuisiniers,
   Marmitons, pâtissiers, fricasseurs, taverniers,
   Mettez dessus dessous pots et plats et cuisine . . . ,

... Qu'on tire ces poulets, que cette oie on embroche,
Voici venir à nous force bons compagnons,
Autant délibérer des dents que des rognons."

On savait ostensiblement s'amuser et aimer la vie
sous toutes ses formes au début de l'implantation d'une
colonie outre-mer qui bientôt et pour un temps fut appelée la Nouvelle-France.

*　　*　　*

Or en fait de manifestations culinaires élaborées
qui requéraient bien sûr un immense effort de jardinage, de chasse, de pêche, de collection de combustible et
autres besognes connexes et indispensables pour un tel
projet, on pourrait aussi rappeler que ce fut encore à
cette époque d'une vie à la fois sylvestre et champêtre
que ces aventuriers gavroches ont créé la société intensément récréative qui fut dès le départ nommée symboliquement "l'Ordre du Bon Temps". Et il est certes remarquable que ce fut le soi-disant austère Samuel de
Champlain lui-même qui aurait eu l'ingénieuse idée de
mettre sur pied un pareil cercle social destiné à extraire
à fond tous les avantages possibles de ces fêtes culinaires, artistiques et joyeuses afin de maintenir le moral de
cette petite colonie perdue en pleine forêt et qui aurait
pu autrement sombrer dans le désoeuvrement et la
neurasthénie.

Mais Champlain qui eut cette inspiration géniale
et bienfaisante n'était sur les lieux qu'en simple observateur et sans poste précis. Et comme il fallait s'y attendre ce fut l'espiègle et imprévisible Lescarbot qui a donné à cet organisme de divertissement une dimension qui
n'avait certes pas été prévue au départ.

Champlain dans ses récits se rapportant à cette
belle époque, et en homme qui se voulait pratique, a
beaucoup parlé de ce qui devait être fait de toute urgence. Il fallait en effet semer et récolter du blé, faire un
jardinage varié, construire un moulin sans doute le premier du genre en Amérique, faire du charbon en quantité, fabriquer du pain, tracer des sentiers pour faciliter

l'accès des ruisseaux et des rivières. Là on devrait y faire diverses pêches aux harengs, aux truites, aux homards et aux moules. Il fallait en outre rechercher du gibier tels que des canards, des outardes, des oies sauvages, des perdrix, des ours, des lapins, des castors, et tous autres du genre qui ainsi contribueraient à l'alimentation de cette petite troupe qui ne pouvait compter que sur ses propres initiatives dans les frustes conditions qu'aujourd'hui on peut à peine imaginer.

Et pourtant, malgré les rudes moments des longs hivers d'alors, Champlain n'a pu s'empêcher d'écrire que tous avaient passé l'hiver fort joyeusement et fait bonne chère. Cette affirmation catégorique d'un témoin assurément oculaire est certes révélatrice et surprenante.

Bientôt l'association nouvelle de l'Ordre du Bon Temps fut dotée d'un véritable rituel magnifiquement élaboré. D'abord, et solennellement à la fin d'un banquet, une chaîne d'apparat était placée au cou d'un des participants. De ce fait l'élu devenait Maître d'hôtel et nanti de la mission de se procurer et de préparer tout ce qui pouvait servir au menu de la prochaine boustifaille. A cette nouvelle occasion la chaîne était encore bruyamment remise à un autre qui lui devait à présent faire de même et tenter si possible de dépasser le déploiement des prédécesseurs. Ce qui ne devait pas toujours être bien facile. Mais il paraît cependant que l'affaire a marché rondement jusqu'à la fin de cette implantation coloniale.

Lescarbot a lui aussi laissé une courte description des diverses étapes de ces magnifiques séances de l'Ordre du Bon Temps.

C'était, a-t-il dit, le grand festin là où l'Architriclin, Maître d'hôtel, ayant fait préparer toutes les choses nécessaires par le cuisinier, marchait alors la grande serviette sur l'épaule, le bâton d'office en main et le collier de l'Ordre suspendu au cou, lequel valait bien quatre écus, et tous les membres de l'Ordre s'amenaient à la suite chacun portant un plat. Et le même cérémonial recommençait au moment du dessert non toutefois avec autant de suite. Et au soir le Maître d'hôtel du moment résignait son poste et remettait le collier de l'Ordre à son successeur en la charge en lui offrant en même temps un généreux verre de vin. Sans doute aux éclats de rire et applaudissements de tous les participants.

Quand on relit un tel récit et qu'on tente d'imaginer les circonstances insolites de cette manifestation en pleine forêt on en a aujourd'hui le souffle un peu coupé. A vrai dire il n'y a pas beaucoup à ajouter. Surtout à la pensée des mets divers, et sans doute compliqués, qui devaient être offerts aux membres accrédités de cette joyeuse et gaillarde compagnie.

On comprend vite alors que Lescarbot lui-même n'ait pu s'empêcher d'écrire que ces festins valaient sûrement tout ce que pouvaient offrir les meilleures tables de Paris.

Au fait, les Indiens qui assistaient à de telles exhibitions gastronomiques devaient être un peu ébahis. Car la cuisine autochtone, sans être frugale, n'était jamais, a-t-on dit, aussi minutieusement et amoureusement élaborée.

*   *   *

Tout cela nous aide à mieux comprendre l'élan spontané de Lescarbot lorsque, parlant des avantages de la colonie qu'il voyait comme une véritable "cité nouvelle", il s'est écrié à la fin:

"Faut-il abandonner les beautés de ce lieu
Et dire au Port-Royal un éternel Adieu . . .?"

Ils ne manquaient pour ainsi dire d'à peu près rien.

"Sinon d'avoir près de soi un chacun sa mignonne . . . Afin de prendre plaisir à ce que l'on fait il faut l'honnête compagnie un chacun de sa femme, car sans cela la chère n'est pas entière, on a toujours la pensée tendue à ce que l'on aime et désire . . ."

Mais, hélas! à cette rude époque il ne semble pas qu'à Port-Royal aucun ne fut accompagné, pas même de "sa légitime" qui aurait pour sa part et avec ses propres ressources contribué à lutter efficacement contre les ravages de l'ennui et du désoeuvrement.

Mais l'esprit inventif de ces aventuriers a dû malgré tout les aider à tenir tête à cette malencontreuse infortune. Car, en dépit des difficultés engendrées par ces séjours forcément solitaires en territoires lointains, Lescarbot et quelques autres observateurs n'ont pu s'empêcher de souligner discrètement que très tôt, en ces régions nouvelles, à défaut de femmes blanches on pouvait facilement "taquiner" les complaisantes Indiennes d'une nation indigène du voisinage. Et ensuite, si nécessaire, on pouvait recourir au Sassafras, un arbre dont le bois était de bonne odeur et fort utile pour la guérison de malaises tels que la vérole et la maladie du Canada. Au fait, ce bois était à l'époque reconnu et recommandé comme très commode pour les indispositions dites vénériennes qui s'attaquaient aux parties dites "naturelles".

On peut ainsi mieux comprendre ce que Lescarbot a voulu dire en parlant des avantages de la femme qui pour lui était "un préservatif nécessaire pour l'accomplissement de la réjouissance, afin de prendre plaisir à ce que l'on fait . . ." et cetera.

Il y a donc dû y avoir, de temps à autre, des rencontres amicales, impromptues et nullement mal intentionnées. Et par la suite cela amena ces vigoureux et nostalgiques explorateurs à recourir aux vertus reconnues du gentil bois de Sassafras, ne serait-ce que pour prévenir un mal bien inutile qui à cette époque de total dénuement para-médical aurait pu causer certains dégâts dans les maigres rangs de cette modeste colonie en train de naître.

Comme quoi il semble bien qu'il n'y aura à peu près jamais rien de nouveau sous le soleil.

5. Champlain et ses multiples expériences affectives

Les explorateurs Cartier, Roberval et Lescarbot ont certes coudoyé et assez bien connu les autochtones Indiens et Indiennes d'autrefois. Pour leur part ces derniers en étaient alors à leurs premiers contacts avec les Blancs d'Europe et ils menaient à ce moment une existence toute simple et inspirée uniquement de leurs seules coutumes ancestrales. Ce qui d'ailleurs était tout à fait normal.

Or, par la suite et à ce sujet, Samuel de Champlain est devenu lui aussi un témoin fort valable. Car, sans le faire exprès il a, à plusieurs reprises, été appelé à vivre parmi les indigènes durant de longs moments. Et il a lui aussi raconté par écrit ce qui, a-t-il dit, s'est passé sous ses yeux au cours de ses voyages. Il nous reste donc aujourd'hui des renseignements qui, bien sûr, n'étaient pas préparés pour faire voir l'auteur sous un mauvais jour mais qui, néanmoins, peuvent jeter une bonne lumière sur les expériences personnelles d'un Européen en promenade en pays indigène de l'Amérique.

Ainsi, sans trop nous préoccuper des dates mentionnées, en feuilletant les écrits de Champlain l'on apprend qu'au départ il s'était amené à l'intérieur des diverses tribus indiennes comme un ami véritable. Il fut donc reçu d'une façon amicale et il y eut des fêtes et de belles réceptions à chaque endroit.

Il a donc naturellement été question de nombreux festins comprenant des pièces de viande d'orignal, d'ours, de loups marins, de castors, agrémentés de longues harangues, d'applaudissements approbateurs consistant surtout de joyeux Ho! ho! ho! de pétunage, c'est-à-dire de séances où beaucoup de tabac local était fumé par tous les participants. Et finalement tout cela était complété par des danses vigoureuses sans doute exécutées en signe de grandes réjouissances partagées par la communauté tout entière et qui remplaçaient ainsi des échanges verbaux impossibles.

Au fait, Champlain est souvent revenu à ces récits d'exhibitions amicales qui se répétaient à peu près à chaque nouvel endroit où il s'est rendu.

C'est même au tout début de ces nouvelles explorations, à l'intérieur des emplacements plus ou moins permanents des autochtones vivant en ces lieux, que Champlain et ses compagnons de voyage devinrent vite familiers avec une gentille coutume locale. Il s'agissait d'une forme de bienvenue exécutée à l'adresse de visiteurs dont l'arrivée méritait, semble-t-il, d'être soulignée d'une façon un peu particulière.

Ainsi, lors d'un séjour à l'endroit qui depuis est devenu Tadoussac, Champlain a raconté que les femmes et les filles se rangeaient toutes spontanément les unes près des autres devant les invités. Puis elles se mettaient aussitôt à chanter des airs de leur composition accompagnés de divers mouvements et postures de danse. Ensuite, après un moment d'un telle manifestation qui se voulait artistique et bienveillante, toutes les femmes et les filles faisaient tomber leurs robes au sol et "se présentaient ainsi toutes nues montrant leur nature". Sauf que la plupart gardaient une sorte de petit collier colorié comme parure sans doute pour offrir un charme additionnel à leur bon accueil.

Après quoi elles recommençaient à chanter et à danser dans cet apparat puis, peu à peu, elles reprenaient leurs robes qui durant ce déploiement étaient restées à terre à leurs pieds.

Et bientôt les robes retombaient encore une fois au sol. C'était ainsi une alternance de chants, de danses et de déshabillage spontané qui continuait toujours sur place avec des gestes et des mouvements, un pied étant levé et ensuite l'autre lesquels, tour à tour, frappaient contre le sol en une cadence assez remarquable.

Tout cela, va sans dire, était plutôt nouveau pour les voyageurs fraîchement arrivés d'Europe et certes un spectacle inusité et intéressant. Car, dans leur pays d'origine, il ne devait guère être habituel d'assister à de telles démonstrations d'une hospitalité aussi raffinée offerte cordialement en public et sans la moindre trace d'hésitation. Ce qui devait certes rendre la chose encore plus appréciable.

Or Champlain, toujours bon observateur, a encore raconté qu'à une autre cérémonie du même genre qui se passait cette fois au bord de l'eau, et alors que des Montagnés se préparaient à partir en guerre contre des ennemis des environs, là aussi les femmes et les filles s'étaient dépouillées de tout vêtement et mises complètement nues, sans doute pour danser plus à l'aise devant les visiteurs. Et, s'étant alors toutes dirigées vers les canots, elles entreprirent de se lancer les unes aux autres d'amicaux jets d'eau à grands coups d'aviron. Mais, ajouta Champlain, c'était uniquement pour s'amuser car, à ce jeu, elles ne se faisaient en réalité aucun mal. Et cela aurait été regrettable autrement vu que tout paraissait aller si bien jusque-là.

De toute façon les femmes ont fini par en avoir assez et elles se retirèrent peu à peu tandis que les guerriers tout agaillardis par le spectacle partirent joyeusement pour faire la guerre qu'ils avaient projetée.

D'ailleurs, à ce propos, Champlain a encore noté dans le récit de ses premiers voyages que, lorsque les femmes indigènes venaient rencontrer les Hommes Blancs, si elles n'étaient pas complètement nues elles portaient alors "'des robes ouvertes par le devant". Ce que Champlain n'a pu se retenir de remarquer. Car, à l'époque, les Européens n'étaient guère accoutumés à cette amicale et hospitalière tenue vestimentaire lors de rencontres occasionnelles entre hommes et femmes en bons termes.

Au fait il semble bien que, malgré sa réputation subséquente de sérieuse austérité, Champlain ne pouvait s'empêcher d'avoir le coeur attendri lorsqu'il s'agissait d'être utile à la gent féminine, d'où qu'elle puisse venir, surtout lorsque cette dernière était temporairement dans l'embarras.

Ainsi vers la fin de l'été 1603, alors qu'il se préparait à quitter Tadoussac pour retourner en France après une tournée d'exploration jugée satisfaisante, Champlain a cru de bon aloi de demander au grand chef ou

Sagamo indigène, appelé Anadabijou, de bien vouloir lui confier pour le voyage une femme Iroquoise que ce chef et ses partisans Montagnais se "proposaient tout simplement de manger". Cela semblait être, en effet, une pratique habituelle entre les tribus rivales qui ne laissaient rien se perdre du butin obtenu à la suite de récentes confrontations guerrières.

Et le condescendant Sagamo n'a pu résister aux aimables pressions de Champlain. Il lui remit donc séance tenante la belle Iroquoise comme gentil cadeau de bon voyage. La pauvre fille n'aurait, dit-on, offert aucune résistance à cette transaction inattendue même si elle ne pouvait prévoir le sort qui lui était réservé.

Cependant entre la perspective certaine de se faire bientôt dévorer comme mets du jour par des ennemis Montagnais, qui avaient sans doute des comptes à régler avec les Iroquois jamais eux-mêmes trop commodes, et l'alternative inespérée de faire un intéressant voyage en mer avec le sieur de Champlain pouvant peut-être par la suite lui permettre de visiter quelques coins inconnus du pays de France, dont la légende faisait déjà beaucoup d'éloges, cela devait certes atténuer les appréhensions de l'excursionniste improvisée qui n'en demandait pas tant.

De toute façon, et en apparence sans trop sourciller, l'Iroquoise accepta la proposition qui lui fut faite. Et les choses n'ont pas dû tourner si mal puisque aucune chronique subséquente n'a fait mention de plaintes de sa part, même si pour elle les préparatifs de cette longue promenade avaient sûrement été réduits au strict minimum. D'ailleurs, dans les circonstances où cette proposition de rechange avait été offerte à la jeune prisonnière, le total de ses bagages et effets personnels avait assez peu d'importance. On pourrait toujours finir par s'arranger en cours de route. Car Champlain, comme on peut à présent s'en rendre compte, s'efforçait visiblement de bien faire les choses dans ses rapports personnels avec ses semblables.

Ainsi avec des vents plutôt favorables, et "au grand contentement de chacun", tout ce beau monde aventurier arriva sain et sauf par une belle journée de fin de septembre au port français de Havre-de-Grâce.

Et si par hasard la belle Iroquoise avait encore quelques regrets pour le lointain pays d'Amérique, dont elle allait être séparée pour un bon moment, le spectacle nouveau et fort agité d'une grande agglomération portuaire européenne, qui s'offrait soudain à ses yeux étonnés, a dû lui apporter des consolations qu'elle n'avait pas prévues au début de cette curieuse entreprise para-touristique.

*   *   *

Or ici on pourrait rappeler un autre incident qui a par la suite souvent étonné les chercheurs en ces matières du passé chez les nôtres de naguère.

On sait, d'une part, que Champlain a généralement été décrit comme ayant été d'un naturel renfermé et plutôt austère. Mais, par ailleurs, on sait aussi qu'il savait apprécier une belle allure humaine. En effet, en l'année 1611, il est venu visiter la Place Royale, le Mont-Royal, l'île Sainte-Hélène, en somme l'emplacement qui, trente et une années plus tard allait devenir Ville-Marie et puis par après la ville de Montréal. Il a alors cru bon, pour exécuter cette entreprise, de se faire accompagner de Savignon qu'il appelait lui-même discrètement "notre sauvage" et qui était, a-t-on dit, un jeune Huron de fort belle apparence. Champlain l'avait même déjà amené pour une visite assez élaborée en France. Et là Lescarbot a dit qu'il l'avait vu souvent ce sauvage de Champlain nommé Savignon, gros garçon et robuste lequel se moquait voyant quelquefois deux hommes se quereller sans se battre, ou tuer, disant que ce n'étaient que des femmes et qu'ils n'avaient point de courage.

Or, à l'occasion de cette promenade improvisée à Montréal, Champlain avait cru utile de dépêcher le très fiable Savignon avec un autre indigène pour aller dire aux Indiens installés dans le voisinage qu'ils seraient bien aimables de venir à sa rencontre. En effet il souhaitait faire une amicale connaissance avec ces gens dont il avait beaucoup entendu parler mais que, jusque-là, il n'avait pas encore eu l'occasion de fréquenter.

On sait encore, à propos de cet énigmatique Huron, qu'au tout début de mars 1611 Champlain, accompagné de Pont-Gravé, avait ramené vers l'Amérique le jeune et très fidèle Savignon faisant régulièrement partie de sa suite et qui en France aurait bien voulu y prendre femme moyennant son offre de trois castors qu'il croyait être un bon prix pour une pareille transaction. Cette fois les voyageurs n'avaient atteint Tadoussac qu'à la mi-mai après une pénible traversée de l'Atlantique. Ils avaient même tous failli être engloutis dans les banquises aux approches de Terre-Neuve.

Puis, revenu parmi les siens, Savignon s'était aussitôt empressé de parler avec emphase de son beau voyage et des bons traitements qu'ils avait reçus en France et surtout des "singularités" dont il avait été le témoin mais sans donner plus de précisions qui auraient du moins survécu jusqu'à ce jour. Ce qui expliquerait peut-être, comme a dit Champlain, que devant ensuite repartir pour son pays il aurait, paraît-il, hésité à aller reprendre ce que visiblement il considérait "une vie pénible en regard de celle qu'il avait connue en France", et qui lui avait paru si intéressante.

Et le passage momentané, ou accidentel, de Savignon dans la vie de Champlain, aurait bien pu en rester là. Son nom aurait alors sombré dans l'oubli inévitable car on n'a plus guère parlé de lui.

Cependant quatre années plus tard, soit en 1615, Champlain décida, en passant par le lac des Deux-Montagnes et la rivière Ottawa, d'aller visiter encore d'autres Indiens aux "Cheveux Relevés". Ces derniers, a-t-il appris, étaient installés loin à l'intérieur des terres dans les alentours d'une mer douce et de vastes espaces devenus par la suite la région des grands lacs. Et effectivement il y eut des rencontres et des échanges de politesse et de menus cadeaux. Mais, au cours de cette promenade en territoire jusque-là inconnu, Champlain a alors noté les détails d'un incident qu'il a cru assez remarquable pour qu'il soit relaté ensuite au long de ses écrits.

Or ces réflexions toutes personnelles de l'explorateur à propos de cette rare aventure en pays éloigné deviennent à la fois intéressantes et peut-être révélatrices.

Ces lieux, a-t-il dit, lui avaient paru fort plaisants,

surtout après avoir auparavant traversé une plutôt mauvaise contrée. Le lendemain il alla à un autre village où il fut reçu très aimablement et où on lui a offert un festin de pain, de citrouille et de poisson. Le chef de l'endroit le supplia d'y séjourner, une faveur qu'il ne pouvait lui accorder, a-t-il dit. Aussi Champlain et ses gens retournèrent à leur précédent village. Or la deuxième nuit comme il avait dû sortir de sa cabane, pour échapper aux attaques répétées des puces assez incommodantes, "une fille peu honteuse" s'approcha et s'offrit tout de suite à lui tenir "bonne compagnie". Mais Champlain nous assure qu'il l'a aussitôt remerciée doucement pour sa gentillesse et qu'il préféra plutôt aller passer la nuit avec quelques amis Sauvages installés tout à côté.

D'autres voyageurs s'adonnèrent à passer par là quelque temps après et ils ont rapporté que cette attitude imprévue de Champlain avait été fort remarquée par les Indigènes. Ils racontaient même encore l'incident aux nouveaux visiteurs près de vingt-cinq années plus tard. Comme quoi un refus anodin de se plier aux coutumes des gens que l'on visite, et qui reçoivent aimablement, peut parfois donner naissance à des commentaires qui par la suite ont la vie dure et peuvent se prêter à diverses et singulières interprétations.

*   *   *

Champlain a encore raconté d'autres choses à propos de ce long voyage d'environ une année parmi les nombreuses tribus des pays d'en-haut. Il a en effet eu l'occasion de vérifier ici et là le bien-fondé des renseignements qu'il possédait déjà à propos des rapports intimes variables entre hommes et femmes habitant ces régions. Et il n'a, bien sûr, pas manqué de rapporter par écrit ce dont il aurait alors été témoin. Car à son avis cela devait mériter d'être pris en considération par ceux qui pourraient ensuite s'intéresser à des communications de ce genre pour divers motifs.

L'explorateur toujours soucieux de précisions a ainsi noté que les femmes et les filles Indiennes, qu'il avait vues d'assez près, paraissaient tenir une conduite personnelle et pratiquer des habitudes peu fréquentes chez les peuples de l'Europe à cette époque. Du moins, si de telles formules étaient à l'honneur, la chose devait se faire plutôt discrètement et peu de gens s'appliquaient à en parler ou à fournir des détails à ciel ouvert pour instruire les trop curieux.

D'autre part, nous a assuré Champlain, les femmes du pays n'étaient nullement gênées d'exhiber aux invités leurs charmes personnels. Et si elles étaient agréables, belles, bien proportionnées et avec de beaux traits et un buste solide, par ailleurs elles semblaient en outre être plutôt fortes physiquement. Car c'était sur elles que retombait la tâche de tous les soins du ménage, de l'habillement et encore des indispensables et durs travaux de l'extérieur. Elles devaient en effet labourer le sol, semer le blé d'Inde, faire la provision de bois pour l'hiver, cueillir, battre et filer le chanvre pour fabriquer ensuite les rets devant servir à la pêche, récolter les blés et autres plantes comestibles puis les entreposer correctement comme provisions futures. En outre elles devaient encore servir de portefaix, comme sorte de mules, en accompagnant les hommes dans les voyages occasionnels.

Aussi, après tous ces exercices et efforts physiques, les femmes et les filles ne pouvaient que naturellement devenir robustes, bien portantes et fort développées. Tandis que pour leur part les hommes se réservaient les occupations plus dignes comme d'aller à diverses sortes de chasses, pêcher les nombreuses variétés de poissons du voisinage, construire des cabanes ou des palissades, aller faire la guerre et puis se reposer ou dormir sur leurs lauriers jugés bien mérités.

Mais, si la femme avait tendance à être vite pourvue d'un corps solide, par ailleurs une telle condition physique devait bien sûr la porter à ressentir également de fortes exigences d'un caractère plus intime. Ce qui d'ailleurs ne semblait pas manquer de se produire et encore à ciel ouvert.

A ce sujet Champlain a raconté que dès que la jeune fille commençait à se sentir un peu femme, soit entre onze et environ treize ans, elle commençait tout de suite à se munir de ce que notre explorateur appela fort gentiment "des serviteurs". Et il était de coutume qu'il y en eut même plusieurs, a-t-il ajouté. Il n'était d'ailleurs, en général, pas question de rechercher d'inutiles approbations ou consentements auprès des parents ou autres personnes d'expérience du voisinage qui, de toute façon, n'auraient rien pu empêcher.

A ce moment le serviteur, ou amoureux choisi, devait bien faire les choses et apporter sans retard à la soupirante de petits cadeaux sous forme de colliers, de chaînes, ou encore de quelques bracelets de porcelaine. Et l'acceptation de ces présents par la belle signifiait pour le visiteur que son arrivée était jugée agréable et bienvenue.

Alors, et tout naturellement, le nouvel amoureux allait se coucher avec la fille. Et cela, a précisé Champlain, durant trois ou quatre nuits de suite. Sans discussions ou commentaires jugés inutiles et souvent même sans qu'un seul mot soit dit, les deux "cueillaient le fruit de leurs affections".

Or ces échanges laconiques mais tendres, et jusque-là à titre purement temporaire, pouvaient se prolonger durant huit ou même quinze jours, selon l'humeur du moment. Puis, un beau matin, la belle reprenait sa liberté et quittait son serviteur qui devait alors laisser derrière lui ses petits colliers et autres récents dons de circonstance. Champlain nota encore à ce sujet que, cette liaison intime étant maintenant interrompue par la belle, le postulant devait aussitôt se retirer sans commentaires mais emportant en pensée le bon souvenir du passe-temps et des heureux moments qu'il avait savourés durant cet interlude amoureux. Personne n'était pris au dépourvu. Tous s'attendaient naturellement à ce que les choses se passent de cette façon. Et il en était toujours de même.

L'amoureux délaissé partait à la recherche d'un autre emploi tandis que la femme, maintenant seule, regardait elle aussi autour pour se munir sans retard d'un nouveau serviteur. Ainsi tout continuait normalement d'aller pour le mieux dans le meilleur des mondes.

De la sorte, et toujours avec le constant désir de faire bientôt une meilleure rencontre, la jeune femme finissait par avoir connu pas moins de vingt maris successifs, dans le but unique de découvrir si possible des arrangements encore plus avantageux. Or même cela semblait généralement insuffisant. Car, la nuit étant arrivée, les jeunes femmes se mettaient souvent à courir d'une cabane à l'autre et les jeunes gens naturellement en faisaient autant. Ainsi, a dit Champlain, tout le monde paraissait fort heureux d'en prendre par où bon leur semblait. Mais toujours sans aucune trace de violence durant ces échanges à répétition. Et cela grâce à une vieille convention bien observée qui voulait que tout ce joyeux branle-bas se déroule selon l'unique volonté de la femme. Ce qui, bien sûr, simplifiait beaucoup les choses.

Et ici Champlain a ajouté sur un ton un peu nostalgique que, dans la circonstance, le mari allait ainsi faire exactement de même avec la voisine et vice versa. Tout cela se passait sans trace de jalousie, d'infamie ou d'injure, car telle était l'ancestrale coutume du pays que tous respectaient sans la moindre discussion.

A vrai dire le seul temps où les femmes commençaient à demeurer plus régulièrement avec leur mari était lorsque, après tant de loyaux et généreux efforts d'amitié, il leur arrivait naturellement d'avoir à bientôt mettre au monde des enfants. Cela invitait bien sûr les intéressés à pratiquer une certaine pause car le phénomène entraînait alors des préoccupations nouvelles assez compréhensibles.

Mais la rumeur de cette éventualité prochaine se répandait vite aux alentours. Et aussitôt les divers maris d'auparavant s'amenaient tout à tour pour donner à la femme fécondée de nouveaux signes de leur affection et amitié telles que manifestées par eux dans le passé. Chacun insistait alors que ses sentiments avaient été plus véridiques que chez les autres et qu'ainsi l'enfant qui allait naître était bien le fruit de leur effort personnel. Tous venaient donc offrir des affirmations de ce genre et demandaient à la future mère la faveur de l'avoir pour femme de préférence aux autres. Même si, en leur temps, ces derniers avaient aussi participé avec beaucoup de vigueur à cette ronde affectueuse d'un genre assez nouveau pour les visiteurs européens peu préparés, à vrai dire, pour ce style de fréquentations et d'épousailles subséquentes.

Ainsi la femme à l'apprentissage se trouvait à être

la seule à exercer un choix lui permettant d'accepter celui qui à présent lui plaisait davantage. De plus, au cours de ses essais amoureux successifs, non seulement gagnait-elle un mari plus à son goût mais elle obtenait aussi beaucoup de porcelaine et autres petits cadeaux et bons souvenirs qui lui restaient et serviraient ensuite à bien enjoliver le futur logis quand l'occasion s'en présenterait.

Et à partir de ce moment il pouvait se produire une sorte d'accalmie provisoire dans ce petit jeu de continuel va-et-vient intime. Mais Champlain ajouta aussitôt que, même ici, le nouveau et plus récent mari n'était encore qu'à l'épreuve et ne devait manifester aucune trace de défaillance. Car une pareille faiblesse pouvait lui mériter à son tour une sommaire répudiation et le dernier mariage à l'essai était alors vite rompu comme tous les autres arrangements tentés auparavant.

Mais alors, même en demeurant à ciel ouvert avec ce nouveau mari, Champlain nota encore que cela n'empêchait nullement la nouvelle "femme mariée" de continuer sa "carrière" de recherches incessantes en vue d'autres rencontres qui pourraient s'avérer si possible plus avantageuses. En somme il n'y avait guère de cesse dans cette poursuite toujours à l'affût d'une perfection améliorée de part et d'autre au bénéfice éventuel des participants. Pour la femme indienne, aux sentiments spontanés, la permanence de son union maritale avec un homme, ici ou là, ne lui semblait donc pas une condition obligatoire ni même, en apparence, désirable. Et l'homme devait être dans de semblables dispositions puisqu'il acceptait, dit-on, de bonne grâce qu'une liaison fort intime soit facilement terminée lorsque la femme le désirait ainsi. C'était en somme une forme de rapports sociaux sans aucune contrainte externe et poussés à leur plus haut raffinement de liberté individuelle totale.

Pourtant, malgré cette battue sentimentale reprise d'une façon plus ou moins discrète, Champlain nota qu'étant ouvertement avec son mari la femme résidait avec lui en ménage et faisait bonne mine aux yeux de tous. Et les enfants qui s'amenaient ensuite provenaient sans aucun doute de la mère tout indiquée. Mais aucun ne pouvait se croire légitime au sens européen du terme puisque pas un n'était assuré de l'identité de son véritable père.

Aussi, pour être en quelque sorte logique et se conformer aux faits indéniables, il existait une autre coutume ancestrale prescrivant que les enfants ne succédaient jamais aux biens et dignités de leur père, n'étant pas assurés d'être le descendant de tel ou tel géniteur qui eux-mêmes, d'ailleurs, n'en savaient rien non plus. Alors pour simplifier les choses, et éviter toute complication inutile, les fils et les filles de telle ou telle famille devenaient les successeurs et héritiers de leur mère de qui tous et toutes se sentaient plus véritablement issus. Solution certes ingénieuse et sans doute plus conforme à la réalité des événements.

* * *

Il semble bien ici que Champlain a été fort impressionné et même un peu ému par des coutumes humaines aussi imprévisibles pour un bourgeois fraîchement arrivé de l'Europe, éduqué et généralement plutôt conformiste. Notre explorateur était assez mal préparé pour des étalages de petites manières aussi proches des rudes exigences de la grande nature et ayant libre cours sans l'intervention d'ukases para-philosophiques provenant de lointaines régions du mystérieux Moyen-Orient.

C'est sans doute parce que Champlain n'avait pas prévu de semblables façons de vivre qu'il n'a pu s'empêcher d'en prendre note, de les décrire avec force détails, et de plus sur un ton qui paraît assez impartial. Il n'a même pas paru vouloir juger ni condamner. D'ailleurs ces vieux usages chez les enfants de la forêt semblaient bien être ancrés depuis longtemps. Et les dignes réformateurs ambulants, qui sont venus par la suite de leur propre initiative, se sont vite rendu compte qu'il suffisait de bien peu pour que les habitudes anciennes reprennent le dessus. Alors il fallait souvent recommencer les séances d'instruction louable car les leçons précédentes n'avaient apparemment pas pris de profondes racines.

Il y eut certes beaucoup de tentatives européennes visant à faire changer les ancestrales manières des indigènes installés en Amérique du Nord depuis fort longtemps et qui paraissaient s'en porter assez bien pour autant. Ces autochtones de bonne foi ont peut-être ressenti, de temps à autre, qu'ils n'avaient pas demandé à ces visiteurs de venir modifier leurs antiques façons de voir les choses. Même s'il est vrai que, de guerre lasse, certains changements ont fini par se produire parmi eux. Mais sans que cela finisse par prouver grand-chose.

Aussi il faut être reconnaissant à Champlain d'avoir su noter avec autant de zèle et de détails ce qui se passait chez les Peaux-Rouges avant la venue inopinée des Hommes Blancs qui, dès leur arrivée, ont voulu que les indigènes déjà en place depuis longtemps s'empressent de transformer leur manière de vivre en adoptant des coutumes para-européennes étranges et difficiles à comprendre sans être assurés que de telles et aussi radicales innovations leur seraient par la suite personnellement profitables et les rendraient plus heureux.

*   *   *

Il semble bien que, durant son séjour en Nouvelle-France, Champlain a souvent démontré une sympathie chaleureuse et assez manifeste pour les Indiens ou Sauvages des deux sexes. D'ailleurs, nous sommes là-dessus rassurés par les incidents du jeune Huron Savignon déjà mentionné, de la belle Iroquoise qui sans Champlain aurait été sommairement mangée en un festin communautaire, et des amis Sauvages préférés comme compagnons de nuit plutôt que la "jeune fille peu honteuse" qui ne fut pas acceptée cette fois-là, pour des raisons que nous ne saurons sans doute jamais.

En outre Champlain avait aussi, semble-t-il, une inclination assez marquée pour les toutes jeunes filles blanches ou rouges. En effet un autre incident anodin a paru, là encore, souligner cette remarquable estime de l'explorateur pour les jeunes personnes du sexe féminin au stade impubère.

Ainsi, à l'été de 1629, Québec fut sérieusement assiégée par des forces marines à la solde de l'Angleterre et alors sous le commandement conjoint des trois frères Louis, Thomas et David Kirke, comme l'on sait.

Or Champlain n'avait pas à son service suffisamment de troupes pour résister à cet assaut imprévu. De plus les secours en vivres, munitions, grément et personnel qu'il attendait de France depuis un bon moment avaient été interceptés et sommairement capturés par les mêmes Messieurs Kirke quelque temps auparavant. Il a donc bien fallu que le gouverneur de Québec se résigne à capituler. Ce qui d'ailleurs s'est fait avec toutes les formes et belles manières en usage à l'époque pour des activités de ce genre entre gens bien élevés. Et cela comprenait des visites, des échanges de lettres et autres documents, de bons dîners paisiblement partagés et ainsi de suite.

Mais, au cours des discussions préalables pour en arriver au traité formel de capitulation, il semble que Champlain ait demandé aux conquérants anglais de bien vouloir lui permettre d'apporter avec lui, pour le temps de sa captivité en Europe, certains menus articles. Il semblait y tenir beaucoup et par ailleurs cela ne pouvait guère être considéré menaçant si ces choses étaient laissées à l'usage du futur prisonnier.

Ainsi, dans son projet de reddition préparé par lui-même à l'adresse des frères Kirke, Champlain avait assez hardiment, et à tout hasard, réclamé un vaisseau pour retourner en France avec armes, bagage, autres commodités de meubles, et aussi avec ses compagnons d'infortune parmi lesquels il avait inclus, bien sûr, deux toutes jeunes sauvagesses, qui lui avaient été gracieusement données auparavant avec une autre appelée Foi, et qu'il avait à son service personnel et particulier depuis environ une année.

Cependant les frères Kirke étaient sans doute peu familiers avec des exigences aussi inhabituelles de la part d'ennemis subjugués. Ils ont donc assez sèchement répondu au pauvre Champlain qu'il était devenu un prisonnier et qu'à ce titre il serait envoyé en Angleterre où l'on déciderait des modalités de son éventuel retour en France s'il y avait lieu et du sort qui serait alors fait à ses compagnons.

Quant aux deux petites Sauvagesses fort joliment appelées Espérance et Charité, et que Champlain voulait bien garder avec lui, il n'était pas question qu'elles l'accompagnent dans ce long voyage en haute mer et vers l'Europe. Et cette décision, paraît-il, entraîna aussitôt des scènes fort pénibles de la part des jeunes filles qui ne voulaient pas accepter ce mauvais sort. Déçues, attristées et pleurant amèrement, a dit Champlain, elles ont aussitôt attrapé une forte fièvre au point qu'elles ont refusé de manger. Elles osèrent même, dit encore Champlain, réprimander ouvertement le général anglais pour la dureté de son coeur. La jeune Espérance aurait alors prononcé un vigoureux discours affirmant hautement que leur généreux maître les avait toujours bien nourries et entretenues de toutes les commodités usuelles et qu'elles lui étaient devenues fort attachées pour toutes ses bontés à leur endroit, et que pour cela elles voulaient le suivre fidèlement dans ce voyage outre-mer.

Et comme d'après Champlain, l'interprète Marsolet consulté hésitait encore auprès du général anglais, à approuver cet insolite voyage, la jeune Espérance se serait soudain emportée et laissée aller à des invectives inattendues dans la bouche d'une petite indienne d'à peine douze ans. Elle aurait même affirmé, dit le texte, que Marsolet s'objectait parce qu'elle n'avait pas voulu condescendre à "ses sales voluptés" et à "ses attouchements déshonnêtes" et elle le qualifia alors de chien et de traître, ce qui n'était pas très joli.

Tout cela à la vérité allait très loin et ne peut que nous laisser perplexes quant aux talents d'éducateur désintéressé et altruiste qu'aurait fait valoir Champlain auprès des trois toutes jeunes filles indigènes placées sous sa garde.

De toute façon, et malgré ce bruyant mais inutile déploiement théâtral, Thomas Kirke demeura inflexible. Les petites sauvagesses furent "cruellement" laissées à terre et séparées de leur maître "bien-aimé". Ce dernier a donc dû faire son deuil de son intéressant projet et se résigner devant la fatalité. Il n'y avait rien d'autre à faire.

C'était sans doute malheureux pour tous les participants de cette petite aventure amicale qui tout à coup avait plutôt mal tourné. Et cela sans que personne ait pu prévoir un aussi regrettable épilogue.

Il faut bien reconnaître que, d'une année à l'autre, le pauvre Champlain n'était visiblement pas chanceux dans ses multiples expériences affectives.

*   *   *

Mais cette guigne sentimentale continua, semble-t-il de s'acharner contre le pauvre Champlain qui, selon toute apparence ne pouvait rien contre cette persistante mauvaise tournure des choses du coeur où il se laissait entraîner.

En effet au cours de l'année 1610, c'est-à-dire deux ans après la fondation de Québec, Champlain avait alors environ 43 ans peut-être même, a-t-on dit, 46 ans d'âge. Ce qui, de toute façon, faisait de lui un homme indiscutablement d'âge sûr.

Or il a cru soudain qu'il serait normal pour lui de songer à prendre femme et d'accepter publiquement les liens du mariage afin de pouvoir ainsi vivre, par la suite, à peu près comme tout le monde de son époque.

Cependant, et ici nouvel indice de ses vues bien personnelles en matière d'expérience affective, le coeur de Champlain se porta aussitôt vers une toute jeune fille qui n'avait encore qu'à peu près onze années d'âge. Cette nouvelle, et très adolescente élue, s'appelait Hélène Boullé ou Boulay. Elle était la fille de Marguerite Alix et de Nicolas Boullé un secrétaire personnel attaché au service de la chambre du roi. Mais complication première, et assez difficile à expliquer après coup, la jeune pucelle avait été élevée correctement dans le calvinisme et faisait donc jusque-là partie de cette respectable secte protestante tout comme naturellement son père et sa mère.

Mais malgré sa jeunesse, et par ailleurs grâce à la bonne industrie de ses parents, elle était déjà, dit-on, en bons rapports avec les gens influents de la cour et, plus important encore, elle avait été pourvue de ce qui était alors une solide dot de quelque 6 000 livres. Tout cela aurait fait que Champlain, soudain désireux de prendre femme, en serait venu à la décision de s'unir maritalement avec Hélène Boullé, fille de bonne éducation, de belles manières et d'intéressante famille. De plus, et pour éviter les qu'en-dira-t-on malveillants ou soupçonneux, il aurait été entendu lors de l'engagement marital, de retarder toute consommation du mariage avec la jeune épouse pour une période d'environ deux années. Et cela, même si jamais confirmé par la suite, devait calmer toute rumeur inutile au sujet de cette entreprise conjugale assez inusitée et faire taire les mauvaises langues qui auraient voulu se permettre des commentaires qui auraient alors été mal fondés de toute évidence.

Donc Hélène Boullé à l'âge d'environ onze ans, et avec une signature enfantine un peu tremblante, a consenti par contrat à devenir Madame Samuel de Champlain lequel pour sa part se déclara lui-même noble homme. Tout était visiblement bien en règle et en accord avec les habitudes du pays. On ne pouvait guère trouver à redire.

Cependant, malgré toutes ces sages précautions, l'affaire a semblé par la suite prendre une assez curieuse tournure. En effet ouvertement liée par contrat le 27 décembre 1610, fiancée le 29, et épousée en public le lendemain du même mois à Saint-Germain-l'Auxerrois de Paris, la jeune mariée n'est en fait venue rejoindre son légitime époux à Québec qu'en 1620 soit dix années plus tard alors qu'elle ne pouvait avoir qu'environ vingt et un ans. Ce qui ne peut que nous étonner même encore aujourd'hui après 356 ans de distance. Il a certes dû se passer des choses, qui n'ont pas été racontées, pour que cela se produise ainsi à l'encontre des usages habituellement pratiqués par les nôtres en semblable matière depuis toujours.

Donc, de 1610 à 1620, Champlain demeura seul, bien sagement, à l'emplacement de Québec et la belle Hélène continua pour sa part de vivre calmement à Paris comme si rien d'anormal ne s'était produit. Sauf qu'il faut bien ajouter que Champlain est lui-même retourné en France en août 1611, puis à quelques autres reprises comme, par exemple, en 1620 alors que la jeune Hélène a finalement consenti à venir cohabiter avec son mari à Québec. Mais, hélas! ce séjour en Amérique ne devait durer que quatre petites années après quoi l'épouse retourna en Europe pour y demeurer d'une façon définitive.

La pauvre fille durant sa jeunesse et jusqu'à son arrivée au Nouveau Monde était devenue, a-t-on dit, une agréable et bien présentable petite personne accoutumée à la gracieuse vie des beaux cercles de Paris. Aussi, avec trois dames de compagnie, elle s'était amenée en Nouvelle-France pourvue de valises remplies de belles robes, de colifichets, de délicates dentelles, de souliers importés et autres ornements et menus articles du genre alors fort à la mode dans la capitale française. Mais tout ce beau tralala a dû être sommairement rapporté en France. Car Hélène n'a pas paru avoir apprécié son séjour à l'Habitation rudimentaire de Champlain à Québec. La maison était devenue hors d'aplomb, pleine de mauvais courants d'air et mal chauffée. En outre le toit assez mal entretenu, comme le reste, ne finissait pas de couler et de rendre fort peu agréable la vie à domicile surtout pour des gens habitués à de meilleures conditions résidentielles.

Ainsi il est assez vite apparu que ce mariage, pourtant bien voulu et minutieusement organisé par Champlain, ne semblait guère promis à un grand succès. A la vérité, dans le récit de ses nombreux rapports et mémoires, Champlain n'aurait fait une courte mention de cette aventure conjugale qu'à deux seules reprises. Il nous a dit à quelle date sa femme est venue en Amérique puis à quelle autre date elle est retournée en France pour toujours. Ce qui peut paraître étonnant à propos d'une expérience qui avait sans doute été entreprise avec un certain désir de permanence.

En effet, au début de la seconde partie des rapports de ses voyages, Champlain a écrit assez sèchement que "L'an 1620 je retournai avec ma famille à la Nouvelle-France où nous arrivâmes au mois de mai." Et ici Champlain semble bien s'être exprimé incorrectement. Car il serait parti de Honfleur en France vers le 8 de mai et la traversée vers Québec aurait duré pas moins de deux mois. Le pauvre homme devait avoir des distractions à cause d'une matière familiale et intime qui lui causait de sérieux soucis et le privait peut-être temporairement de ses moyens. D'ailleurs, il a parlé de "sa famille" et non de sa jeune femme épousée auparavant dans les circonstances que l'on sait.

Puis en une autre subséquente occasion il a raconté qu'en août 1624 il a résolu de repasser en France et cette fois encore "avec sa famille". A nouveau Champlain ne tenait visiblement pas à parler de sa femme. Or n'ayant en apparence aucune progéniture, ni autres proches connus, il s'ensuit que la famille de Champlain devait donc se limiter à la seule Hélène Boullé dont il semblait s'abstenir assidûment de faire une mention précise dans ses écrits personnels. Et cela pour des raisons connues de lui seul. Du moins jusqu'à date.

*　　*　　*

Aussi, à la suite de ces bizarres événements il ne faut guère être surpris de la révélation que peu après madame de Champlain aurait demandé formellement et par écrit à son mari qu'elle soit sans retard relevée de ses voeux et engagements maritaux. Cette curieuse demande semblait même suggérer que, malgré son passé calviniste, la belle Hélène songeait à quitter le monde et à se présenter à un couvent pour y être admise. Ce qui a dû faire beaucoup jaser les gens de la capitale à vrai dire peu habitués à des métamorphoses de ce genre parmi le beau monde.

Il a également été su que la lettre requérant l'abrogation prochaine du lien conjugal aurait été confiée au jésuite Charles Lalemant. Mais, hélas! la livraison du précieux message aurait été quelque peu retardée. En effet le navire qui transportait le dévoué commissionnaire fut accosté par une flotte anglaise en mai 1628 et, après des pourparlers, le religieux a été sommairement renvoyé en France. Cependant la demande de rupture maritale avait dûment été rédigée et expédiée par l'épouse anxieuse de reprendre sa liberté. Il n'y avait guère plus moyen à présent de faire marche arrière et d'oublier ce malheureux projet de séparation matrimoniale.

*　　*　　*

Encore une fois Champlain continuait d'avoir assez peu de chance dans ses successives expériences sentimentales.

Aussi, tourmenté par tous ces déboires cuisants, et en outre très conscient que son projet de développement colonial n'avait à peu près pas marché, surtout s'il était comparé avec les implantations ultra-rapides, vigoureuses, et spectaculaires des établissements anglais situés plus au sud, l'on comprendra vite que Champlain solitaire, et mal soutenu, se soit bientôt senti un peu malade. Et il a sagement songé à mettre de l'ordre dans les choses et possessions matérielles qui allaient naturellement lui survivre un jour et deviendraient alors le total de sa future succession. Là au moins, pour son bon renom, il se devait de réussir à tout prix.

Sentant donc qu'à présent la fin de tout pour lui approchait inéluctablement Champlain, comme tout homme normal, procéda à faire son testament. Mais là encore, bien que toujours marié à une jeune femme très vivante et évoluant à l'aise dans les beaux milieux de la capitale de France, Champlain a cru utile d'agir d'une manière différente de l'ordinaire. Il décida de créer une succession d'un caractère nouveau qui ne manquerait sans doute pas d'attirer l'attention des gens de son temps.

Mais, cette résolution capitale étant prise, la malchance s'acharna aussitôt et hargneusement sur le pauvre père de la Nouvelle-France. Champlain fut en effet et soudain frappé d'une fort malencontreuse paralysie. Et cela allait tout à coup compliquer ce beau projet d'établir solitairement ses dernières volontés. Car l'homme qui avait rédigé d'innombrables mémoires et rapports durant sa vie se voyait à présent incapable d'écrire le moindre mot.

A ce moment Champlain était, bien sûr, toujours lié par son contrat de mariage jadis préparé et exécuté à Paris en décembre de l'année 1610. Et cet acte d'état civil avait déclaré formellement que le nouvel époux accordait à sa femme, si elle lui survivait, la jouissance totale et intégrale de tous ses biens et avoirs. Or ce contrat précis ne pouvait pas facilement et unilatéralement être modifié par testament olographe subséquent surtout si, à cause d'une paralysie inopinée, le testateur ne pouvait plus faire usage de ses mains pour exprimer ses dernières volontés clairement sur papier destiné à lui survivre.

Toutefois ce sérieux contretemps s'est avéré fort heureux et utile pour le malade qui voulait à tout prix modifier les clauses préalables de donation maritale de tous ses biens en faveur d'Hélène Boullé telles que déjà stipulées environ vingt-cinq années plus tôt à Paris. Car si Champlain avait lui-même rédigé ses nouvelles intentions testamentaires d'une main vieillie, faible et tremblotante, personne n'aurait alors voulu croire à l'authenticité de telles et aussi graves modifications. Tous auraient sans doute vu là une falsification ou une mauvaise plaisanterie car le nouveau projet de Champlain aurait certes paru assez invraisemblable de par sa nature même.

Et donc, pour une fois, cette soudaine attaque du mauvais sort, qui prenait la forme d'une grave paralysie, a permis à Champlain d'exprimer avec une exacte précision ses véritables dernières volontés qui par la suite ne pourraient plus être contestées par quiconque, du moins dans l'ordre habituel des choses.

En effet à ce moment, monsieur le Sieur de La Ville, alors greffier en titre de Québec, s'est présenté auprès du célèbre malade dans le but amical de prendre des nouvelles. Et ce que voyant et entendant ledit greffier a aussitôt eu un éclair de génie. Champlain paralysé ne pouvait certes pas rédiger un testament de sa propre main, suivant la coutume, en vue de modifier les clauses du précédent contrat de mariage. Mais il restait une ingénieuse solution qui pouvait vite corriger la chose. Car, dans les pays dits de droit romain, il était permis en cas de nécessité d'avoir recours à une procédure un peu particulière. L'on pouvait, en effet, convoquer sept témoins mâles et pubères. Et, ayant alors pris ensemble connaissance du testament rédigé par le greffier Sieur de la Ville, ces témoins pouvaient tous signer le document en présence les uns des autres et lui conférer ainsi un caractère de totale authenticité. Cette attestation conjointe de huit hommes mûrs, lettrés et sains d'esprit, rendrait certes difficile toute tentative de contestation ultérieure des propositions dictées et approuvées par le testateur. Même aujourd'hui on ne pourrait guère exiger davantage avec nos belles lois.

Et alors, dans ce testament public de ses nouvelles et dernières volontés, Champlain écarta d'abord et sans restriction toutes les clauses de son précédent contrat de mariage parlant de donation à être faite plus tard à Hélène Boullé au cas où elle survivrait à son bien-aimé mari.

Puis, après avoir légué quelques meubles à la chapelle locale de la Recouvrance, le malade déclara que le total résidu de ses biens provenant de fonds investis dans la Compagnie des Cent Associés et ailleurs, d'autres sommes liquides gardées sous la main et les objets qui pouvaient à ce moment lui appartenir étaient toutes et tous par les présentes légués sans aucune restriction à nulle autre que "la Vierge Marie" qui devenait ainsi son héritière et seule légataire universelle.

On peut vite deviner la stupeur générale de tous ceux qui, étant présents auprès du puissant gouverneur de la Nouvelle-France, devaient rendre authentique une décision testamentaire aussi étonnante et inusitée. Et il est fort heureux que le greffier la Ville et les sept témoins aient tous été sur place à l'occasion de cette scène. Car, autrement, personne au monde n'aurait voulu ajouter foi à de telles dispositions de dernière heure.

La "Vierge Marie" en personne devenait donc, dès ce moment, la seule et unique héritière de tout l'avoir de Samuel de Champlain, gouverneur de Québec. Et pour rendre, si possible, encore plus inattaquable cette surprenante transmission de biens ce fut encore nul autre que l'actif Père Lalemant, jésuite, qui eut la mission d'aller informer calmement la nouvelle veuve qu'elle était déshéritée, qu'elle perdait ainsi tous ses droits à son contrat de mariage et à la succession laquelle jusque-là ne pouvait appartenir qu'à elle seule, et qu'enfin le dernier message que lui adressait son défunt mari par le biais de ces curieuses dispositions testamentaires, suggérait assez peu de souvenirs sympathiques concernant leur longue union maritale. Au fait ce laborieux mariage avait duré de 1610 à 1635.

L'hitoire ne dit pas quelle fut la réaction première de la veuve lorsque, à l'été suivant, après les premières traversées océaniques, on lui apprit ces choses. Mais elle en a sans doute ressenti une forte émotion. Cependant l'habile et fort diligent Père Lalemant était là et tout a paru s'être passé dans l'ordre à l'occasion de cette extraordinaire et sans doute pénible transaction. Puis sa mission étant accomplie, le Père se serait alors discrètement retiré pour vaquer à d'autres occupations.

Hélène Boullé aurait, dit-on, médité sur tout cela durant un bon moment. Puis, réflexion faite, elle a cru qu'il serait non profitable pour elle de présenter une opposition à l'encontre d'un legs aussi peu dans les moeurs du temps, et qui aurait pu la faire voir sous un mauvais jour.

A ce moment, et en apparence, la veuve était bien la seule qui aurait pu contester ces arrangements plutôt imprévus. Et, comme elle ne bougeait pas, il ne restait donc plus aux autorités en place qu'à entériner officiellement les dispositions testamentaires qui leur étaient soumises avec les pièces justificatives.

Alors, comme il ne semblait survenir aucune opposition déclarée, le Prévôt des marchands de Paris, ayant juridiction en semblable matière, décida par sentence en date du 11 juillet de confirmer juridiquement les dernières volontés du lointain gouverneur colonial maintenant parti pour un monde meilleur.

Le testament ainsi homologué en justice donnait donc enfin à Champlain le dernier mot, même si à retardement, et une fois rendu outre-tombe pour toujours.

*   *   *

Or tout à coup on s'est rendu compte que le fait de déclarer la Vierge Marie héritière unique et universelle entraînait de sérieux problèmes. Il s'agissait à présent d'identification de la personne désignée et à rencontrer, d'endroit précis où devrait se faire la livraison légale et satisfaisante des biens disponibles, et de signature valable à obtenir pour attester la bonne réception de ces biens et donner en retour une quittance finale à tout venant pour clore cette transaction d'une façon définitive. Le projet testamentaire était donc loin d'être terminé.

Cependant Hélène Boullé continuait de garder le silence et de ne rien faire à propos de cette histoire embrouillée où, de toute façon, elle n'aurait pas eu le beau rôle.

Mais soudain, et à la surprise générale, il fut un jour révélé qu'il existait effectivement de la parenté survivante de la famille Champlain. Et ces gens plus intéressés aux biens de ce monde que d'autres commençaient à poser de sérieuses et gênantes questions au sujet de cette curieuse affaire.

Ainsi d'une chose à l'autre, et en dépit de la précédente sentence et de l'homologation ordonnée par le

Prévôt des marchands de Paris, une vaillante cousine germaine du défunt Père de la Nouvelle-France est sortie de l'ombre et elle décida soudain, et à tout hasard, de faire valoir ses droits personnels à cette succession toujours ouverte. D'ailleurs elle était probablement mieux équipée que tous autres prétendants éventuels à cet égard. En effet son mari Jacques Hersant occupait l'important poste de contrôleur des traites domaniales et foraines pour la région de La Rochelle.

Se sentant sans doute raisonnablement familier avec ce genre de problème, l'époux de la cousine offrit donc sans retard de sages et précieux conseils à sa douce moitié. Et Marie Camaret, cousine de Champlain, se leva alors en public et réclama formellement pour elle-même tout l'héritage du pauvre et lointain défunt. Ce dernier n'avait certes pas prévu une pareille tournure des choses. Mais, du simple et irréversible fait de son décès, il ne pouvait plus lui-même intervenir afin de rétablir le sens précis de ses propres volontés qui visiblement et soudainement étaient remises en question.

Marie Camaret Hersant se présenta bravement devant le tribunal. Et au grand scandale de tous ceux qui assistaient aux imprévisibles déploiements de cette affaire, la cousine Camaret présenta une contestation formelle de la précédente distribution proposée des biens. Elle réclama donc pour elle-même l'héritage dans sa totalité. On peut facilement imaginer la scène et les chuchotements divers que tout cela a dû susciter. Mais la femme du contrôleur des traites était têtue et son mari relativement instruit. Tous les deux ensemble avaient visiblement résolu de ne pas lâcher prise.

Prenant littéralement, si l'on peut dire, cet étrange taureau par les cornes, Marie Camaret soutint sans sourciller qu'il était totalement à l'encontre de la loi, c'est-à-dire de la coutume de Paris, d'instituer la Vierge Marie comme héritière des biens de quiconque. D'ailleurs, non seulement une pareille donation était non conforme à l'ancestrale coutume, mais en outre on ne pouvait citer aucun cas similaire du passé qui aurait pu servir de précédent en ce genre et faciliter ainsi une solution acceptable. Les dispositions testamentaires décrétées par le sieur de Champlain étaient illégales à leur face même et devaient ainsi être déclarées nulles et non valables.

L'auguste tribunal était donc respectueusement requis de rectifier la situation en annulant cet impensable et inapplicable testament. Et comme, en la circonstance, Marie Camaret était bien la seule en présence de la cour elle requérait qu'il lui fut accordé à elle seule tout l'ensemble des biens du défunt Samuel de Champlain à présent décédé et inhumé en Amérique outre-mer.

On peut vite imaginer la mine ahurie des juges qui se voyaient soudain confrontés publiquement avec un litige aussi inusité. D'ailleurs on ne pouvait plus reculer ni même à présent retarder les choses. Le tout La Rochelle et ses environs étaient au courant et suivaient l'affaire de près. C'était, va sans dire, un genre de procès assez nouveau et pas comme les autres. On se demandait partout comment tout cela pourrait bien finir.

Puis pour comble d'imprévu l'avocat général de la région, le sieur Bignon décida soudain et à son tour d'entrer lui-même en scène et de participer à l'affaire en sa capacité officielle. Aussitôt avec sa longue expérience des lois et le talent oratoire, dont sont toujours pourvus les procureurs généraux, ce maître du prétoire s'attacha surtout au sérieux grief de la désignation de l'énigmatique Vierge Marie comme légataire universelle des biens d'un défunt et de la non-conformité de pareilles dispositions avec les vieilles lois du royaume. Une demande formelle de déclaration de nullité fut présentée aux magistrats pour adjudication. La Cour du Châtelet devait donc prendre position. Et, ayant délibéré, le tribunal se conforma à la demande de l'avocat général en date du 15 mars 1639.

Marie Camaret gagnait son point et devenait ainsi l'héritière des biens du Père de la Nouvelle-France. Sauf que, par scupule et pour ne pas inutilement compliquer les choses, les juges ont cru bon de laisser là où elle était rendue, c'est-à-dire à la Chapelle de la Recouvrance, la somme de 900 livres qui entre-temps avait été obtenue par la vente du mobilier de l'Habitation de Québec et qui à présent devait être pas mal dépensée et devenue introuvable.

L'affaire était enfin close. Mais la veuve était désolée par cet inutile branle-bas qui la rendait inconsolable et la faisait songer de plus en plus à aller trouver refuge dans la solitude d'un couvent. En attendant elle aurait, paraît-il, fait don à la cousine victorieuse d'une somme de 3 000 livres pour les meubles qu'elle avait déjà reçus et qu'elle voulait conserver en souvenir.

Ainsi donc, même à l'ultime moment de son prochain trépas, Samuel de Champlain n'avait pas encore su à qui offrir son coeur et présenter gracieusement ses biens terrestres à une bonne amie qui aurait été jugée valable par les gens de son pays.

6. Les ébats amoureux dont fut témoin le bon Frère Sagard

Il est heureux pour nous, citoyens de la fin du XXe siècle, que des gens à l'esprit aventureux aient songé avec prévoyance, il y a environ 400 ans, qu'il pouvait être utile de s'arrêter en route de temps à autre pour faire des observations pertinentes au cours de leurs multiples randonnées en régions nouvelles et peu connues de l'Amérique septentrionale.

Cependant il faut toujours garder à l'esprit que les rapports, mémoires et autres écrits rédigés par Cartier, Roberval, Lescarbot, Champlain et leurs acolytes, étaient présentés avec beaucoup de prudence par leurs auteurs. Ces témoignages, déclarés oculaires, n'allaient surtout pas faire voir ces hardis explorateurs sous un jour qui aurait pu leur être défavorable aux yeux de leurs concitoyens d'Europe. Donc ce qui reste de tout cela, et qu'on peut encore lire aujourd'hui, n'est assurément qu'un sommaire et strict minimum de ce qui a pu alors être remarqué par ces voyageurs toujours avides d'aller sans cesse plus loin. Beaucoup d'incidents, au caractère plus personnel ou intime, n'ont sans doute pas été retenus, ni consignés, parce que les auteurs de ces écrits auraient pu être mal jugés par des gens aux dispositions peu bienveillantes et pas au courant des risques affrontés.

Ainsi quand on examine ces vieux et vénérables rapports il faut toujours s'efforcer de lire entre les lignes de ces précieux textes. Car les habiles mais discrets rédacteurs de ces temps lointains ont peut-être voulu nous transmettre d'intéressants messages plus ou moins bien chiffrés concernant ce fascinant et mystérieux passé. Mais tout cela aurait certes alors été offert judicieusement à ceux qui savent démêler et comprendre de telles communications pour leur délectation personnelle et sans intention subséquente de faire d'inutiles gorges chaudes ou d'engendrer d'oiseuses acrimonies à retardement. Ce qui, de toute façon, ne donnerait rien à personne,

Or, après avoir brièvement rencontré quelques explorateurs anciens de chez nous qui nous ont décrit des incidents variés dont ils auraient eu une connaissance personnelle, au cours de leurs pérégrinations, il en reste cependant encore un autre. Et celui-là, à cause de son état de religieux et de son obédience de Récollet, peut à son tour et sous un jour différent jeter, lui aussi, une certaine lumière sur ce qui a pu se passer au pays à l'arrivée des Hommes Blancs en Amérique au début de l'aventure colonisatrice sur cette terre qui est devenue la nôtre pour diverses raisons sur lesquelles on n'a pas à insister.

Il s'agit ici des remarquables papiers du très humble mais très observateur Frère Gabriel-Théodat Sagard membre de l'ancienne et louable communauté des Récollets.

Mais, encore une fois, il faut là aussi se rappeler qu'à cause de son occupation fort méritoire le pauvre Frère religieux ne pouvait voir, ou à tout le moins dire et écrire les choses qu'il a vues, que d'une manière qui serait ensuite jugée acceptable par ceux qui étaient alors ses supérieurs hiérarchiques. Car ces derniers avaient absolument tous les droits sur sa façon personnelle de rapporter les choses dont il fut le témoin, même celles qui pourraient aujourd'hui nous paraître les plus anodines. En effet, quand on se présente à une communauté religieuse pour en devenir un membre, l'on accepte d'avance et sans discussion de se soumettre aveuglément aux règles qui régissent depuis toujours de tels organismes. Et ces règles se résument en général aux trois principes fondamentaux de pauvreté, chasteté et obéissance totales qui, en quelques mots, expliquent assez bien ce qui peut être dit sur le sujet.

Au fait les simples laïques d'autrefois n'étaient pas pour autant dispensés de s'astreindre, eux aussi, à une certaine ligne de conduite à cause du climat culturel et religieux de leur époque. Car tout écrit de leur part qui aurait jeté du discrédit sur les autorités en place ou les institutions reconnues pouvait vite leur attirer de sérieux désagréments. Une certaine ligne de liberté ne devait pas être franchie et une censure toujours plus ou moins discrètement aux aguets voyait à ce que personne ne vienne jeter le trouble dans l'âme du bon peuple perpétuellement soumis et tranquille, du moins au for externe et en apparence déclaré.

Ainsi, après les anciens mémorialistes dont nous avons fait une rudimentaire connaissance, nous arrivons maintenant à un chroniqueur qui, en outre d'avoir eu à se surveiller pour bien demeurer dans les bornes littéraires imposées d'office à tout le commun des mortels, devait par surcroît se soumettre à des règles communautaires rigides et volontairement acceptées depuis le moment de son entrée dans l'ordre religieux qu'il avait auparavant choisi. Du moins c'est ce qu'on semble justifié de croire.

On ne jouerait certes pas franc jeu avec les écrits du Frère Sagard si on oubliait jusqu'à quel point de rigidité littéraire ce très humble écrivain et simple Frère Récollet, devait oeuvrer sous cette double obédience laïque et monastique dont les autorités en place passeraient ensuite au peigne fin tout ce qu'il aurait raconté à propos de ses aventures en Amérique. Au fait, quand il fut bien tôt en 1624 rappelé par ses supérieurs pour retourner derrière les murs de son couvent et dans les rangs anonymes de ses Frères, il est vite disparu de la scène. Il ne semble pas qu'on en ait beaucoup entendu parler par la suite. Même si les Cordeliers de Paris, le roi et le cardinal Barberini, protecteur de l'Ordre, se sont intéressés à son sort et ont voulu le loger ici ou là. Les Récollets réclamèrent formellement son retour au couvent tel qu'en fait foi la délibération au Conseil du Roi à ce propos.

On n'a apparemment pas connu le sort final du pauvre et fort érudit Frère Sagard. Comme bien d'autres du genre il semble être doucement disparu de la circulation sans soubresaut inutile. Sauf qu'il serait mort, dit-on, vers 1650 et peut-être chez les Cordeliers de France.

C'est donc en gardant à l'esprit ces réflexions que l'on peut, avec beaucoup de sympathie, examiner ce que cet homme a pu nous dire au sujet des manières humaines dont il fut témoin en Amérique du Nord au début des nouvelles expériences colonisatrices vers l'année 1623. Tout cela se passait donc environ deux décades avant la fondation de l'emplacement devenu par la suite Ville-Marie puis, un peu plus tard, Montréal. Un établissement assez remarquable qui existe encore comme tout le monde le sait aujourd'hui.

*   *   *

Or, quand on relit les savoureux commentaires du Frère Sagard, l'on remarque tout de suite diverses tendances générales chez l'humble rapporteur Récollet, un fils spirituel d'un ancien et célèbre amoureux des choses de la grande Nature.

Le bon Frère a paru lui aussi manifester un fort et sympathique penchant pour toutes les belles choses de la nature sans retouche, même lorsque parfois incommodantes.

Ainsi dès le début de son plan de voyage vers l'Amérique il a raconté avec beaucoup de brio comment, après avoir reçu les bons voeux du père provincial et pour obéir à la règle de sa communauté, il est parti de Paris tout en joie et à pied pour se rendre avec son compagnon plus âgé à Dieppe le lieu de son embarquement projeté. Comme d'habitude il escomptait spontanément que la bienveillance des gens verrait à lui fournir à chaque jour les petites nécessités d'alimentation et d'abri dont il pouvait avoir besoin de temps à autre. Et rendu à Dieppe il a fallu à ces pèlerins aventureux s'embarquer tout de suite aux environs de minuit et sans se permettre aucun repos. Car le vent était bon et le navire se devait de faire voile sans retard afin de profiter d'une pareille aubaine pour un heureux départ.

Puis, ayant pris le large et bientôt rencontré un vent contraire, le bon Frère et son compagnon comme la plupart des voyageurs néophytes et peu initiés à ce genre d'expérience, ont dû, eux aussi, subir les assauts d'un vilain et fâcheux mal de mer qui les contraignit à rendre sur-le-champ l'habituel tribut aux ondes de Neptune. Cela paraissait alors être le seul médicament efficace en la circonstance. Mais malgré toute sa bonne volonté et son préalable entraînement à une résignation

118

à toute épreuve en présence de petits désagréments qui pouvaient subitement l'assaillir, le pauvre Frère, pris au dépourvu, n'a pu s'empêcher d'écrire honnêtement et en toute franchise que ce mal de mer non prévu fut d'une violence telle que jamais de toute sa vie il n'avait autant souffert dans sa chair que durant les trois mois et six jours de cette équipée sur les vagues de l'épouvantable océan.

Le bon Frère Sagard était donc un homme tout à fait normal et, comme tout le monde, sujet à être sérieusement incommodé par les misères habituelles de la vie. Ainsi, quand la chose se produisait, il devait endurer avec patience les petits tracas de l'existence humaine sur terre ou sur mer et, inversement à l'occasion, il se réjouissait sans doute en toute candeur et simplicité lorsque par la suite il devenait l'objet, ou le témoin, d'événements qui se présentaient sous un jour plus agréable.

Ce témoignage spontané de l'humble Frère Récollet est donc fort précieux. Par la suite il nous empêchera de douter ou de faire des gorges chaudes lorsqu'il nous fera des confidences pouvant nous paraître d'une crudité quelque peu osée ou même exagérée.

Cependant après beaucoup de délai, de mésaventures, d'échouements, de faux départs, d'assauts de la maladie entraînant un long jeûne, des rencontres avec de vilains et menaçants pirates en haute mer et de furieuses tempêtes qui ont plusieurs fois failli tout faire sombrer dans l'abîme, le Frère Sagard avec ses compagnons de voyage a fini par arriver au golfe Saint-Laurent, à Gaspé, à Tadoussac, à l'île d'Orléans et finalement à Québec. Et, va sans dire, en bien piteux état pour ceux dont c'était la première expérience de ce genre.

Mais à travers tout cela le bon Récollet ne perdit jamais son intérêt ostensible pour tout ce qui touchait aux phénomènes de la grande et petite Nature.

Ainsi l'homme s'appliqua avec beaucoup de minutie à décrire les nombreuses variétés de poissons, d'oiseaux et d'animaux qu'il rencontra ici et là. Il alla dans les détails quand il parla des homards, des truites, des moustiques surtout les maringouins qui attaquent jour et nuit et sont dangereux pour les yeux, des castors que les Récollets avaient réussi à apprivoiser et qui les suivaient ensuite comme des petits chiens, des chats qui faisaient la joie des enfants et étaient parfois récalcitrants avec les Indiens dont ils ne comprenaient pas la langue, d'un âne dont on abusa au point qu'il finit par mourir d'épuisement et qui laissa alors son ânesse seule et inconsolable. Il parla également du sel qui était un condiment inconnu chez les Sauvages mais, après expérience faite, s'avéra bientôt non nécessaire à la santé ou à la vie. Il décrivit l'habituel mets de sagamité à base de blé d'Inde et de poisson et très malodorant. Il nota encore que les femmes et les filles se retiraient toujours un peu à l'écart dès qu'elles étaient aux prises avec leur indisposition périodique qu'il appela gentiment "leurs mois". Et ainsi de suite.

Nous sommes donc en présence d'un homme normal et d'un observateur sagace qui rapporta honnêtement ce qui se produisait dans son voisinage.

Ces détails indiquent même que les bons Récollets avaient, en ce temps-là, suffisamment récolté de grain pour faire du pain et de la bière, et qu'ils avaient élevé et engraissé des cochons en vue de provisions de lard pour la mauvaise saison. En outre ils étaient à présent assez bien munis de poules, d'oies, de chèvres, de vaches et même de canards qui venaient s'ébattre jusque devant leur couvent, et aussi d'anguilles à saler en septembre, de légumes, d'herbages, de racines, de belles citrouilles et de nombreux autres articles du genre. Ils pourront donc, cette année-là, nourrir les six Pères et Frères et et également les neuf ouvriers à leur emploi sans avoir à requérir des secours de France.

Ainsi, au sujet des magnificences de la nature on peut être rassuré quant à la justesse des propos du Frère Sagard. Il a remarqué beaucoup de choses agréables et il s'est montré fort sympathique pour tout ce qu'il a vu.

* * *

Mais on s'aperçoit vite encore que, sans manifester d'empressement indu ni faire de recherches trop personnelles, le bon Frère savait également apprécier les détails de joyeuses réunions auxquelles de par la force des choses il se voyait tenu de participer. Car de tels événements n'étaient certes pas très fréquents dans les austères et pénibles conditions des débuts de la colonie isolée. Et avoir alors boudé ou même combattu de telles entreprises toutes pleines de gentille spontanéité aurait sans doute paru un grave manquement à la plus élémentaire charité.

Et pour ne citer qu'un petit exemple de cette participation sociale, même si involontaire et non recherchée, à une joyeuse réunion populaire toute naturelle, l'on pourrait rappeler que le bon Frère s'est un jour trouvé au beau milieu d'une fête foraine qui par la suite a été connue comme le grand Pawaw de Trois-Rivières.

Cet événement plutôt remarquable se serait produit à l'été de 1624 et aurait pris la forme d'un grand Conseil en vue de l'établissement de la paix au sein de la colonie jusqu'alors continuellement menacée et fréquemment assaillie par les redoutables bandes iroquoises.

Ainsi, par un tour de force plutôt réussi de Champlain et de ses interprètes qui voulaient à tout prix sauver les quelque soixante colons français qui habitaient assez misérablement le pays, une fête populaire et agréable fut organisée. Et comme tout le monde aime assez proverbialement assister à une fête, l'on a rapporté qu'il est venu une soixantaine de canots remplis de Hurons, environ vingt-cinq autres pleins d'ennemis Iroquois et également une quinzaine d'embarcations additionnelles amenant des Algonquins et autres représentants des nations indiennes des environs. Ce qui devait commencer à faire pas mal de monde.

Il y eut naturellement de beaux discours, de longues et sérieuses délibérations, de fréquents échanges de présents, de chaleureux serments de bonne, mutuelle et fidèle amitié pour toujours. Et le tout était, bien sûr, encadré de gros et bruyants festins qui ne pouvaient que rallier tous les participants sans distinction et les faire mieux s'apprécier les uns les autres dans une atmosphère de joyeuse boustifaille probablement bien arrosée. Ce qui devait être inévitable.

Et, comme le Frère Sagard s'adonnait à être sur les lieux, il va sans dire qu'il s'est cru tenu de prendre vaillamment part à tout ce beau déploiement d'amitié et qu'il n'a pas entrepris de vaines et inutiles remontrances et prêcheries qui auraient pu tout gâter et peut-être même engendrer une explosion d'acrimonie désastreuse.

Donc, sans les rechercher activement, le bon Frère par ailleurs ne fuyait pas et ne critiquait pas inutilement les joyeuses et même tapageuses réunions populaires que l'on portait à son attention. Et ce fut là sans doute un autre trait fort caractéristique de ce saint homme qui savait toujours se plier aux circonstances et en tirer le meilleur parti possible.

*   *   *

Mais c'est surtout comme observateur assidu des moeurs humaines que le bon Frère Sagard a donné réellement sa pleine mesure et nous a ainsi laissé du même coup des réflexions précises et souvent très savoureuses qui font qu'on est aujourd'hui un peu mieux renseigné sur ce qui a pu se passer en Amérique du Nord au tout début de l'aventure coloniale française.

Ainsi, au cours de ses récits, le Frère raconte simplement et sans insister que Pont-Gravé qu'il a connu était d'un bon naturel et qu'avec ses amis il savait "boire un bon coup sans eau". Ce qui se passe sans doute de commentaires.

Et, avec une égale pointe d'humour, il nous apprend aussi que l'interprète Brûlé s'adonnait beaucoup aux femmes. Mais inversement il était assez peu porté vers les diverses formes de pieuses démonstrations externes. Ce qui dans la circonstance d'isolement et d'éloignement de tout pouvait devenir assez explicable. Ainsi le bon Frère nous informe que Brûlé se trouvant un jour dans une situation de péril imminent et extrême, où sa vie était sérieusement en danger, il a voulu en dernier et ultime ressort recourir à certaines et peut-être salutaires invocations de piété. Or tout ce qu'à ce moment le pauvre homme a alors pu trouver en sa mémoire ce fut la récitation de la prière du Bénédicité qui lui faisait dire "Bénissez-nous ainsi que la nourriture que nous allons prendre". Ce qui, et sans plus, en disait fort long sur le caractère de Brûlé et aussi de Sagard pour avoir convenu de rapporter cet incident.

D'ailleurs, dans une veine du même genre, le bon Frère un jour surpris en pleine et furieuse tempête sur l'eau n'a pu s'empêcher d'écrire par la suite qu'à ce moment précis il ne s'attendait alors à aucune forme de sépulture autre que d'aboutir après naufrage dans le ventre des poissons du voisinage. Ce qui là encore jette une assez bonne lumière sur le vif esprit de ce curieux chroniqueur du passé.

Ce fut, au fait, encore le même aimable religieux sans arrière-pensée qui a raconté l'épisode d'une messe exécutée un jour en plein air, dans une chapelle ouverte et fort rudimentaire de perches et de rameaux vite assemblés, et pour l'édification des fidèles itinérants recrutés ici et là. A cette occasion le pieux célébrant était assisté de deux hommes placés à ses côtés comme sorte de diacre et de sous-diacre qui s'adonnèrent vite à une assez étonnante liturgie. En effet l'occupation principale sinon unique de ces acolytes improvisés consistait pour eux de chasser les maringouins, mouches noires, et autres sortes d'ennuyeux moustiques qui "donnaient une merveilleuse importunité au Prêtre", alors que ce dernier s'efforçait de se consacrer tant bien que mal aux étapes de son rituel. On peut imaginer la scène plutôt étrange et sans doute aussi le petit sourire en coin que pouvait difficilement retenir le bon et tout simple Frère Récollet en la pieuse circonstance sur laquelle personne ne pouvait plus avoir d'efficace contrôle.

Mais il paraît qu'après tout l'affaire a tout de même assez bien tourné. En effet, la pieuse cérémonie étant terminée, l'on tira des coups de canon et l'on invita tous les assistants à un bon et solide repas. Puis on retourna naturellement à la chapelle ouverte pour y chanter dévotement les vêpres solennelles. Ce qui a fait dire au bon Frère que cet âpre désert a soudain paru être "changé en un véritable Paradis".

Ça prenait peu de choses à ces esprits tout simples d'autrefois pour transformer en une sorte de beauté une situation difficile qui autrement aurait vite pu tourner au désastre.

*   *   *

Cependant ce fut lorsqu'il a raconté les incidents plutôt suaves de son grand voyage vers l'ouest et de son séjour d'environ une année parmi les tribus indiennes habitant dans le voisinage de la mer Douce, devenue par la suite le lac Huron, que le bon Frère Sagard a réellement donné sa mesure.

Il nota d'abord qu'il ne pouvait guère apprécier le mets indigène et habituel de sagamité qui lui était offert régulièrement. Car, en outre de sa couleur et de son fumet un peu surprenant, pour concasser les grains de blé d'Inde qui en était l'ingrédient de base, l'on se servait à chaque fois de nouvelles pierres "assez mal nettes". De plus les chaudières et écuelles employées avaient souvent servi à des fins peu recommandables en cours de route surtout en canot.

Aussi il préféra souvent se coucher sans souper. D'autant plus que ses compagnons indigènes avaient vite découvert son petit sac de biscuits de mer qu'il avait apportés comme provision de voyage. Les Sauvages les avaient trouvés très bons et "ils n'y laissèrent rien de reste pour le lendemain". Donc de ce côté-là il n'y avait rien à faire.

Il lui a également fallu apprendre à coucher sur la terre nue à tous les jours, se contenter d'une pierre comme chevet, et cela sous un abri rudimentaire, incliné, et formé de deux écorces de bouleau retenues par "quatre petites perches fichées en terre".

De pareils voyages avec les indigènes étaient donc peu à conseiller car ils pouvaient faire pâtir les promeneurs inhabitués "au-delà des forces humaines". Et il y avait aussi le continuel danger de mourir de faim ou d'autres incommodités rencontrées le long du chemin, les longues et épuisantes marches dans les eaux froides et lieux fangeux souvent sous une pluie battante, et toujours exposés aux attaques incessantes d'une infinité de persistants maringouins et autres moustiques affamés qui arrivaient à tout propos de nulle part.

Les repas, d'ailleurs peu élaborés, ne pouvaient se prendre que le matin avant de partir et le soir après avoir fait cabane pour le campement de nuit. Aussi pour toutes ces raisons le bon Frère préféra vite s'habituer à manger le blé d'Inde cru et grain par grain même si, a-t-il dit, il était toujours fort dur. Et cela il le faisait soit en voyageant en canot ou encore en marchant sur le sol, ce qui lui simplifiait ainsi beaucoup les choses.

On peut donc, encore une fois, vite deviner la mine

souvent abasourdie du pauvre missionnaire itinérant à qui on n'avait pas préalablement fourni de renseignements utiles pour affronter des situations de ce genre.

*   *   *

Or c'est également lorsqu'il a rappelé la vie ordinaire des Indiens et des Indiennes que le bon Frère nous a raconté des habitudes et des coutumes surprenantes pour lesquelles les nouveaux arrivants européens étaient sans doute assez mal préparés.

Ainsi, par exemple, il a noté que c'était le lot des femmes, qui ne couvraient point du tout leur nudité, de faire les durs travaux de la vie de ménage. Et cela comprenait, a-t-il dit, les besoins de l'habitation, la cuisine, la collecte du bois de chauffage, les semailles, les récoltes de blé d'Inde et de chanvre, la mise en conserve des provisions pour l'hiver, le soin des enfants, la fabrique du linge, la préparation des pièces de fourrures et même le charroyage des bagages lorsque les hommes devaient entreprendre quelques randonnées.

Quant aux hommes, qui eux aussi ne couvrent point du tout leur parties naturelles qu'ils tiennent bien à découvert, ils devaient pour leur part s'occuper de pêche, de chasse, de construction, de traite des fourrures, de fabrication d'outils et de canots. Et, dès qu'ils croyaient en avoir assez, ils s'adonnaient aussitôt à une complète oisiveté. Leurs préoccupations se limitaient alors à dormir, à chanter, à danser, à pétumer c'est-à-dire à fumer intensément et à s'adonner gaiement à de multiples formes de jeux. Et là, assez souvent si les circonstances le permettaient, les femmes pouvaient elles aussi s'amener pour y participer en toute gaieté.

Aux exercices de jeu fréquents et habituels les Indiens devenaient totalement insouciants du résultat et des conséquences possibles. Ils pouvaient ainsi tout risquer et même tout perdre incluant provisions, habits, femmes, enfants, et le reste. Le Frère Sagard a même ajouté que l'Indien qui avait tout perdu gaillardement dans un village voisin pouvait revenir ensuite chez lui insouciant, et tout nu, en chantant et tout heureux comme si rien d'anormal ne s'était produit. Du moins jusqu'à la prochaine tournée toujours espérant que la chance lui serait plus favorable et que cette fois les autres auraient été dépouillés. Et les plus populaires de ces jeux étaient ceux de paille, de noyaux, de boulettes qui ressemblaient assez à des dés. Les indigènes n'avaient donc pas beaucoup à apprendre des Européens en ce genre d'occupation.

Or toutes ces danses et autres manifestations de groupes ne devaient certes pas manquer d'un certain charme. Car, a encore raconté le bon Récollet sans doute un peu gêné, les Indiennes vivaient alors complètement nues durant l'été sauf qu'elles portaient des colliers, des boucles d'oreilles et des bracelets. Elles s'offraient même ouvertement et sans fausse honte ni inutile retenue à celui qui pour l'instant semblait leur plaire davantage. Chose que Champlain a d'ailleurs aussi constaté et rapporté.

De plus cette facilité d'échanges intimes faisait partie d'un rituel médicinal et para-mystique qui ne pouvait passer inaperçu pour les Européens alors en visite dans les parages.

Ainsi, a raconté le bon Frère, un jour une Indienne est tombée malade. On a alors fait venir le guérisseur. Comme d'habitude, naturellement, il a aussitôt commandé la tenue d'un festin. Cela semblait toujours être en quelque sorte sa formule d'honoraires professionnels en sus de quelques menus cadeaux et autres gratifications à l'avenant.

Par après, suivant le rituel et les instructions précises du guérisseur, toutes les filles disponibles du bourg furent promptement appelées et assemblées en vue uniquement de participer toutes ensemble à la guérison de la malade. Elles ont dû alors, selon la coutume apparemment ancestrale du lieu, choisir à tour de rôle et publiquement le jeune homme avec lequel chacune voulait coucher amoureusement durant la nuit prochaine et cela bien entendu afin d'aider la malade à guérir sans retard.

Et ainsi, après les danses des jeunes hommes et filles, tous nus en présence de la malade, et autres gestes et attouchements symboliques à son endroit et à son intention, les jeunes gens désignés, et fidèles au rendez-vous, allèrent docilement se coucher avec leur petite

126

amie d'occasion. Cela pour la circonstance se déroulait dans une grande cabane pouvant accommoder tout ce monde. En outre, pour veiller à ce que les choses se passent suivant les exigences de ce singulier rituel, la séance d'ébats amoureux collectifs était placée sous la surveillance immédiate de deux capitaines chacun étant installé à un bout de la cabane. De plus, pour ajouter à l'esprit et à l'atmosphère de cette manifestation amicale et sympathique, et afin d'encourager tout ce beau monde à l'oeuvre et le tenir en plein état de veille, les deux surveillants chantonnaient sans interruption de petits airs musicaux accompagnés de nombreux bruits mélodiques. Et cela devait durer jusqu'au lendemain matin alors que l'exercice collectif prenait fin. Chaque participant pouvait à ce moment retourner chez lui et à ses occupations habituelles comme si rien de spécial ne s'était produit.

Mais, après avoir donné tous ces intéressants détails, le bon Frère Sagard, toujours soucieux de bien noter les phénomènes et événements dont il avait été le témoin mais par ailleurs n'oubliant jamais son état monastique, s'est empressé de s'exclamer avec vigueur qu'il souhaitait que le ciel veuille bien un jour abolir de si discutables cérémonies, et autres du même genre également populaires, et qu'enfin cela devrait ouvrir les yeux des malheureux Français qui, friands de ces choses, s'ingéniaient à fomenter de pareils déploiements par leurs mauvais exemples.

Ainsi donc tout rentrait dans l'ordre et on ne pouvait guère en dire davantage à ce sujet.

*   *   *

Le pauvre Frère Sagard devenu un jour un témoin bien involontaire de coutumes et d'usages dont on ne lui avait pas auparavant parlé n'a donc pu s'empêcher de continuer sa description des manières indiennes qui ne manquaient sans doute jamais de le surprendre beaucoup. Alors visiblement et sans le savoir il s'est trouvé à confirmer les remarques faites par Champlain et tous deux auraient, semble-t-il, publié leurs écrits à peu près en même temps. Ou vice versa.

Par exemple le bon Frère a noté que chez les Indiens du Canada qu'il a visités les garçons et les jeunes hommes s'adonnaient aux exercices charnels librement sitôt qu'ils en étaient capables et de même pour les jeunes filles qui, elles aussi, recherchaient activement ces ébats amoureux dès qu'elles le pouvaient. Au besoin les pères et les mères eux-mêmes prenaient pour ainsi dire les choses en main et offraient sans hésitation leurs filles jugées maintenant prêtes pour ce genre de distraction naturelle et vite organisée.

Les jeunes hommes prenaient souvent à pot et à feu des filles qu'ils appelaient alors simplement leur petite compagne. Et ils vivaient ensuite ensemble aussi longtemps que la chose leur plaisait. Mais cela n'empêchait nullement l'un ou l'autre de ces conjoints temporaires et d'occasion d'aller en voir et visiter encore d'autres quand le goût leur prenait. Cependant ces échanges passagers se faisaient ouvertement et sans aucune forme de réprimande, de ressentiment ou de rancune.

Puis quand les choses semblaient devenir plus sérieuses, et qu'il était soudain question de mariage possible, l'amoureux qui voulait acquérir d'une façon plus permanente ou assidue les bonnes grâces et les faveurs de celle qui plaisait davantage s'habillait et se parait avec beaucoup de soin pour se faire voir alors à son meilleur. Ensuite il s'amenait auprès de la fille en sa cabane et lui offrait quelque petit cadeau de bracelet, d'ornement d'oreilles ou de collier. Et si la fille acceptait ces gracieuses offrandes c'était le signal qu'il était jugé convenable et l'amoureux couchait alors avec la belle durant trois ou quatre nuits, ou même davantage, mais sans que cela n'entraîne d'obligation ou d'engagement quelconque. Car après cet essai préliminaire il arrivait souvent que la fille ou même le garçon ne désirait pas pousser plus loin cette expérience. Ce qui au fond devait être sage en la circonstance.

Or, après plusieurs de ces tentatives para-maritales, ou pouvait en venir à songer au mariage devant offrir un caractère plus permanent et plus assidu.

Mais d'abord les futurs mariés devaient eux-mêmes être d'accord avec le projet et il fallait le consentement des parents. Puis on devait entreprendre l'organisation d'un grand festin comportant un menu élaboré de viande, de poisson et autres ingrédients de choix, et convoquer sans retard les parents, les amis et autres connaissances désignées comme invitées. Et pendant qu'ensuite la fête battait son plein le père de la fille, ou un autre dignitaire, se levait solennellement et déclarait à haute voix que un tel et une telle se mariaient ensemble à l'instant même et que la joyeuse réunion présentement en cours avait été convoquée pour annoncer publiquement la chose et faire prendre part à la réjouissance générale de l'occasion.

Après quoi, le festin étant terminé, la jeune mariée accompagnée se retirait calmement vers son nouveau logis. Et à ce moment toutes les femmes et les filles de la fête et même des environs lui apportaient un peu de bois comme provision, ou genre de trousseau, et aussi pour l'aider à bien démarrer en son nouveau ménage.

Le Frère Sagard a aussi noté que, pour le mariage, les Indiens qu'il a connus pratiquaient d'instinct une retenue naturelle en matière de consanguinité. Ils évitaient donc en général les mariages entre parents et enfants et cela jusqu'au degré de cousin et cousine. Ce qui était tout de même assez surprenant en la circonstance. Mais hors ces bornes tout était littéralement permis et ouvertement pratiqué.

Mais de plus quand il s'agissait de mariage, qui allait ainsi devenir une liaison désirée plus permanente, le père, qui avait alors un mot à dire dans ces arrangements, exigeait souvent davantage de la part d'un soupirant que ses belles paroles, ses petits cadeaux et beaux accoutrements. L'aspirant devait alors montrer qu'il était habile à faire la pêche, la chasse et à l'occasion la guerre. Ça n'était ainsi qu'après une expédition d'où il reviendrait avec un bon butin jugé acceptable qu'il pourrait enfin avoir la fille de ses désirs. Car il pourrait maintenant en apparence la bien nourrir, vêtir et loger ensuite ainsi que les enfants qu'on pouvait attendre d'une telle union.

Or si d'une part le mariage pouvait se faire avec un strict minimum de complications par ailleurs la dissolution du lien conjugal s'exécutait elle aussi avec une égale facilité. L'un ou l'autre des conjoints n'avait qu'à simplement déclarer un jour que l'affaire ne marchait pas et qu'il était aussi bien d'en finir avec cette aventure manquée. Chacun dès lors reprenait sa liberté comme auparavant et allait tenter fortune ailleurs dans l'espérance de faire mieux la prochaine fois.

Et le bon Frère nota alors avec un certain étonnement qu'en vertu de ces pratiques plutôt libres il se produisait qu'une fille encore jeune pouvait facilement avoir eu douze ou quinze maris, ou plus, et que même encore ces liaisons déclarées conjugales n'empêchaient nullement les participants d'aller de temps à autre voir un peu ailleurs pour des distractions additionnelles. Ainsi il arrivait souvent que, sans raison particulière, filles, femmes et jeunes hommes entreprenaient spontanément de courir la nuit d'une cabane à l'autre et tous en prenaient alors, et pour ainsi dire collectivement, par où bon leur semblait. Mais cependant ce curieux branle-bas s'exécutait toujours sans laisser aucune trace de violence, d'acrimonie, de honte, ou même de jalousie. Car en ces choses c'était le désir et la volonté de la femme qui seuls faisaient loi quand il s'agisait d'accepter ou de refuser une séance amoureuse.

Le Frère Sagard ajouta encore à ce propos qu'en ces lieux la plupart des filles quand elles sont grandes deviennent vite plus hardies que les garçons, elles se vantent ouvertement de leur habileté et de leurs prouesses, et c'est à qui se ferait le plus d'amoureux. Il répéta même à plusieurs reprises que sans fausse honte si la mère ne trouvait pas pour elle-même elle offrait librement sa fille, cette dernière s'offrait d'elle-même et au besoin le mari entrait en scène et insistait pour offrir sa femme. C'était là visiblement une forme de gentille hospitalité poussée à son plus haut point de raffinement.

Et, comme pour compléter le cycle de ces beaux et surprenants arrangements sociaux, il y en avait beaucoup qui s'adonnaient à une sorte de métier d'entremetteur et qui s'occupaient alors assidûment de conduire les femmes présentement non employées aux hommes qui pouvaient en avoir besoin et les désirer. Mais hélas! et malheureusement, les Français qui étaient rendus là, connaissaient ces choses, contredisaient les bons enseignements de leur jeunesse, et savaient bien sûr jouir à coeur saoul et profiter de toutes ces charnelles voluptés dans lesquelles ils se vautraient gaiement d'un village à l'autre.

D'où naturellement la grande difficulté d'éduquer ces pauvres gens et les amener aux convictions acceptées dans les Vieux Pays d'Europe.

C'était donc bien pas beau tout ça.

Evidemment que dans ces conditions il pouvait parfois se produire quelques petites maladies atteignant ce qu'on appelait alors "les parties naturelles". Mais le bon Frère s'est empressé d'ajouter que lorsqu'un Indien se voyait frappé par un tel malaise il se retirait à l'écart s'éloignait des siens et vivait seul dans une autre cabane pour le temps de la maladie afin de ne pas "gâter les autres". Ce qui était tout de même assez bien et une heureuse manifestation d'un bon esprit civique.

Mais si d'une part, pour avoir été un peu trop entreprenant l'on pouvait à l'occasion se voir atteint de petits malaises gênants, par ailleurs le bon Frère a encore noté qu'il lui était apparu qu'après toutes ces activités vigoureusement sympathiques les femmes et les filles semblaient devenir beaucoup moins fécondes que l'auraient été les Européennes en pareille circonstance. Cela, précisa le méticuleux chroniqueur, était sans doute à cause de leurs amours multiples et méthodiques et du fait additionnel qu'elles avaient connu un si grand nombre d'hommes.

Ainsi donc, sans le savoir ni le vouloir, le pauvre moine itinérant, et toujours aux aguets des comportements naturels, devenait une sorte de précurseur renseigné pour le bénéfice pratique des planificateurs familiaux des siècles qui allaient suivre. Et il indiquait du même coup la possibilité de mesures les plus économiques possibles et à la portée d'absolument toutes les bourses.

L'on sait donc depuis les années 1620 que de ces avalanches d'exercices amoureux pratiqués alors par les Indiens du lac Huron il semblait résulter une habile forme de discrète infécondité sans besoin d'autres médicaments. Un phénomène jusque-là peu remarqué par les observateurs. C'était une solution à la fois simple et sage dans les conditions d'alors qui en outre ne devait probablement pas manquer d'offrir certains attraits pour tous les participants.

*　　*　　*

Or, après ces nombreuses et émouvantes péripéties, il s'est produit bien sûr que le bon Frère Sagard lui-même n'a pas manqué d'être approché en personne à ce sujet. Il fallait certes s'y attendre. Et c'est là un bon point en faveur du gentil et minutieux chroniqueur qu'il ait carrément révélé que lui aussi, à ce propos, n'avait pas passé inaperçu ni été oublié dans ce joli branle-bas.

C'est alors qu'il a écrit sur un ton un peu plaintif que c'était certes une des grandes et fâcheuses difficultés qu'elles imposaient aux nouveaux venus dès leur arrivée dans leur pays. En effet les femmes et les filles s'adonnaient à "de continuelles poursuites" avec intenses prières de se marier aussitôt ou du moins de s'allier temporairement avec elles comme la chose semblait leur paraître normale. Visiblement ces femmes ne pouvaient pas comprendre la résolution particulière et le genre de vie austère des adeptes de la vie monastique.

Et, pour y mettre le compte, le bon Frère n'a pu s'empêcher d'ajouter qu'en ces poursuites vigoureuses et assidues les femmes et les filles étaient sans comparaison pires et plus acharnées que les hommes qui, pour leur part, ne cessaient de venir intercéder pour elles.

A la fin, et devant cette persévérance inexplicable et opiniâtre, il échappa un véritable compliment personnel, à distance, et secret, à l'adresse de toutes celles que bon gré mal gré il lui avait fallu côtoyer de très près pour un bon moment dans leur pays et dans leurs meubles.

En effet, vers la fin des notes de son Grand Voyage au Pays des Hurons, il a écrit sans fausse honte que les jeunes femmes et les filles lui paraissaient être des nymphes tant elles étaient bien tournées et de véritables biches tant elles étaient légères du pied. Ce qui était tout de même assez louangeur et précis quand on songe que ces belles paroles ont été prononcées par un homme dédié à la prédication et au bon exemple austère en pays de mission. Ce qu'il a vu et entendu, à cette occasion, a certainement frappé son imagination.

Et du même coup on peut deviner la mine quelque

132

peu ahurie du pauvre moine inoffensif parti à l'aventure et à la conquête d'âmes nouvelles dans le désert et qui soudain, et sans avoir été prévenu, se voyait lui-même pourchassé par de pareilles biches, devenues subitement en furie. Le pauvre homme harassé devait alors et avec le plus de célérité possible fuir la tentation toute proche à travers bosquets, ruisseaux et fourrés tandis que sa misérable et pénible retraite était gênée et empêtrée par le lourd et malencontreux vêtement de la bure traditionnelle. La malheureuse victime, en état de fuite des occasions, devait alors se sentir dangeureusement poursuivie par des ennemies alertes qui s'acharnaient à vouloir mettre en péril le fort précieux bien de son propre et inestimable salut éternel.

Une telle opiniâtreté à éluder une pareille séduction et un aussi total détachement des biens matériels sur terre ont dû trouver grâce aux yeux du compatissant Très-Haut. Un pareil déploiement de droiture continente a certes reçu sa juste récompense dans l'au-delà, dans les rangs et les chants des élus, tous assis à la droite du Père pour les siècles des siècles.

*　　*　　*

On pourrait ajouter ici, comme sorte de post-scriptum, qu'à la vérité durant son séjour en Amérique le bon frère Sagard avait dû faire une bonne impression sur les indigènes et particulièrement sur les Indiennes. En effet il arriva qu'au moment de son départ, pour retourner en Europe, de jeunes Huronnes sont venues le trouver pour lui offrir de l'accompagner en France. On peut deviner la scène et la mine surprise du religieux qui n'avait pas prévu un développement de ce genre. Et pourtant il aurait dû s'en attendre.

Mais, reprenant vite son aplomb, il trouva, paraît-il, une certaine excuse pour remettre à plus tard un projet aussi inusité. Car, malgré les meilleures intentions, cela aurait pu faire jaser les gens à l'esprit mal tourné. Le Frère, bon connaisseur des faiblesses de la nature humaine, a alors conclu ses réflexions à ce propos en disant qu'à son avis cela aurait été "une marchandise un peu trop dangereuse à conduire".

Ce qui, encore une fois et dans son extrême simplicité, voulait certes tout dire.

7. Filles du Roi et Filles de Joie ou *l'amour méthodique encouragé par les autorités*

Aux alentours des années 1660, c'est-à-dire cent ans avant la Conquête du Canada par l'Angleterre, il se produisit en Nouvelle-France un phénomène de disette aiguë de population féminine. Et la chose devenait sérieuse car, à ce moment, l'existence même de la colonie était littéralement en jeu. En effet faute de filles et de femmes disponibles tout projet de reproduction et d'accroissement de la population locale s'avérait nul. Donc une fin prochaine et assez abrupte guettait la belle entreprise coloniale en la terre nouvelle de l'Amérique du Nord.

Il faut en outre rappeler ici qu'à la suite de la venue des frères Kirke à Québec en 1629, au nom de l'Angleterre, et de la capture sommaire faite par ces derniers, la colonie française, ou canadienne, avait été à peu près vidée de presque tout son personnel permanent y inclus le gouverneur Samuel de Champlain qui lui-même fut amené en Grande-Bretagne comme prisonnier. Il a alors fallu attendre que la colonie soit officiellement remise à la France pour que le projet d'une implantation française en Amérique puisse recommencer pour ainsi dire à zéro. Ceci s'est produit à l'été de 1632 alors que le résident anglais de Québec M. Thomas Kirke devait à présent remettre l'emplacement aux Français tel qu'entendu par les traités internationaux discutés et signés en Europe.

Champlain est par la suite revenu une fois encore comme gouverneur de la colonie, en 1633 ou 1634, en partant de Dieppe avec trois navires, des provisions, de l'équipement, et un peu moins de 200 personnes. A ce moment l'affaire recommençait donc à peu près à neuf et il devient peu utile de vouloir retourner plus loin en arrière pour juger de l'état de la population permanente en Nouvelle-France à cette époque où enfin de petits groupes de colons et d'artisans divers ont commencé à s'amener ici. Et même que plusieurs l'ont fait sans doute d'abord pour voir personnellement la condition des choses en vue de décider ensuite s'ils s'implanteraient sur les lieux pour de bon et à demeure pour devenir ainsi des Canadiens.

Puis, en 1642, ce fut au tour de Maisonneuve de risquer l'aventure d'un nouveau développement dans ce qui est devenu l'île de Montréal. Cette entreprise audacieuse entamée loin de Québec, à quelque 170 milles à l'intérieur de la zone d'influence totalement indienne, comprenait alors environ une quarantaine de personnes dont quelques femmes d'un certain âge ou non libres.

Ensuite est survenue une période de tractations continuelles et ébouriffées où s'enchevêtraient les goûts divergents des nouveaux arrivants dont quelques-uns recherchaient le commerce ou la traite des fourrures, tandis que d'autres s'appliquaient surtout à des opérations de guerre avec les indigènes, et encore quelques-uns qui songeaient timidement à entreprendre une exploitation plus ou moins poussée du sol. Cela, croyait-on, avec la chasse et la pêche permettrait peut-être à ce frêle dessein colonial de se suffire un jour à lui-même. Et du coup il commencerait à se développer d'une façon plus sereine et plus rentable, donc plus hospitalier et attrayant.

En outre à travers ces regrettables dissensions il se produisait des changements fréquents de gouverneurs et autres officiels supérieurs, et aussi des naissances, des vivotements, des faillites et surtout des morts précoces de diverses associations qui se considéraient propriétaires en titre du pays. Ces sociétés éphémères portaient le nom ronflant de Compagnies telles que la Compagnie de Morbihan, celle de la Nacelle de Saint-Pierre, de Montmorency, de la Nouvelle-France, des Cent-Associés, des Indes Occidentales, la société Notre-Dame, la Communauté des Habitants, et autres du genre. Et ces groupements "d'hommes d'affaires" semblaient surtout intéressés à des contrôles et monopoles de traite de fourrures, et à des profits accélérés qui apporteraient peut-être la fortune à quelques chanceux.

Ainsi la venue de renforts féminins en vue d'assurer la continuité de l'expérience coloniale de la Nouvelle-France semblait demeurer une tâche plutôt secondaire. Et de toute façon la chose ne fut pratiquée que modestement après la remise de Québec et le départ définitif des Kirke. Ce qui explique que le premier arrivage de cette "marchandise", comme on l'appelait alors, ne s'est produit qu'en 1634. Et par la suite l'affaire s'est poursuivie tant bien que mal sur un plan purement volontaire, des émigrantes en provenance d'Europe, jusqu'en l'année 1662 soit sur une période d'environ vingt-huit ans.

Or on s'est aperçu à ce moment que toute la colonie comprenant Québec, Trois-Rivières, Montréal, et les alentours comptait moins de deux mille personnes de tous âges et conditions. Ce qui n'était pas très encourageant après plus de cent années de tentatives diverses de colonisation. De plus, hélas! pour environ 720 célibataires du sexe masculin qui théoriquement auraient pu convoler en justes noces et faire peut-être ainsi leur part en vue d'un peuplement quelque peu accéléré il n'y avait en tout et pour tout au pays que quarante-cinq filles également célibataires et d'un âge qui aurait pu en faire des candidates normales pour une expérience maritale. C'était littéralement une situation de cul-de-sac et la perspective prochaine d'un désastre au niveau de toute persistance dans le peuplement local.

Certes il y avait bien aussi les Indiennes.

Mais alors pour prétendre à un certain succès à propos du présent problème il fallait d'abord aller les rencontrer dans leur patelin, les rechercher en personne, et tenter de les ramener ensuite au pays. Et, pour les hommes de la colonie, cela voulait dire devenir des "coureurs des bois". Or cette nouvelle vocation, ou innovation coloniale, était officiellement mal vue des autorités civiles et religieuses. Pour la bonne raison qu'une fois rendus dans les bois les Blancs avaient tendance à y trouver la vie agréable et facile, et à y demeurer ainsi pour un bon moment.

En effet les Indiennes, comme on le sait déjà, n'étaient pas trop exigeantes au chapitre des rapports intimes avec les hommes de passage, surtout lorsqu'ils étaient des Blancs et donc intéressants parce qu'ils venaient de loin, en avaient long à raconter, donnaient de beaux cadeaux rares et en général faisaient étalage de belles et impressionnantes manières, ce qui était nouveau et donc attrayant.

On assistait alors à des mariages multiples, strictement temporaires et à répétition, tout le long de ces beaux voyages au loin. Et quand les Coureurs des bois revenaient à l'intérieur de la colonie ils avaient sans doute l'air curieusement gaillard et affichaient un certain sourire aux lèvres. Mais ils ne ramenaient pas de femmes ni d'enfants et continuaient alors de demeurer calmement des célibataires. Et si par hasard il s'était produit quelques fruits, par la suite de ces beaux efforts explicables en cours de route, ces gentils résultats demeuraient sur les lieux mêmes de ces expériences purement touristiques. Ils n'apportaient donc aucun profit tangible au niveau du peuplement colonial devenu un urgent problème national. Il s'était bien passé ce qu'il fallait naturellement faire. Mais le produit de l'action énergique généreusement fournie restait en des mains autres et étrangères, ce qui était considéré désolant. D'où le résultat que les autorités civiles et religieuses voyaient d'un assez mauvais oeil ces joyeuses tournées dans les bois et ces vaines dépenses de précieuses ressources naturelles qui finissaient presque toujours comme les proverbiales queues de poisson. Ce qui encore une fois était fort regrettable.

Donc, à toute fin pratique, le système du volontariat conjugal qui avait existé de 1634 à 1662 n'avait pas marché. Car à cette dernière date il y avait au pays une carence notoire de femmes disponibles pour projets matrimoniaux considérés urgents et de nécessité nationale.

Et d'autre part l'alternative d'un appel massif à la généreuse bonne volonté des gentilles Indiennes consentantes ne semblait apporter là encore qu'un assez maigre résultat. Car au retour les Coureurs des bois rapportaient certes en général de fort belles cargaisons de très riches fourrures mais jamais de petites familles en croissance qui auraient alors fait partie des bagages et se seraient ensuite intégrées pour devenir, avec le temps et beaucoup de patience, une certaine forme d'immigration métissée sur laquelle on aurait pu compter pour accroître tant bien que mal les maigres rangs de notre population coloniale.

*   *   *

Il fallait faire quelque chose de toute urgence.

Et surtout ne pas recourir, une fois encore, à l'ancien système qui avait déjà raté et avait consisté à contraindre "des mendiants, des vagabonds, des gens sans vocation de tous sexes et tous âges" à devenir bien malgré eux des éléments involontaires de population coloniale. On voit ici la scène et la confusion. Un tel projet avait été vigoureusement essayé et avait failli fort misérablement. Il aurait fallu s'en attendre.

Donc, pour s'y prendre autrement, on a d'abord procédé à liquider les multiples Compagnies sur lesquelles on avait jusque-là compté pour faire la peuplade. Puis on en fonda encore une autre qui cette fois allait, croyait-on, demeurer sous le contrôle immédiat du Roi et de ses ministres. De plus ces derniers se chargeaient alors, "aux frais du trésor royal", de toute la dépense qui deviendrait nécessaire pour envoyer de la vieille France vers la Nouvelle de sérieux contingents de filles et femmes, plus ou moins volontaires, qu'on allait ainsi recruter et expédier en Amérique tous frais payés.

Ce nouveau et beau projet, qui n'était en somme qu'un léger amendement plus coercitif des systèmes précédents mais avec l'heureuse addition que la note serait cette fois payée en entier par le trésor du roi, donna naissance à ce qui a par la suite été connu sous le joli nom des "Filles du Roi". Quoique d'autres moins bienveillants ont par la suite qualifié plus crûment la chose de "Filles de Joie". Cette dernière appellation, en son temps, est devenue assez populaire car elle frappait plus directement l'imagination des masses toujours proverbialement friandes de ce genre de sous-entendus d'alcôves entrouvertes pour les connaisseurs.

En fait, avant d'examiner d'un peu plus près la belle expérience des "Filles du Roi", on doit répéter ici qu'il semble à peu près établi que de 1634 à 1662, c'est-à-dire sur une période critique de vingt-huit ans, il ne serait venu au pays qu'environ 225 plus ou moins jeunes immigrantes pour divers motifs dont entre autres celui de contracter si possible un mariage éventuel avec un Canadien. Ce qui naturellement n'avait pas donné une bien grosse moyenne annuelle pour ce précieux apport d'éléments féminins requis pour fins de procréation coloniale.

Par contre lorsqu'on a entrepris de se lancer vigoureusement dans le projet des Filles du Roi, ou de joie, qui dura onze années, c'est-à-dire de 1663 à 1673, de patients chercheurs ont réussi à établir que, malgré qu'il n'y eut aucun arrivage pour deux de ces onze années, soit en 1664 et 1672, il semble qu'il serait venu au pays environ 960 filles ou femmes. Toutes auraient alors accepté, dit-on, de prendre le risque du long et dangereux voyage en haute mer et puis de s'installer en terre nouvelle en vue de convoler, quelques jours plus tard, en justes noces avec un résidant Canadien. Ce dernier jusque-là était anonyme et un parfait inconnu. Mais on avait assuré aux belles voyageuses qu'il était disponible et anxieux de procéder sans retard à une entreprise matrimoniale pour le meilleur ou le pire.

Naturellement, à cause de la petite bousculade qu'on peut imaginer, tout le monde aujourd'hui n'est pas d'accord ni sur la qualité, ni sur le total de ces arrivages massifs et accélérés, en tout petits voiliers, de ces immigrantes devenues pupilles de l'Etat en une aussi courte période de temps. Il serait même oiseux de vouloir insister là-dessus. On ne saura probablement jamais toute la vérité à ce propos.

Mais il n'en reste pas moins que le nombre des arrivantes a dû être considérable puisque le plan a été discontinué en 1673 après huit années de cet effort. Ce qui voulait sans doute indiquer qu'un certain point de saturation avait été atteint. Ainsi, à présent, il ne fallait pas tomber dans l'excès contraire et se retrouver un beau matin avec un fort excédent de filles disponibles et sans possibilité de leur dénicher des volontaires comme prochains compagnons de vie et d'intimité. Ce qui, là encore, aurait pu faire surgir des abus et des désordres d'un autre genre et faciles à deviner. Car, cette fois, ç'auraient été les femmes qui à leur tour seraient vigoureusement parties en chasse et à la recherche de maris hypothétiques ou temporaires. Et la situation du problème conjugal collectif aurait été à nouveau compliquée même si d'une autre façon et en sens inverse.

Ainsi, brusquement déracinées de leur pays d'origine, près d'un millier de filles et femmes européennes furent transportées assez sommairement outre-mer en une terre nouvelle, lointaine et revêche, après un long et difficile voyage, vers des épousailles impromptues avec les risques et les conflits individuels et secrets qui ont sans doute et naturellement résulté d'un marathon aussi inusité.

Et ce curieux phénomène migratoire et massif a bientôt attiré l'attention des gens et fait naître divers commentaires favorables ou malveillants suivant les dispositions ou les obédiences de chacun.

Pour certains, les chauds partisans des '"Filles du Roi", il n'y a eu là qu'un arrangement tout à fait providentiel qui a marché rondement et sur des roulettes sans aucune sorte d'anicroches. Tout a donc été parfait.

Pour d'autres, moins bien disposés et qui ont cru utile de qualifier cette curieuse aventure du titre étonnant de "Filles de Joie", il va sans dire que les commentaires ont pris une tournure assez différente et peu sympathique. Mais rarement contre l'ensemble des femmes elles-mêmes mêlées soudain à cette formidable équipée dont elles ne pouvaient prévoir le dénouement.

Aussi après cet événement notable, qui s'est produit au pays il y a plus de 300 ans, il semble utile de relire à froid et sans acrimonie, ni parti pris, les diverses réflexions qui nous sont restées à propos de ce projet ancien et plutôt remarquable.

* * *

Celui qui évidemment a lancé le doute sur la beauté immaculée de cette massive entreprise matrimoniale en terre lointaine semble bien avoir été nul autre que l'ancien voyageur, officier de l'armée, observateur et écrivain le Baron de La Hontan.

Or, au cours de ce qu'il intitula "Les Nouveaux Voyages", le bon Baron aurait calmement écrit "qu'àprès la réforme des troupes on envoya de France plusieurs vaisseaux chargés de filles de peu de vertu sous la direction de quelques vieilles Béguines qui les divisèrent en trois classes. Ces Vestales étaient entassées les unes sur les autres en trois différentes salles où les époux choisissaient leurs épouses de la manière que le boucher va choisir les moutons au milieu d'un troupeau. Il y avait de quoi contenter les fantasques dans la diversité des filles . . . car on en voyait de grandes, de petites, de blondes, de brunes, de grasses et de maigres. Enfin chacun y trouvait chaussure à son pied. Il n'en resta pas une au bout de 15 jours . . . Le mariage se concluait sur-le-champ par la voix du Prêtre et du Notaire, et le lendemain le Gouverneur faisait distribuer aux mariés un boeuf, une vache, un cochon, une truie, un coq, une poule, deux barils de viande salée et onze écus . . ."

Voilà! L'affaire était partie.

Tout ce qui venait d'être dit l'avait été assez calmement. Mais avec les deux petits mots "vertu" et "Vestales" cela a littéralement mis le feu aux poudres un peu partout en Europe. Car La Hontan avait vécu et beaucoup voyagé au Canada pendant dix ans à partir de 1683. Ce qui pourrait expliquer que ses réminiscences ont connu pas moins de dix-neuf éditions françaises, plus trois anglaises, trois allemandes, une italienne, et une hollandaise. Pour l'époque cela est ainsi devenu un phénomène littéraire plutôt remarquable.

Toute l'Europe lettrée a bientôt entendu parler de ces gentilles Vénus expédiées de France vers les anxieux célibataires canadiens et puis la noce hâtive et rapidement exécutée en présence du curé complaisant et du notaire du pays qui prenait note de tout. Et ces nouveaux amis du bon baron comprenaient maintenant, et entre autres, le grand philosophe Leibnitz, l'écrivain Bayle, le romancier Le Sage, le comte de Frontenac, les Encyclopédistes et même Jean-Jacques Rousseau et René de Chateaubriand.

A la vérité, que l'homme ait eu tort ou raison d'écrire de telles choses, au sujet des émigrantes devenues pupilles de l'Etat, il pouvait difficilement souhaiter pour lui-même et ses écrits une publicité plus massive et plus répandue. Et même si par la suite des thèses savantes ont voulu établir que La Hontan s'était trompé au sujet du caractère et des intentions des Filles du Roi, devenues pour lui des Filles de joie, il n'en reste pas moins qu'il a lancé un doute sérieux et ce doute persiste encore à trois siècles de distance. Comme quoi encore une fois les paroles peuvent souvent s'envoler mais toujours les écrits semblent avoir la manie de survivre. Verba volant, scripta manent.

Ainsi, depuis lors, il y a eu deux camps qui ont pris une ferme position pour ou contre la bonne conduite antérieure de ces pauvres et innocentes émigrantes qui, bien involontairement et sans le savoir, sont devenues un sujet de discussion et ont fait naître, hors leur contrôle, une polémique qui dure depuis fort longtemps sur leur dos. Car, quelle qu'ait été la situation réelle pour chacune, et c'était bien leur secret personnel, cela au fait n'avait en somme qu'une importance relative au moment de leur engagement si l'on songe seulement un peu à la tâche exacte qui les attendait sans coup férir dès leur arrivée au pays. Et c'est bien cela qu'on semble avoir oublié. Il s'agit de s'y arrêter un instant pour comprendre. Sans plus insister.

D'autant plus qu'au sujet de ces projets de mariages coloniaux, urgents, et devant se faire dans les plus brefs délais, les cartes ont été mêlées depuis fort longtemps. En effet après la reprise de la Nouvelle-France et son retour subséquent au pays à Québec, et en présence d'une forte délégation d'Indiens Algonquins qui voulaient reprendre leur amitié avec les Français, Champlain, bien que n'ayant pas lui-même de progéniture, avait solennellement déclaré que bientôt "nos garçons se marieront avec vos filles et nous ne serons plus qu'un seul peuple". Ce qui était tout de même y aller un peu fort dans ce plan de métissage massif et systématique. Mais la mode était aux audaces. Et comme d'habitude tout a fini par se savoir incluant les conséquences inévitables que personne ne voulait prévoir jusque-là.

Il reste néanmoins intéressant aujourd'hui de relire, une fois encore, quelques-uns des textes contradictoires qui, à ce sujet, ont tant bien que mal survécu jusqu'à ce jour et jeté le trouble dans beaucoup de bonnes âmes qui auraient préféré demeurer docilement sereines et n'être pas inquiétées par de pareilles rumeurs à propos de la vertu préalable de ces bonnes et courageuses Filles. Et qu'est-ce que ça pouvait changer! De toute façon aujourd'hui on n'y peut rien. Sauf notre satisfaction collective d'être bien implantés en Amérique. Ce qui est déjà pas mal.

La difficulté qui semble marquer cette vaine mais persistante controverse viendrait, semble-t-il, du simple fait qu'à part les remarques un peu défavorables à propos de la vertu des candidates vouées à un long et imminent voyage en mer et à un mariage accéléré en lointaine région coloniale, presque tout ce qu'avait dit La Hontan se trouvait à être plutôt exact et assez conforme aux faits du moins dans les grandes lignes.

A la vérité, vers les années 1660, la Nouvelle-France était nettement sous-peuplée, par rapport aux autres colonies anglaises, hollandaises, suédoises, belges et espagnoles qui prenaient rapidement de l'ampleur dans des régions occupées plus au sud. Et ceux qui représentaient alors les autorités françaises s'inquiétaient naturellement de ce déplorable état de choses. A Québec, à Trois-Rivières, à Montréal les habitants se sentaient confrontés avec un danger continuel provenant autant de ce qu'ils appelaient généralement "les Anglais", qui comprenaient tous les Européens qui n'étaient pas Français, et aussi les bandes Iroquoises ennemies qui vivaient un peu partout dans les environs. Car tous ces non-Français voyaient d'un mauvais oeil ce pied-à-terre de France en Amérique du Nord et auraient bien aimé le voir disparaître.

Aussi les gouverneurs, les intendants et autres officiels avaient assidûment réclamé des colons, des artisans mais bien sûr, encore des femmes qui auraient fini par convaincre toute cette population mâle et généralement flottante de prendre racine ici et du même coup de créer une espèce de rempart humain qui aurait rendu un peu plus facile la défense de ces emplacements éparpillés dont la situation était chroniquement précaire.

Quant à la nécessité de faire parvenir des convois de femmes et de filles en Nouvelle-France tout le monde était au courant de la chose et personne ne tentait de cacher de pareils projets. D'ailleurs pour les autres colonies en voie de développement plus au sud, et surtout en Nouvelle-Angleterre, et dans la région des Antilles, on en faisait autant sur une grande échelle, sans aucune fausse honte et de plus avec succès.

Donc sur l'utilité d'envois massifs de recrues féminines en Canada La Hontan avait dit vrai. Et, quant à la façon d'exécuter ce beau dessein, là aussi les choses ont dû se passer grosso modo à peu près comme indiqué par le bon Baron.

En effet il s'agissait de procéder avec l'appui du trésor royal à un recrutement ou à un racolage en règle, intensif et accéléré de filles à marier et plus ou moins consentantes à s'expatrier pour "refaire leur vie" en pays lointain. Et, à cause de tous ces arrangements officiels, ces épouseuses "volontaires" ont bientôt été connues sous le vocable général de Filles du Roi et pour chacune la dépense gouvernementale était alors prévue.

Ainsi ce déboursé devait comprendre un certain montant pour le recruteur, un autre pour les dispendieux frais de voyage et également un troisième pour les hardes et autres articles nécessaires au succès d'une pareille entreprise. Et, là encore, on avait été précis dans le détail. Car le trousseau de la future mariée devait contenir de l'habillement et aussi de menus articles tels que une coiffe, un ruban à soulier, un mouchoir, un peigne, du fil blanc, cent aiguilles, des lacets, des ciseaux, des épingles, deux couteaux, des bas, des gants, un bonnet et un peu d'argent.

Puis, lorsque tout ce beau monde finissait par atteindre les rives de la Nouvelle-France avec ses bagages, les autorités coloniales, pour accélérer encore si possible la procédure en vue d'obtenir des mariages ultra-rapides, y allaient à leur tour de quelques générosités additionnelles qui devaient, semble-t-il, réduire les dernières hésitations. Alors, en sus de ce qui avait été généreusement alloué aux jeunes voyageuses à leur départ d'Europe, les autorités locales ajoutaient à présent avec beaucoup de joyeuse libéralité des vêtements et certaines provisions provenant des magasins du Roi et enfin un beau cadeau de noce consistant en une rondelette somme de cinquante livres en monnaie du pays accordée à chaque nouvelle épouse jugée un cas ordinaire. Cependant cette gratification additionnelle pouvait aller jusqu'à 300 et même 600 livres lorsqu'il s'agissait d'une vraie "demoiselle", c'est-à-dire de jeunes filles pouvant prétendre à une naissance un peu au-dessus de la moyenne à cause de vagues titres de noblesse ou de rangs importants dans la vieille société métropolitaine dont elles auraient théoriquement fait partie auparavant.

On avait certes pensé à tout et recouru aux éléments les plus favorables en vue d'obtenir un succès massif dans cette entreprise peu ordinaire et assez surprenante. Et même on laissait encore sous-entendre assez ouvertement la possibilité d'obtention de secours additionnels si par hasard les nouveaux couples devaient malgré tout affronter certaines difficultés passagères qui n'avaient pas été prévues.

Mais après tous ces beaux gestes on s'attendait, bien sûr, à rien moins que des décisions expéditives de la part des épouseuses en attente. Aussi, et sans retard, on faisait comparaître ces nouveaux bénéficiaires devant le notaire du lieu, qui se tenait tout proche pour la rédaction d'un contrat formel entre les parties, et tout de suite après devant l'ecclésiastique désigné pour la cérémonie habituelle qui faisait dès lors de ces fiancés de quelques jours, ou moins, un couple uni définitivement par les liens sacrés et indissolubles du mariage tel que reconnu et pratiqué par les croyances de l'époque.

La Hontan avait peut-être un peu romancé et précipité la procédure prévue pour la venue et le mariage ultra-précoce des Filles du Roi en Amérique. Mais le tout devait sans doute se passer à peu près de cette façon. Car il fallait bien répondre aux exigences des autorités nerveuses et impatientes qui à ce moment jugeaient avoir certes fait leur juste part pour en arriver à un prompt résultat sans trop bousculer les vieilles coutumes en honneur depuis toujours.

Ainsi donc, à l'été de 1663, Québec a vu le premier et fort modeste arrivage de ces pauvres et timides filles provenant de La Rochelle et qui étaient, dit-on, au nombre de trente-huit. Elles devaient être réparties le plus judicieusement possible entre Québec, Trois-Rivières et Montréal dans cet ordre. On a alors rapporté que toutes furent bientôt recherchées pour fin de mariage moins trois dont l'une malheureusement fut vite capturée et amenée par des Iroquois et a ainsi disparu dans l'inconnu sans qu'on sache trop pour quelle raison. Et c'était encore là un des risques de l'aventure outre-mer dont on avait sans doute peu parlé auparavant en Europe. La pauvre fille n'a pas dû savoir ce qui lui arrivait ainsi à l'improviste, pas plus que les autres d'ailleurs qui avaient la chance de demeurer indemnes sur les lieux.

Puis, après une courte suspension de ces activités migratoires, deux années plus tard, soit en 1665, il y eut une centaine de filles et femmes qui s'amenèrent à leur tour en Nouvelle-France. Une dizaine auraient été, dit-on, trouvées par l'Intendant Jean Talon lui-même et d'autres seraient venues des régions de Dieppe et de La Rochelle. Cette fois c'était la nouvelle Compagnie des Indes Occidentales qui s'était occupée des détails du recrutement et du transport de cette cargaison féminine suivant les instructions émises par l'autorité du Roi. Et ensuite l'affaire se continua ainsi avec des hauts et des bas pour donner, a-t-on dit, un grand total d'environ 960 cas, chiffre qui aurait été atteint et peut-être même dépassé en 1673. Car à cause de la bousculade on ne saura sans doute jamais toute la vérité à ce sujet. Mais il s'en est apparemment suivi d'identiques mariages accélérés suivant une procédure bien établie qui à présent semblait la meilleure pour faciliter les choses. Du moins c'était ce qu'on croyait.

Au fait, pour donner une idée de cet urgent et continuel besoin de renforts féminins pour aider à consolider les emplacements toujours peu peuplés de la colonie, on n'a qu'à relire le message pressant et plaintif écrit par le comte de Frontenac en 1672 c'est-à-dire vers la toute fin de la belle aventure des Filles du Roi recrutées et expédiées en vitesse et à tout risque vers la Nouvelle-France. Le gouverneur, pour lors, s'adressa directement au Ministre Colbert en des termes qui ne laissaient place à aucune confusion.

"Cette rareté d'ouvriers et d'engagés", a-t-il dit,

"m'oblige à vous supplier d'avoir la bonté de vouloir songer à nous en envoyer quelques-uns de toutes les façons, et même des filles pour marier à beaucoup de personnes qui n'en trouvent point ici et qui font mille désordres dans les habitations de leurs voisins et surtout dans les lieux les plus éloignés où les femmes sont bien aises d'avoir plusieurs maris lorsque les hommes ne trouvent pas à avoir seulement une femme. S'il y avait eu ici cette année cent cinquante filles et autant de valets dans un mois ils auraient trouvé des maris et des maîtres."

De telles remarques venant d'un personnage aussi prestigieux que le Gouverneur Frontenac prennent ainsi un sens clair et non équivoque. La pénurie de filles pouvait certes engendrer de sérieux désordres contre lesquels il était difficile de lutter. Mais hélas! le Roi devait à présent faire face à des guerres et payer pour des levées de troupes et l'affrètement de nombreux vaisseaux. Le Canada "devait donc se soutenir de lui-même", a répondu Colbert.

En 1673 la dernière contribution royale fut limitée à soixante filles incluant six demoiselles. Elles arrivèrent en septembre et furent toutes bientôt "pourvues de maris", quoique cependant faute d'argent le cadeau monétaire habituel a dû être retardé jusqu'à ce que le gouverneur ait pu obtenir les moyens de réaliser cette promesse.

D'un côté il y avait donc l'urgence de combler un besoin pressant de population féminine et de l'autre la nécessité explicable d'agir avec le plus de célérité possible en autant que le permettaient les finances royales.

Dans les circonstances il a pu y avoir parmi les candidates des personnes moins portées vers le seul devoir moral, et purement austère, et qui pour diverses raisons ont peut-être réussi à se faufiler dans ce brouhaha. Au fait cela a pu se produire puisque certaines immigrantes ont dû être sommairement retournées en Europe comme inacceptables et peu susceptibles de devenir de bonnes pionnières. Par exemple un peu avant Frontenac le gouverneur d'Argenson lui-même en a renvoyé une parce qu'elle était déjà grosse à son arrivée à Québec. Dans la circonstance il a bien fallu qu'elle reprenne prestement le chemin de La Rochelle pour ne pas jeter du discrédit sur tout le groupe des nouvelles arrivantes.

Et c'est ainsi que, depuis lors, nous assistons à de vives descriptions et des proclamations solennelles contradictoires à propos de la conduite préalable de ces Filles à marier fraîchement venues en Nouvelle-France.

Certaines de ces affirmations péremptoires semblent même ne laisser aucune place pour le doute quant à la conduite passée intacte des Filles du Roi sans exception et également de toutes les autres. A ce propos on nous offre des témoignages précis.

Le Père jésuite Le Jeune, par exemple, a écrit avec fermeté au sujet des immigrantes, "On nous a dit qu'il courait un bruit qu'on avait amené en Canada un vaisseau tout chargé de filles dont la vertu n'aurait l'approbation d'aucun Docteur", ce qui voulait sans doute dire ici aucun ecclésiastique en surveillance des bonnes moeurs. Le bon directeur spirituel de la colonie a aussitôt cru essentiel de nier une pareille suggestion avec beaucoup de vigueur. "C'est un faux bruit", a dit le saint homme. "J'ai vu tous les vaisseaux et pas un n'était chargé de cette marchandise." Mais cela se passait en 1641 et les Filles du Roi ne commencèrent à venir en Canada qu'en 1663 soit vingt-deux ans plus tard. D'où la fragilité du témoignage présenté.

Ensuite le Père Le Mercier, également jésuite et successeur du Père Le Jeune ajouta à son tour que "La Reine ayant de la tendresse pour la conversion des Sauvages et de l'affection pour l'établissement de la colonie Française en ce nouveau monde, y envoya ce printemps dernier quelque nombre de filles fort honnêtes, tirées de maisons d'honneur. On n'en reçoit point d'autres dans cette nouvelle peuplade." Mais encore une fois ceci se passait en 1654 soit environ une décade avant l'épopée des Filles, d'où nouvelle fragilité de l'auguste témoignage qu'on nous offre.

On nous souligne aussi la remarque de Marguerite Bourgeoysqui aurait dit que lors des deux voyages où elle amena des filles de lieux où se faisaient des dévotions elle renouvelait toujours la résolution de suivre la perfection et qu'il pouvait y avoir asile pour les filles qui ont toutes les qualités et ne peuvent devenir religieuses, faute de bien, c'est-à-dire de la dot habituelle.

Mais là encore il s'agissait d'un recrutement très personnel fait, vers 1653, par Marguerite Bourgeoys avec l'aide du Séminaire de Saint-Sulpice, la louable Société de Montréal et le très pieux La Dauversière. Il n'était aucunement question de Filles du Roi tel que voulu dix ans plus tard par le plan royal à ce propos.

Et, là encore, nous sommes en face d'un témoignage qui se rapporte peu au sujet présentement à l'étude.

Enfin une quatrième et dernière version offerte serait celle de Pierre Boucher, habitant le pays depuis trente ans et qui aurait été envoyé en France par le gouverneur d'Avaugour pour dire au Roi qu'il "n'était pas vrai qu'il venait ici de ces sortes de filles mal vivantes". Il aurait même répondu en contre-partie de ces vilaines rumeurs que des parents et des amis les avaient préalablement déclarées "sages". Ce qui là encore pouvait être fragile quant à la situation réelle. Et de plus ceci se passait en 1661 et donc deux ans avant le premier arrivage des Filles du Roi en 1663.

Et par ailleurs un autre bon Père jésuite nommé François-Xavier de Charlevoix, qui séjourna chez les jésuites à Québec de fin septembre 1720 au tout début de mars 1721, a lui aussi parlé des Français canadiens qu'il appela les "créoles du Canada" qui s'y transportèrent dans la seule vue ... d'y conserver plus sûrement leur religion ... par la piété solide dont ils faisaient profession. Et cela tout en se plaignant du peu de lumière qu'il a pu tirer des personnes qu'il avait interrogées, ce qui était tout de même assez étonnant.

Nous semblons donc jusque-là nous trouver en présence de témoignages augustes mais prématurés qui se rapporteraient peut-être à certaines situations d'avant 1663 et donc précédant le début de l'aventure des Filles du Roi et qui, de ce fait, ne peuvent guère nous éclairer sur la conduite exacte des immigrantes après ces dates. Ce qui a pu se passer auparavant, si tant est que ce fut vrai, n'était pas nécessairement une garantie que la chose allait se répéter de même façon dans les années suivantes avec d'autres groupes féminins, la changeante nature humaine étant, depuis toujours, ce que l'on sait.

La Donna e mobile.

D'où il suit qu'il faudra rechercher de nouveaux et acceptables témoins pour soutenir victorieusement la thèse que les Filles du Roi ont toutes été d'une conduite préalable totalement exemplaire. Ce qui d'ailleurs est cependant fort possible. Mais les déclarations offertes à ce sujet jusqu'ici ne peuvent guère être jugées finales ou même satisfaisantes. Et ainsi le doute continue de subsister.

En toute honnêteté aucun témoignage ne peut être recevable ici s'il est daté d'avant 1665 c'est-à-dire l'année où l'expérience des Filles du Roi a commencé pour de bon. Car en 1663 il n'y en aurait eu que trente-huit et en 1664 il n'y aurait eu aucun arrivage. C'est donc à partir de 1665 que l'affaire a sérieusement débuté et ce n'est qu'après cette date qu'on peut considérer des déclarations testimoniales à propos de la qualité des immigrantes venues ici suivant le plan des Filles du Roi tel que conçu et déjà décrit.

En somme nul ne peut s'offrir comme témoin des faits d'un incident avant que cet incident survienne. Un pareil témoignage serait inacceptable dans toutes les cours de justice. Il s'agit d'y penser un instant pour s'en rendre compte. Et, qu'en cours de route, on ait ou non donné les dates des précédents témoignages ne change en somme que peu de chose car le monde lecteur ordinaire ne fait généralement pas ces savantes distinctions. Et recourir au subterfuge n'aiderait guère à établir le bien-fondé de cette louable entreprise.

Tout cela est peut-être regrettable mais il ne semble pas y avoir d'autre solution pour l'instant.

*   *   *

En tentant de mettre un peu d'ordre dans tout cela il faut dire qu'à l'encontre des témoignages, déjà fournis, La Hontan est venu au pays un peu plus tard, soit en 1683, et qu'à son tour il s'est permis des observations personnelles faisant entrevoir qu'il avait pu se produire quelques exceptions ou, si l'on préfère, des cas problèmes.

Au fait, à ce sujet, la Hontan nous a laissé un autre texte que personne n'a cru à propos de vilipender.

151

Il a, en effet, écrit un peu dans le genre de Frontenac: "On y est dévot en apparence car on n'oserait avoir manqué aux grandes messes ni aux sermons sans excuse légitime. C'est pourtant durant ce temps-là que les femmes et les filles se donnent carrière dans l'assurance que les mères et les maris sont occupés dans les Eglises." Ce qui peut aujourd'hui nous laisser perplexes avec ces clairs sous-entendus.

Il faut aussi reconnaître que le pauvre baron La Hontan n'a pas été le seul à avoir exprimé un doute à propos de la conduite de certaines immigrantes lors de l'aventure des Filles du Roi en Nouvelle-France.

En effet, à côté des louables supporteurs des "faux bruits", d'autres témoins, sans doute moins bien vus depuis lors, ont laissé eux aussi des versions beaucoup moins catégoriques. Et il semble plutôt sage de ne pas refuser d'entendre ce que ces personnes ont eu à dire à ce sujet afin de se former une opinion plus saine, sinon plus acceptable, après un calme examen de toutes les versions disponibles.

D'abord à propos de ces racolages répétés de femmes et de filles européennes, en vue de les expédier en territoire colonial, il y a eu au départ de nombreuses rafles d'émigrantes dont la qualité pouvait être douteuse. Et cela a peut-être mêlé les cartes et les esprits sous ce rapport.

En effet lorsque Roberval a voulu implanter une colonie en Amérique il fut autorisé par le roi à recruter des prisonniers et autres sujets du genre tant hommes que femmes. Le projet n'a guère marché tel que prévu mais le principe avait été établi d'autorité. Et chez le bon peuple toute entreprise coloniale outre-mer devait par la suite sous-entendre un cachet d'ordre pénitentiaire pour ceux qui étaient appelés à y participer.

A la vérité la chose fut pratiquée assez ouvertement au sujet des Antilles et même, dit-on, de la Louisiane. D'où il a pu s'ensuivre qu'à l'époque les Iles du Canada et celles des Antilles soient en somme devenues une seule et même destination et régies par d'identiques conditions de peuplement. Or à propos de ce dernier endroit, le Père Du Tertre a écrit que "la rareté des femmes obligeait les habitants d'épouser les premières venues . . ., on ne travaillait que pour avoir une femme et la première chose qu'on demandait aux capitaines arrivant de France était des filles. A peine étaient-elles descendues à terre, on courait tout ensemble au marché et à l'amour, on examinait ni leur vertu ni leur beauté et deux jours après qu'elles étaient arrivées on les épousait sans les connaître."

Ce qui peut expliquer qu'un poète populaire a cru bon de marquer l'expérience avec beaucoup de verve en disant:

"Adieu Maquerelles et Garces . . . ,
"Dans peu vous et vos protecteurs
"Serez hors de France bannies
"Pour aller planter colonies
"En quelque Canada lointain."

Et pour n'être pas en reste un autre s'empressait de décrire les adieux des petites femmes faciles que guettait une déportation prochaine:

"Adieu, Pont-Rouge, Samaritaine,
"Butte Saint-Roch, Petit Carnaux,
"Où nous passions des jours si beaux.
"Nous allons en passer aux Iles
"Puisqu'on ne nous veut plus aux villes."

Après ces bruits de départs plus ou moins volontaires beaucoup d'autres rapporteurs ont à leur tour voulu ajouter leur petit mot.

Ainsi il y eut un certain Tallemant des Réaux qui parla du Canada pour cette transplantation d'éléments féminins. Puis les frères Hollandais Villers qui, se trouvant un jour à Paris, ont cru utile d'inscrire dans leur Journal de Voyage des notes à propos de la prohibition prochaine de toutes formes de duel, de l'incarcération des pauvres qui osaient mendier, "et la poursuite des putains qu'on envoie pour peupler le Canada". Ce qui était tout de même assez dur de la part de visiteurs en promenade. Et la mauvaise nouvelle devait donc être assez répandue parmi la population.

Ensuite un historien du siècle dernier, nommé Charles Cunat, aurait un jour également pris sur lui d'écrire sur le sujet.

"En l'année 1649", a-t-il dit, "le gouvernement fit embarquer sur les navires de Saint-Malo qui allaient au Canada un grand nombre de filles publiques pour peupler la nouvelle colonie. Elles trouvèrent toutes des maris et, quinze jours après leur arrivée, elles étaient établies à leur gré. Le prêtre et le notaire conclurent ces alliances sur-le-champ . . ."

Puis un autre historien aurait lui aussi donné une version assez semblable. Il s'appelait M. Le Nepveu de Carfort.

Tout ce monde a certes pu errer quant à l'envoi de pareilles cargaisons vers la Nouvelle-France. Mais quant au caractère du personnel qui aurait ainsi été expédié il semble bien que ces gens de lettres ont fait planer un certain doute qu'on ne peut guère s'abstenir de garder en mémoire à propos de cette vieille et plutôt célèbre aventure d'une implantation d'éléments féminins en Amérique.

Ensuite un certain Père jésuite nommé Antoine Silvy aurait lui aussi écrit en parlant du Canada et de sa population.

"Le Canadien", a-t-il dit, "est fier, orgueilleux, vif, hardi, industrieux et capable de supporter les fatigues les plus outrées, il aime à voyager et à courir les bois, a bien de la peine à s'attacher à un lieu et tient du sauvage pour aimer l'indépendance et l'oisiveté . . . Les soldats ont peuplé ce pays avec les filles qui, ayant vécu dans le désordre en France, ont inspiré à leurs enfants, au lieu du travail, l'orgueil et la fainéantise."

Ce qui là aussi semble tout de même assez dur de la part d'un missionnaire en voyage au pays. Le pauvre La Hontan a dû être jaloux. Et la controverse va continuer pour encore un moment.

Mais par ailleurs tout cela peut donner un sens nouveau à une certaine remarque faite en passant par le Père Chrétien Le Clercq, o.f.m. En effet parlant de personnes suspectes venues de France avec des gens d'honneur et qu'on a dû parfois renvoyer en Europe parce que jugées impures, mal réglées, et vicieuses, le bon Père s'empressa d'ajouter que "s'il en est resté qui n'auraient pas été tout à fait exemptes de reproche le passage de la mer les avait purifiées et effaçait glorieusement par leur pénitence les taches de leur première conduite, leur chute n'ayant servi qu'à les rendre plus sages et plus précautionnées". Ce qui était tout de même assez gentil de la part du bon missionnaire. Et mieux que ce que d'autres moines avaient dit sur le sujet.

*   *   *

Dans cette veine de précipitation officielle pour obtenir sans retard les accouplements désirés, entre gens qui jusque-là ne se connaissaient point, l'Intendant Jean Talon en fut témoin oculaire car il était en fonction au Canada à cette époque. Il a lui-même cru nécessaire d'intervenir et de faire peser le poids de sa considérable autorité en formulant à ce sujet des instructions précises dès l'année 1667.

Il a également fait rapport au Ministre du Roi en des termes qui ne laissaient place à aucun doute. "J'ai fait ordonner", a-t-il dit, "que les volontaires, qu'à mon retour j'ai trouvés en assez grand nombre faisant le véritable métier de bandits, seraient privés de la traite des fourrures et de la chasse et aussi des honneurs de l'Eglise et de la communauté si quinze jours après l'arrivée des vaisseaux de France ils ne se marient."

Là encore c'était assez clair, et en outre, appuyé par Colbert, il ordonna l'empêchement de tout retour en France.

Les célibataires avaient donc exactement quinze jours pour se marier comme a dit La Hontan. Sinon c'était la perte de leur précieux droit de faire la chasse et la traite des fourrures.

Aussi il s'est fatalement produit des choix un peu trop hâtifs avec le résultat que des contrats de mariage bâclés en vitesse et avec plusieurs partenaires ont dû être abandonnés et par la suite remplacés par d'autres. La précipitation avait été mauvaise conseillère à propos d'un engagement aussi grave que le lien conjugal dans les strictes conditions d'autrefois.

A ce sujet Nicolas Gueudeville a écrit de belles choses à propos d'un arrivage de Filles au pays.

"C'était", a-t-il dit, "une petite flotte chargée d'amazones de lit ... Ce chaste troupeau était mené au pâturage conjugal par de vieilles et prudes Bergères .. . Sitôt qu'on fut à l'habitation, les commandantes ridées

155

passèrent leur soldatesque en revue . . . , séparée en trois classes, chaque bande dans une salle différente ce qui faisait une plaisante décoration. Il y en avait pour les bizarres et pour les délicats. Au bruit de cette nouvelle marchandise tous les bien-intentionnés pour la multiplication accourent à l'emplette. Comme il n'était pas permis d'examiner tout et encore moins d'en venir à l'essai on achetait chat en poche, on prenait la pièce sur l'échantillon. Le débit n'en fut pas moins rapide. Chacun trouva sa chacune et en quinze jours on enleva ces trois parties de venaison, avec tout le poivre qui pouvait y être compris". . . . "Même les laides eurent le couvert . . . on se jette sur le pain noir pendant la famine."

Cette fois c'était le sieur Gueudeville qui y allait un peu fort.

Mais autre conséquence également prévisible, le temps des fréquentations étant ultra-court et l'enjeu considérable, il s'est produit que des partenaires hésitants mais néanmoins intéressés ont voulu en savoir davantage et découvrir s'ils étaient pour ainsi dire faits les uns pour les autres. Ainsi les fiancés sont bientôt passés à des vérifications d'un ordre plus précis. Et la nature toujours aveugle a alors complété son oeuvre produisant ce qu'on appelle des naissances dites naturelles ou illégitimes. Ainsi en allant un peu vite en affaires on a atteint le résultat officiellement déclaré et souhaité mais avant d'avoir terminé toutes les étapes établies par le rituel prévu et jugé alors nécessaire pour ce type d'entreprise. D'ailleurs ce genre de chose se produisait également, a-t-on dit, avec les Canadiennes qui étaient nées au pays et n'avaient pas eu l'avantage d'être pourvues d'un cadeau royal pour les récompenser de leur loyal effort en vue de contribuer, elles aussi, au peuplement de la Nouvelle-France.

Il reste néanmoins que le but primordial et très précis qui était recherché par suite de ces arrivages féminins fut dûment noté par l'Intendant Jean Talon lui-même. En effet, en 1670, il a écrit au Ministre pour l'aviser du succès complet de ce projet en l'informant que ces citadines ou campagnardes nouvellement arrivées de France étaient à présent "toutes mariées et presque toutes ou sont grosses ou ont eu des enfants, marque de la fécondité du pays".

Au fait, le pays n'avait pas dû avoir grand-chose à faire avec cet exercice d'engrossement multiple, collectif et accéléré. Mais tout le monde semblait d'accord sur le but à obtenir dans cette gentille ronde nuptiale et à fournir le petit effort qui était attendu.

Talon recevait les épouseuses, les distribuait et faisait part des résultats à ses supérieurs.

Colbert, impatient, vérifiait l'âge des garçons et des filles lors de ces mariages massifs et suggérait de frapper les célibataires et les récalcitrants de privation d'honneur et de certaines marques d'infamie.

Louis XIV suivait "avec plaisir" ces épousailles et leur capacité de reproduction rapide. Il insistait pour qu'il y ait des mariages de garçons de dix-huit ou dix-neuf ans à des filles de quatorze ou quinze ans. Il institua même un royal cadeau de noces de vingt livres payable aux garçons qui se mariaient à vingt ans ou moins et aux filles qui en faisaient autant à seize ans ou au-dessous. Il ajouta même gracieusement une prime de natalité accordant une pension alimentaire de 300 livres aux familles de dix enfants, de 400 à celles de douze enfants, et cetera. Et par ailleurs on infligeait des peines pécuniaires aux pères qui n'avaient pas marié leurs garçons à 20 ans et leurs filles à 16 ans.

On attaquait donc le problème de cette nuptialité accélérée par tous les angles possibles. Personne ne pouvait plus plaider ignorance concernant cet important projet. Il fallait sans retard s'appliquer tous à un exercice de fécondation massive. Même si, pour cela, ceux qui avaient été désignés pour remplir cette auguste tâche devaient entre autres en perdre un peu le souffle.

En somme l'exercice marital actif était devenu obligatoire et l'état de célibataire ou de récalcitrant une sorte de crime odieux contre l'Etat. Et cette offense était punissable par de fortes amendes, la perte de nombreux droits en sus de certaines vilaines marques de déshonneur au sein de la petite société coloniale en train de naître laborieusement.

Or, un peu dans le genre des discrètes remarques déjà faites par le Père Chrétien Le Clercq, tout cela peut nous aider à mieux comprendre certains textes de la bonne soeur ursuline Marie de l'Incarnation. En effet, à l'occasion de l'arrivage d'un convoi de Filles, elle n'a pu s'empêcher d'écrire ses impressions à son fils demeuré en France.

"Madame Bourdon", a-t-elle dit, "a été chargée en France de cent cinquante filles que le roi a envoyées en ce pays. Elles ne lui ont pas peu donné d'exercice durant un si long trajet car, comme il y en a de toutes conditions, il s'en est trouvé de très grossières et très difficiles à conduire. Il y en a d'autres de naissance qui sont plus honnêtes et qui lui ont donné plus de satisfaction."

Mais, comme plus du tiers de ces arrivantes avaient de seize à vingt ans, il a certes pu se produire des frictions avec la surveillante de la traversée qui ne pouvait guère améliorer les conditions de transport difficiles durant de longues semaines par tous les temps en haute mer. Et une fois rendues à terre il y en a même qui auraient tenté de mettre le feu à plusieurs reprises aux bâtiments où elles logeaient. Ce qui n'était pas très gentil.

Cependant les choses ont dû se tasser car la même Mère de l'Incarnation a ajouté que par la suite les affaires avaient marché assez rondement.

"Les vaisseaux en sont pas plutôt arrivés", a-t-elle dit, "que les jeunes hommes y vont chercher des femmes et dans le grand nombre des uns et des autres on les marie par trentaine." C'est au fait ce qu'avait laissé entendre La Hontan lui-même. Mais on ne l'a pas cru.

Et comme pour bien établir qu'il en arrivait "de toutes conditions" la bonne Mère de l'Incarnation, après l'arrivée d'un grand nombre de Filles, a cru bon de spécifier dans ses écrits que la première mariée cette fois-là avait été "une Mauresque qui a épousé un Français".

Au fait on ne doit pas trop se formaliser au sujet des origines de ces immigrantes. En effet il semble avoir été établi qu'il en vint d'Angleterre, d'Allemagne et même du Portugal, et donc des contributions de régions hors des frontières du royaume de France.

Ce qui peut nous aider à comprendre ces autres

commentaires de la Mère de l'Incarnation qui expliqua en toute candeur: "Le vaisseau arrivé était chargé d'une marchandise mêlée" ... "Il y avait des femmes maures, portugaises, françaises et d'autres pays. Il est venu un grand nombre de filles et l'on en attend encore."

Par moment la pauvre Mère de l'Incarnation a paru assister impuissante à ce véritable débordement matrimonial.

En effet, à peu près au plus fort de la crise en octobre 1669, elle a encore écrit plaintivement à son fils à Paris qui lui, entre-temps, était devenu un Bénédictin.

"Il est vrai", a-t-elle dit, "qu'il vient ici beaucoup de monde de France et que le pays se peuple beaucoup, mais parmi les honnêtes gens il vient beaucoup de canailles de l'un et l'autre sexe, qui causent beaucoup de scandale."

Avec ces quatre "beaucoup" dans la même phrase on sent que la bonne Mère perd un peu patience et ses élégants moyens habituels dans ses communications.

Ce qui explique peut-être que, sans pour autant trop déroger à la politique officielle en matière de nuptialité précoce et accélérée avec de jeunes immigrantes fraîchement arrivées au pays, tous ces arrangements plutôt insolites ont un jour amené la bonne Mère de l'Incarnation à y aller à son tour d'un petit projet correctif, personnel et accessoire. Cela consistait à recruter assidûment un certain nombre de jeunes Indiennes pour les transformer en nouvelles filles Françaises qui, une fois bien préparées, pourraient alors devenir, elles aussi, de petites épouses acceptables pour les colons toujours impatients.

Et par la suite la bonne dame aurait encore écrit à propos de ce nouveau projet de peuplement accéléré.

"Nous avons fait épreuve de filles sauvages", a-t-elle dit, "elles ne peuvent pas durer en clôture. Leur naturel est fort mélancolique et la liberté d'aller où elles veulent étant retenue augmente cette mélancolie. Nous en avons élevé à la française qui savent lire et écrire, nous les avons mariées avec des Français ... Nous les avons nourries et entretenues l'une un an, l'autre quatre. Elles savent lire et écrire et sont fort bien pourvues, habiles en leur ménage, aussi sages et posées que des

Françaises. On les prend pour Françaises parce qu'en leur prononciation elles ne diffèrent point des Françaises."

Encore une fois on peut vite saisir la pensée de cette bonne dame désireuse de fournir, elle aussi, sa propre contribution au grand projet de survivance coloniale. Elle entreprit donc, et apparemment à ses frais personnels, de préparer à l'européenne une vingtaine de petites Indiennes pour les rendre désirables aux yeux des Blancs qui ne devaient pas d'ailleurs se montrer trop rébarbatifs. Au fait ce genre d'union avec les autochtones avait déjà été suggéré auparavant par plusieurs à commencer par le curé Dollier de Casson, le Major de Montréal Zacharie Du Puy et Samuel de Champlain lui-même comme on l'a vu.

Et le précieux mais discret "Journal des Jésuites" rapporte même sans fausse honte environ une dizaine de cas de ce genre. Donc l'affaire pouvait se pratiquer presque à ciel ouvert et les consentantes Indiennes étaient bienvenues parmi nous.

*   *   *

En somme il fallait faire vite mais aussi en strict accord avec une procédure préalablement établie et qu'on ne devait pas négliger sous peine d'encourir une sorte d'infâme caractère d'illégitimité. Ce qui pouvait alors devenir très grave à cette époque rigide.

Et tout accroc volontaire au rituel légitimant devait certes être mal vu. Aussi les cas entachés d'infraction à la règle ont dû être soigneusement mis en veilleuse par une vigilante discrétion. Car il ne fallait pas jeter un vilain discrédit sur ce gentil projet de peuplement accéléré dans des conditions ultra-difficiles et compliquées.

Ainsi le généreux et massif apport des centaines d'immigrantes fut bientôt appelé officiellement le programme des Filles du Roi. Et cet effort collectif initié et soutenu par les autorités françaises devait dès lors présenter un caractère homogène et au-dessus de tout reproche. La royauté ne pouvait se permettre d'être accusée de malversation.

Par ailleurs, à propos de ce louable dessein, il semble qu'il y a aussi eu des esprits observateurs qui ont osé voir dans tout cela une sorte d'occasionnel déjeuner communautaire sur l'herbe. Alors, pour ces derniers, quelques-unes de ces vaillantes Filles du Roi, à cause de circonstances inévitables, ont pu faire naître sans le vouloir le qualificatif additionnel de Filles de Joie. C'était là, semble-t-il, une distinction à faire dans ce laborieux climat d'évolution coloniale. D'ailleurs tout cela en général a été dit assez discrètement et presque à mot couvert. Car il n'a été question que de certains cas de "petite vertu" ce qui, en termes d'aujourd'hui, ne doit guère effrayer les diverses couches de notre collectivité en train de vivre une véritable métamorphose sociale comme tout le monde le sait bien.

On peut donc être tenté, à présent, de se demander si tout cela n'est pas avec le temps devenu une sorte d'inutile et affligeant débat qui n'avantage personne.

En effet toutes ces femmes et ces filles émigrantes de l'Europe étaient au départ, dit-on, prévenues qu'elles ne venaient en Canada que dans l'unique but de rencontrer des hommes jusque-là anonymes et déclarés un peu anxieux et impatients à cause de leur célibat prolongé et très involontaire par suite du manque de personnel féminin dans la colonie. Au terme du voyage ces filles pourraient alors en choisir un parmi d'autres, ou vice versa, puis procéder à une cérémonie de mariage traditionnel mais hâtif. Elles devaient donc s'attendre à être ensuite engrossées dans un bref délai afin que l'objectif de cette procréation collective soit atteint sans retard à la satisfaction de tous ceux qui avaient charge du grandiose projet. On a même ouvertement accordé de substantielles primes matérielles et monétaires pour récompenser ceux qui consentaient à bien et fidèlement exécuter le plan des autorités comme on l'a déjà vu. Talon, Colbert, Louis XIV étaient ouvertement de la partie et ne pouvaient pas se permettre un échec avec les ressources du trésor royal. Cela aurait fait du scandale.

Ce gigantesque complot devait cependant être présenté d'une façon acceptable aux yeux des générations subséquentes qui s'aviseraient de réexaminer toute cette histoire. Même si pour leur part, les participants immédiats ne se sont peut-être pas rendu compte de ce qui se passait en réalité autour d'eux. Car cette aventure était enrobée des plus belles formes d'un pur devoir civique strictement et fermement accompli pour la plus grande gloire du royaume, nonobstant les risques.

Il pouvait, bien sûr, se produire de regrettables accidents au cours de cette bousculade. Plusieurs n'étaient sans doute pas suffisamment préparées. Surtout parmi les fillettes de quatorze et quinze ans, ou moins, qui se virent embrigadées dans cette ronde intime, violente et plutôt inattendue. Sans parler de celle qui fut tout de suite capturée par les Iroquois et qui ignorait certes ce qui l'attendait le lendemain.

La raison d'Etat ne devait guère suffire à leur faire comprendre à toutes ce qui pouvait bien se passer dans leur entourage pour ainsi dire tout à fait immédiat et fort personnel.

En outre avant le mariage formel, légal, hâtif et public, il y a aussi pu parfois et accidentellement se produire quelques petits exercices préparatoires d'exploration ou de noviciat accéléré, en vue d'une meilleure connaissance personnelle des activités prochaines sur une base permanente. Cela ne pouvait guère changer le cours des choses officiellement voulues et recherchées par les autorités civiles, et même religieuses, quoi qu'on ait pu déclarer pudiquement et vigoureusement par la suite.

D'ailleurs, en général, pour devenir membre accrédité de tout groupe un peu professionnel, dans notre civilisation, un entraînement préparatoire et souvent prolongé est depuis toujours obligatoire et de rigueur pour les aspirants.

Et donc qu'il y ait eu quelques échanges d'information préliminaire, et en quelque sorte uniquement d'apprentissage timide, cela ne pouvait guère causer de bien sérieux dégâts à quiconque y inclus les prochains participants et en définitive les principaux intéressés dans l'affaire. Ces derniers ne pouvaient certes que s'en porter mieux et plus encouragés en la difficile circonstance. Et on ne peut qu'en être, nous-mêmes, bien aises et légèrement disculpés vu notre rôle d'héritiers directs et complaisants de cette turbulente entreprise coloniale. L'acceptation d'une succession comprend bien sûr la mainmise sur les biens intéressants mais oblige toujours le légataire à prendre aussi les dettes même peu attrayantes, autrement il faut renoncer à l'héritage.

8. Pierre d'Iberville et sa nombreuse famille face aux problèmes conjugaux lors d'un colonialisme héroïque

Pierre Le Moyne d'Iberville a appartenu à une très grande famille de chez nous. Il a personnellement fait preuve d'un immense talent et de beaucoup d'héroïsme. De nombreux observateurs de renom ont soutenu qu'il serait sans doute devenu l'un des grands militaires de son époque, aussi bien que Napoléon lui-même, s'il avait pu évoluer sur les territoires connus de l'Europe plutôt que de se voir confiné à des endroits solitaires, isolés et perdus des vastes et incultes régions de l'Amérique du Nord.

Mais le sort a voulu que les choses se passent de cette façon. Et, pour nous du Canada, lorsqu'on rappelle le souvenir de cet homme extraordinaire il faut naturellement nous en tenir à ce qu'il a fait durant sa courte vie entièrement consacrée au service de ce qui s'appelait alors la Nouvelle-France qui a malheureusement fini par connaître un destin tragique.

Il semble donc normal ici de commencer cette revue familiale par Pierre d'Iberville. Puis nous pourrons continuer avec le père ou l'ancêtre immédiat Charles Le Moyne. Ensuite nous tenterons de poursuivre cet inventaire de famille en procédant par le dernier membre de la liste et en remontant la lignée jusqu'à l'aîné et premier fils. Cela nous permettra alors de remarquer que tous ou à peu près ont su, tour à tour, faire voir qu'ils avaient les éléments nécessaires pour devenir également illustres.

*   *   *

Pierre d'Iberville était le troisième fils de Charles Le Moyne, devenu avec le temps seigneur de Longueuil, et de Catherine Primot sa mère. Il était destiné, sans le savoir, au départ, à devenir membre d'une grande et célèbre famille comprenant pas moins de quatorze enfants qui tous ont laissé leur marque et dont le souvenir dure encore même très loin hors de nos frontières et en d'autres pays.

Pierre naquit à Montréal en juillet 1661.

Et, comme le chiffre quatorze semblait présenter une sorte d'effet magique dans cette famille canadienne, le jeune Pierre Le Moyne décida alors qu'il n'avait que quatorze ans de se lancer bravement dans des aventures de haute navigation. Ainsi, tout de suite, il entreprit de longs et difficiles voyages dans le golfe Saint-Laurent à bord d'un assez frêle voilier qui appartenait à son père. D'une chose à l'autre il visita Gaspé et Percé. Puis bientôt il se rendit même en France avec des navigateurs plus expérimentés. Jusque-là tout allait pour le mieux et le jeune garçon était à présent friand d'aventures même fort risquées. Ce qui demeura un trait de son caractère jusqu'à la fin de ses jours.

Tant et si bien qu'il n'avait encore à peine que vingt-deux ans lorsqu'il fut choisi par le gouverneur de la Barre pour porter des dépêches officielles à Paris. "Le jeune d'Iberville", disait alors le gouverneur au Ministre, "entend très bien la mer, . . . il a ramené plusieurs vaisseaux en France et il devrait être nommé enseigne de navire afin de pouvoir fort bien servir."

La promotion suggérée se fit malheureusement attendre. Mais cela n'empêcha pas d'Iberville de poursuivre gaillardement ses tournées d'exploration. Bientôt il eut même la chance de rencontrer le grand voyageur M. de la Salle qui revenait tout juste d'une longue expédition l'ayant conduit jusqu'à l'embouchure du fleuve Mississippi. On peut deviner l'effet d'une telle rencontre et des conversations subséquentes, à propos de mystérieux territoires fort lointains, sur l'imagination fertile du jeune d'Iberville qui se sentait maintenant prêt à se lancer dans toutes les aventures imaginables.

C'est alors qu'il fut invité à se joindre à l'expédition de M. de Troyes. Ce dernier avec une petite troupe de trente soldats, et environ soixante-dix volontaires du pays, devait aller à travers la brousse, la forêt, les marécages et diverses voies d'eau jusqu'à la Baie James et puis la Baie d'Hudson. Ce fut à cette occasion que d'Iberville, jeune navigateur et apprenti explorateur, a pu démontrer aux yeux de tous qu'il pouvait également être l'un des plus hardis et des plus braves soldats du royaume. Au fait cette expédition extraordinaire, dans des conditions impossibles, a permis à ces aventuriers français d'investir et de capturer tour à tour les forts Monsoni, Rupert et Sainte-Anne qui avaient jusque-là appartenu à des non-Français. Ce qui pour un temps a paru incroyable.

Mais ce fut aussi au moment de cette première randonnée dans le Grand-Nord, en 1686, que d'Iberville a soudain fait sérieusement parler de lui à propos de ses premiers exploits au niveau d'oeuvres purement intimes et sentimentales.

En effet, pendant que le jeune et insouciant aventurier remontait laborieusement la rivière Ottawa en route vers la Baie James et la bagarre, il arriva que la jeune et jolie Jeanne-Geneviève Picoté de Belestre se vit soudain obligée de dévoiler qu'avant son départ d'Iberville avait commis à son endroit ce qui fut alors pudiquement décrit comme "une grave indélicatesse contre la morale" comportant à présent des suites indéniables. On voit d'ici la scène qui a aussitôt entraîné un peu de panique parmi ceux qui pouvaient se sentir impliqués dans cette regrettable histoire.

Cependant, toujours attentif à son voyage périlleux, le pauvre d'Iberville a passé tout près de se noyer en cours de route. Et par ailleurs, à cause du manque total de communications, il ne pouvait en aucune manière savoir ce qui se passait derrière lui à Montréal maintenant à des centaines de milles de distance.

Or, l'affaire étant à présent connue et la jeune Geneviève ayant déclaré publiquement qu'elle avait été séduite et engrossée par d'Iberville, cela engendrait des conséquences fort sérieuses. Car il s'agissait à présent d'accusation des crimes de rapt, de séquestration et de séduction qui à l'époque pouvait entraîner ni plus ni moins que la peine capitale ou encore une condamnation définitive aux galères ce qui n'était guère mieux à cause des ultra-sévères conditions de cette forme de détention.

Il a fallu faire un procès qui se déroula avec beaucoup de solennité devant les augustes membres du Conseil souverain même si le marin accusé était toujours absent et rendu quelque part dans une région inconnue du Grand-Nord. L'aventure regrettable de la jeune Geneviève avait donc dû se produire quelque temps avant le départ de l'expédition destinée à la lointaine Baie d'Hudson. A ce moment les prochains dangers de l'entreprise, sans doute racontés avec détails et beaucoup de brio, avaient dû allumer des feux sentimentaux bientôt devenus irrésistibles et incontrôlables. D'où des épanchements naturels, bousculants et aveuglément acceptés par les dialogueurs lors des adieux toujours déchirants en pareille circonstance. La nature exaspérée avait vite fait oublier les risques et conséquences possibles d'aussi sympathiques et impétueuses conversations en tête à tête.

Au fait le procès dura deux ans ce qui était long pour l'époque. Mais on a semblé vouloir entendre aussi, lorsqu'elle serait accessible, la version du présumé séducteur.

Or, malgré les obstacles, on a entre-temps fait parvenir un message de mise en garde au galant voyageur. Et au moment où on s'attendait de voir apparaître d'Iberville, qui aurait alors eu à s'expliquer, l'on apprit qu'il était en route pour la France, où, à la demande personnelle du Gouverneur Denonville, il devait aller rendre un compte détaillé des événements récents survenus dans la région de la Baie du Grand Nord.

Tout était donc normal jusque-là et il n'y avait rien à faire contre ce développement imprévu.

Par ailleurs il fallait bien mettre un terme à ce procès tout en faisant naturellement la part des choses. D'Iberville fut donc pro forma reconnu coupable par défaut car la preuve du succès de son aventure sentimentale était étalée sous les yeux de tous. Mais il n'avait pas témoigné et continuait de naviguer et de risquer bravement sa vie au service de Sa Majesté. Il fallait donc également tenir compte de ces faits accessoires. Le Conseil Souverain a alors cru sage et pertinent de rendre une sentence moins sévère que prévue. D'Iberville fut condamné à élever l'enfant, une fille nommée Geneviève comme sa mère et fruit de ses oeuvres actives. Et cela devait continuer jusqu'à l'âge de quinze ans avec mention que la mère aurait droit de visite à son loisir, ce qui était certes des plus normal et fort appréciable.

Le jugement final ainsi rendu par le tribunal de dernier ressort tout à présent rentrait dans l'ordre. Sauf peut-être pour l'impression générale que la belle Geneviève mère continuait malgré tout d'espérer que le galant d'Iberville reviendrait bien, un jour, pour apprécier à nouveau ses charmes et consentirait alors possiblement à amener la douce amie d'auparavant jusqu'au pied de l'autel pour faire régulariser une situation un peu discutable.

Mais, hélas! ce beau projet n'eut pas la suite désirée. Car lorsque les choses se calmèrent un peu, et qu'après beaucoup de voyages et d'aventures audacieuses d'Iberville a pu revenir au pays, il songea en effet en 1693, à l'âge de trente-deux ans, à convoler en justes noces. Mais sa flamme sentimentale se jeta cette fois sur une tout autre demoiselle qui s'appelait Marie-Thérèse Pollet de la Combe Pocatière. Et, pour bien montrer que dans cette dernière famille on avait de la suite dans les idées au sujet des toujours précieuses ressources naturelles, la propre mère de la belle Marie-Thérèse, Dame Marie-Anne Juchereau, fraîchement devenue veuve du capitaine Pollet de la Combe Pocatière, venait elle-même tout juste de contracter un nouveau mariage avec le chevalier François Madeleine Ruette sieur d'Auteuil et de Monceaux, et caetera.

Or d'Iberville libéré enfin de tout souci d'ordre judiciaire a pu à présent donner libre cours à son génie aventureux, entreprenant et guerrier.

En résumé en 1690 et 1691 il fut mêlé à deux grandes campagnes militaires d'abord à Corlaer en Nouvelle-Angleterre puis encore une fois à la Baie d'Hudson.

En 1692 il est allé en faire autant à un fort anglais en Acadie. En 1693 nouvelle randonnée dans le Grand Nord. Puis encore l'Acadie, Terreneuve, la Baie d'Hudson. Et ensuite le Mississippi, fondation de Biloxi, de Mobile, de la Louisiane, et caetera. Quand on songe aux frustes moyens de transport de l'époque tout cela semble nettement impossible! Et pourtant il en fut ainsi.

Enfin, après toutes ces incroyables aventures, il a fini en 1706 à l'âge de quarante-cinq ans par aller mourir bêtement d'une crise de fièvre au port espagnol de La Havane où, comme on pouvait s'y attendre, il fut inhumé dans la cathédrale de cette ville étrangère. C'était bien là une fin aussi notoire qu'il aurait pu désirer.

Et comme épilogue à toutes ces expériences para-sentimentales, qui aujourd'hui peuvent paraître invraisemblables l'on peut ajouter que la belle Geneviève de Belestre, de plus en plus brisée par son grand chagrin d'amour, a fini par se retirer à regret à l'Hôtel-Dieu de Montréal où, en 1721, elle serait morte âgée de cinquante-quatre ans. Elle avait donc survécu quinze longues années à son premier amoureux qui n'était pas revenu malgré le souvenir des délicieux moments qu'autrefois ils avaient longuement savourés ensemble en un amical tête-à-tête.

Quant à la veuve d'Iberville, à travers toutes ces étranges activités, elle aurait néanmoins donné, dit-on, à son turbulent et itinérant mari deux, quatre ou même, paraît-il, six enfants. Les opinions et les documents ne sont pas d'accord à ce sujet.

Puis, tout comme auparavant avait fait sa mère Marie-Anne Juchereau, la nouvelle veuve d'Iberville s'empressa l'année suivante, en 1797, de continuer à son tour cette joyeuse et très active tradition du remariage. Marie-Thérèse passa donc prestement en France où maintenant assez expérimentée en semblable matière et n'étant âgée que de trente-quatre ans, toujours désirable et en pleine possession de ses moyens, elle s'empressa de convoler en secondes noces avec le comte Louis de Béthune, général des armées royales. D'Iberville lui-même n'en aurait pas cru ses yeux.

Et, comme pour bien marquer que ce nouveau projet matrimonial n'avait rien de léger mais qu'au contraire c'était sérieux, la nouvelle comtesse s'empressa d'accorder deux petits Béthune au comte qui fut naturellement ravi de cette heureuse tournure des choses. L'un des héritiers inespérés fut appelé Armand et devint marquis, l'autre, une petite fille, s'appela Marie de Béthune.

Comme quoi toujours, et encore une fois, tout est bien qui finit bien. Même en matière conjugale.

*　　*　　*

Tout cela nous amène assez naturellement à songer à Charles Le Moyne qui fut à l'origine et le père de cette étonnante famille et qui, étant lui-même parti de rien, est devenu fameux tant par ses exploits personnels que par les efforts subséquents de son admirable progéniture.

Charles Le Moyne, originaire de Dieppe en Normandie, arriva à Québec en 1641 alors qu'il n'avait que quinze ans. Il adopta d'abord le métier d'engagé au service des jésuites et il fut bientôt envoyé chez les Hurons où il profita de l'occasion pour commencer à apprendre les langues indiennes avec succès. Aussi ses services furent bientôt requis comme interprète ce qui était alors fort utile pour quiconque avait à effectuer quelques transactions avec les autochtones.

Des contemporains ont dit de Charles Le Moyne que son tempérament le portait à aimer la bagarre. Et pourtant on a raconté également qu'il savait être généreux avec un ennemi terrassé et vaincu. Cela d'ailleurs lui aurait été par la suite profitable. Car ayant un jour été battu et capturé il eut à son tour la vie sauve justement parce qu'il avait su à l'occasion se montrer lui-même magnanime en semblable circonstance. Comme quoi un beau geste peut ensuite en attirer un autre.

Puis, avec le temps, Charles Le Moyne songea qu'il serait normal pour lui de convoler en justes noces afin, sans doute, de laisser par après quelque postérité intéressante. Ce qu'il fit précisément à Montréal en mai 1654 ayant l'âge plutôt raisonnable de vingt-huit ans. Mais signe d'époque, et voulant probablement entreprendre cette expérience conjugale au bas de l'échelle, il choisit pour femme Catherine Thierry Primot, une toute jeune fille qui avait à peine quatorze ans soit la moitié de l'âge de son mari. C'était peut-être un peu jeune pour une aussi sérieuse entreprise. Mais la combinaison d'un homme mûr de vingt-huit ans avec une adolescente de quatorze ans, née près de Rouen vers 1641 s'avéra fort profitable. En effet le nouveau couple, se mettant résolument à l'oeuvre, engendra pas moins

171

de quatorze enfants qui tous, et à tour de rôle, ou à peu près, ont laissé une marque littéralement indélébile dans notre histoire.

Charles Le Moyne et Catherine Primot avaient eu un flair certain lorsqu'ils décidèrent de joindre leurs deux destinées. Car les bons résultats ne se firent pas attendre. Même si malheureusement, et peut-être à bout de souffle, la pauvre Catherine a rendu l'âme alors qu'elle avait à peine quarante-neuf ans. Mais enfin elle avait fait sa part, donné sa pleine mesure, et devait à la fin de ses jours être assez satisfaite du travail accompli en un temps aussi court.

Pour sa part, exténué lui aussi dit-on, Charles Le Moyne décéda à Montréal en 1685 alors qu'il n'était lui-même âgé que de cinquante-neuf années.

Durant sa vie bien remplie il avait été interprète, négociant, capitaine, procureur du roi et pour ses bons offices il mérita d'être officiellement anobli. Cette distinction fort rare au pays lui apporta le fief de la Pointe Saint-Charles, le titre de seigneur de Longueuil, puis le fief de Châteauguay et la concession de l'île Sainte-Hélène et environs.

Des paroles fort louangeuses furent avec le temps prononcées à son endroit par d'aussi impressionnants personnages que le Sulpicien Dollier de Casson, l'Intendant Jean Talon et les gouverneurs Paul de Maisonneuve, de Courcelle, de La Barre et le comte de Frontenac. Ce qui pour un ancien petit serviteur et engagé des jésuites n'était tout de même pas si mal.

* * *

Il devrait donc à présent être instructif de jeter un bref coup d'oeil sur les activités et entreprises des autres membres de cette illustre famille qu'on a un jour coiffée du titre assez symbolique de "Macchabées de la Nouvelle-France".

Et, pour faciliter la chose, on pourrait ainsi faire cette repasse généalogique en procédant à rebours et en commençant par celui qui fut le dernier et quatorzième rejeton de Charles Le Moyne.

Or celui qui a eu cet honneur assez inattendu s'est appelé Antoine et il serait né en 1683.

En son temps, et tour à tour, Antoine fut donc marin, lieutenant, commandant, gouverneur de la Martinique, de la Guyane, du Cap Breton ou Ile-Royale. Il se rendit même, un jour, aux bouches du Mississippi, puis en Louisiane et à l'occasion a dû faire la guerre aux Indiens réussissant du même coup à être fait prisonnier pour un moment.

Entre-temps, il lui fut accordé le titre de second sieur de Châteauguay et il est allé mourir à Rochefort en France à l'âge de soixante-quatre ans. Ce qui somme toute, étant auparavant parti de Montréal, pouvait être considéré une vie assez bien remplie en des théâtres variés et fort éloignés les uns des autres.

Or, à travers tout cela, à l'époque où il n'était encore que capitaine, Antoine Le Moyne aurait épousé Jeanne Emilie de Fontaine ou de Frédailles qui lui aurait donné trois enfants dont deux seraient par la suite entrés au service du Roi.

*   *   *

Avant Antoine Le Moyne il y avait eu en treizième place Gabriel né en novembre 1681 et devenu très tôt sieur d'Assigny. Reconnu brave et intelligent après plusieurs lointaines expéditions avec ses frères plus âgés et s'étant couvert de gloire à la Louisiane il serait mort de simple maladie à Saint-Domingue alors âgé à peine de vingt ans.

Il n'a ainsi guère eu le temps de beaucoup s'illustrer au niveau sentimental. Du moins les chroniques anciennes semblent avoir gardé le silence à ce sujet.

*   *   *

Par contre celui qui précéda Gabriel dans cette lignée remarquable avait certes eu plus de chance sous le rapport de la longévité. Il s'appelait Jean-Baptiste Le Moyne et fut le deuxième sieur de Bienville. Il naquit à Montréal en 1680 et, après une longue et très active existence, il trouva le tour d'aller mourir assez calmement à Paris à l'âge plutôt respectable de quatre-vingt-huit ans.

Jusqu'à la fin il serait, dit-on, demeuré célibataire et n'aurait ainsi laissé aucune postérité connue pour hériter ouvertement de son nom et de sa gloire personnelle. Mais il fut sans doute l'un des plus remarquables de ces "Macchabées de la Nouvelle-France". Presque aussi grand que son frère Pierre d'Iberville il porta pour sa part le plus grand nom de la Louisiane française d'autrefois.

Car, en dépit de son célibat têtu, Jean-Baptiste Le Moyne de Bienville a, avec le temps, accompli beaucoup de choses.

Il a dû un jour faire lui-même un rapport commandé au Ministre du Roi à propos de ses nombreuses activités passées.

Il a alors raconté, sans fausse honte, qu'ayant été garde de la marine durant huit ans, ensuite lieutenant du Roi puis commandant général, le fondateur de la Nouvelle-Orléans, trois fois le gouverneur de la Louisiane et finalement promu chevalier de Saint-Louis, il s'était trouvé en cours de route à tous les combats que son frère aîné Pierre d'Iberville avait engagés et soutenus par mer et par terre. Il avait participé aux difficiles engagements du Fort Pemaquid en Acadie, et aussi à ceux des côtes de la Nouvelle-Angleterre et de Terre-Neuve. Il avait également été dans le Grand Nord à la Baie d'Hudson. A cet endroit quoique moins bien équipés que l'ennemi, après huit heures d'opiniâtre combat avec trois vaisseaux anglais, l'un nommé le Hampshire pourvu de 56 pièces d'artillerie a été sommairement coulé, un autre de 40 pièces nommé Hudson Bay fut capturé et le troisième appelé Daring a réussi à s'échapper à la faveur de la nuit bien que complètement démâté.

Ce fut d'ailleurs au cours de ce violent engagement naval que lui-même Bienville avait été frappé gravement à la tête, blessure qui l'avait depuis lors fortement incommodé. Ensuite, à cause de ces infirmités de guerre, son frère d'Iberville avait décidé de l'amener avec lui en Louisiane, colonie française qu'il devait alors administrer durant environ trente-cinq ans.

Ce petit mais impressionnant résumé d'une vie consacrée au service du Roi fait certes voir qu'autrefois, lorsqu'on s'adonnait à une cause, on prenait les choses sérieusement. Il n'était pas question de retenue ni d'éviter les risques même si l'on devait à l'occasion y laisser un peu de soi. Cela devait être au fond ce qu'on appellerait aujourd'hui de la bravoure.

Bienville aurait pu ajouter qu'en cours de route, et comme pour se tenir en bonne condition physique, il a aussi exploré des régions jusque-là inconnues et aussi éloignées que la Rivière Rouge dans le nord canadien, le Mississippi et les alentours de la rivière Mobile en Alabama. Ce qui avec les frêles moyens de transport de l'époque peut sembler aujourd'hui presque invraisemblable. Et pourtant l'on sait que tout cela a été accompli.

Un volume complet pourrait certes être écrit sur la belle vie de notre compatriote montréalais Jean-Baptiste Le Moyne deuxième sieur de Bienville.

Il a même entrepris lui aussi, et comme cela se faisait ailleurs, d'aider au peuplement des territoires placés sous sa juridiction en faisant venir des jeunes filles de Bretagne et autres endroits, dont un seul convoi a amené pas moins de vingt-six candidates. Ces gentilles immigrantes et aventurières sont ainsi devenues, sans le savoir alors, de légitimes aïeules de nombreuses familles d'expression française qui ont fait souche et se sont ensuite perpétuées en Louisiane. Il a donc bien mérité d'être appelé, par le peuple du pays "le Père de la Louisiane".

Ce fut du reste au temps de son premier terme comme gouverneur de la Louisiane qu'il aurait pour un moment songé à faire comme tout le monde et à prendre femme en mariage. Il a en effet demandé à plusieurs reprises, et par écrit, le consentement de son frère aîné et chef de la famille le baron de Longueuil, pour qu'il puisse marier la fille de M. Lamothe-Cadillac qui se trouvait dans le voisinage et dont il disait qu'elle avait "beaucoup de mérite".

Malheureusement ce projet n'a pas dû avoir de suite sérieuse et connue puisque le pauvre Bienville a fini par mourir à un âge fort avancé et toujours ancré dans un persistant célibat. A l'inverse de son autre frère Pierre d'Iberville il n'aurait que passé proche des aventures sentimentales permanentes.

Jean-Baptiste, le deuxième sieur de Bienville et le douzième rejeton de Charles Le Moyne aurait pourtant mérité mieux, étant déjà le Père de toute la Louisiane.

* * *

Une fille appelée Marie-Anne et née en 1678 précéda immédiatement de Bienville comme onzième enfant de cette remarquable lignée familiale des premiers Le Moyne de Montréal.

On sait assez peu de chose de cette héritière sauf qu'en 1699, à l'âge de dix-huit ans, elle entra résolument dans l'état de mariage. Et, comme sa famille était à présent connue et fort renommée, elle a pu choisir ce qu'on pourrait appeler un bon parti. Ainsi le candidat au coeur et du même coup aux faveurs de Marie-Anne Le Moyne fut Jean Bouillet sieur de la Chassaigne.

Ce dernier, avec le temps, est tour à tour devenu lieutenant, capitaine, enseigne de vaisseau, major de Montréal puis de Québec, chevalier de Saint-Louis, lieutenant du Roi, puis le dixième gouverneur de Trois-Rivières et finalement le septième gouverneur de Montréal en remplacement de son beau-frère Charles Le Moyne baron de Longueuil.

En somme il n'a pas du tout déparé la famille de sa femme. Il a même au contraire contribué à lui fournir un peu d'éclat additionnel qui ne pouvait nuire à l'ensemble.

Mais on ignore si à travers toutes ces éparpillantes occupations il a trouvé quelque loisir pour manifester un peu d'empressement sympathique à l'endroit de la belle Marie-Anne. Car, hélas! on ne semble pas leur connaître de postérité qui aurait été issue de leurs efforts conjoints.

Cela, dans les circonstances, demeure donc énigmatique et un peu regrettable pour tous, y inclus sans doute les principaux intéressés eux-mêmes.

*   *   *

Et, toujours dans le même ordre des choses, ce fut Louis premier sieur de Châteauguay qui naquit immédiatement avant Marie-Anne Le Moyne de la Chassaigne.

Hélas! encore une fois, et un peu comme dans le cas de sa soeur cadette, nous ne savons qu'assez peu de chose au sujet de Louis le dixième rejeton de la grande famille Le Moyne. Mais il existe ici une bonne excuse pour cette carence de renseignements.

L'on sait cependant que Louis le dixième de la famille est né à Montréal en janvier 1676 et que très tôt après un peu d'études primaires, il entra dans les troupes de la marine.

C'est d'Iberville lui-même qui, en sollicitant un brevet de garde-marine pour Louis, écrivait que son jeune frère âgé de dix-sept ans avait toujours été avec lui à la Baie du Nord depuis cinq ans et qu'il était capable de conduire un vaisseau comme pilote et commandant. Cela revenait donc à dire que Louis aurait pris les armes à l'âge de douze ans. Sans doute signe des temps.

De toute façon lors de l'assaut violent contre le fort anglais Nelson à la Baie d'Hudson, il se serait avancé d'une façon gavroche et trop exposé aux coups de l'ennemi. Il fut blessé d'une balle qui le perça de part en part et il mourut le lendemain le quatre octobre 1964 tout près de d'Iberville son frère préféré.

Âgé à peine de dix-huit ans il n'avait pas eu le temps d'apprécier les bonnes choses de la vie. Ce qui là encore est plutôt regrettable.

* * *

Au neuvième rang de cette remarquable lignée ce fut à nouveau une fille qui naquit en 1673 et fut appelée Catherine-Jeanne Le Moyne. Et, comme dans le cas de sa soeur Marie-Anne, il reste assez peu de chose sur le compte de cette bonne personne car, étant femme, elle n'a pas pu s'illustrer elle-même dans la carrière des armes, un milieu où à l'époque seuls les hommes étaient admis.

Cependant, et encore comme sa jeune soeur, elle convola en justes noces en 1694 à l'âge de vingt et un ans avec un homme qui devenu allié des Le Moyne a vite profité de l'occasion pour faire bientôt parler de lui.

L'élu du coeur de Catherine-Jeanne s'appelait Pierre Payan sieur de Noyan. Et, lui aussi, il fut tour à tour lieutenant, capitaine, major, chevalier de Saint-Louis et enfin lieutenant du Roi. Il avait certes du vif argent car un jour de l'hiver de l'année 1690 à cause d'une dette de jeu il s'embarqua dans un vilain duel à l'épée contre l'officier Guillaume de Lorimier. Les deux étant alors capitaines furent blessés et, à cause du scandale, réprimandés, mis à l'amende et dépouillés du commandement de leur compagnie par le comte de Frontenac.

Mais le perspicace Payan s'attacha aussitôt à son beau-frère d'Iberville qu'il suivit fidèlement en Louisiane et ailleurs.

En outre, au moment de son mariage avec Catherine-Jeanne ses blessures de quatre ans plus tôt étaient sans doute assez bien guéries puisqu'il réussit à obtenir pas moins de quatre fils de sa jeune épouse.

Les descendants de cette union canadienne ont ensuite continué de se propager en France et ils furent avec le temps mêlés à la cour de Louis XVI, puis à la tourmente révolutionnaire. L'un, entre autres, après avoir émigré à l'étranger comme beaucoup de ci-devants est finalement rentré en France avec les Bourbons et est allé mourir plutôt calmement au château de Chavoy qui, avec le temps, était devenu le sien,

Cela devait certes faire de beaux souvenirs de famille à raconter le soir au coin du feu à propos du passé ancestral surtout à l'époque des turbulentes colonies en Amérique du Nord.

*   *   *

Quant au huitième rejeton de la famille Le Moyne il a lui aussi fait parler de lui mais d'une différente façon.

Car on ne sait pas son nom et depuis lors, dans la lignée, il s'appelle curieusement l'Anonyme. Ce qui pour une telle famille est plutôt remarquable.

Une version à ce propos dit qu'il aurait été tué très jeune, une autre soutient qu'étant né en octobre 1672 cet enfant sans nom serait mort et aurait été inhumé le même jour après avoir été ondoyé mais non baptisé. Une distinction mystérieuse qui devait être capitale à l'époque et sur laquelle le principal intéressé ne pouvait avoir eu aucun contrôle.

*   *   *

Le précédent et septième enfant des Le Moyne fut un garçon qui serait né à Montréal en septembre 1670.

Il aurait été nommé François-Marie Le Moyne et il fut bientôt gratifié du titre additionnel de sieur de

Sauvole. Et un peu comme son frère anonyme, il a lui aussi fait parler de lui pour des raisons assez inusitées dans cette famille de guerriers "Macchabées" plus portés vers les armes et le combat que vers les arts et les belles-lettres.

En effet, tout en étant qualifié d'officier distingué et accompli, l'on a aussi dit de lui qu'il avait manifesté de sérieuses qualités de poète et également d'orateur ce qui ne pouvait certes qu'étonner au sein d'une telle famille.

A la vérité on a surtout entendu parler de François-Marie de Sauvole grâce aux écrits de son frère d'Iberville qui devait faire régulièrement des rapports écrits au Ministre pour l'informer des travaux jusque-là exécutés par les siens. On apprend ainsi qu'en 1698 Sauvole et Bienville accompagnèrent leur frère aîné d'Iberville dans une expédition comprenant deux navires qui partant de Brest devaient tenter de découvrir les bouches du Mississippi. Or, après un arrêt à Saint-Domingue et beaucoup de retards, pour cause de mauvais temps, Sauvole aurait été désigné, avec Bienville comme assistant, pour commander une place forte en train d'être construite à l'entrée de la rivière Biloxi, entre le Mississippi et la rivière Mobile.

Puis éventuellement, après avoir préparé un mémoire sur les Français en Louisiane, Sauvole serait mort, dit-on, à Biloxi et aurait été remplacé par son frère Bienville en 1700.

Mais 'est mort en 1700 en service commandé dans la région du Mississippi il aurait eu trente ans à son décès. Cependant des chroniqueurs sérieux ont soutenu que tentant de repousser un parti de Sauvages, à Ville-Marie en septembre 1687, il aurait été atteint mortellement. Dans les deux cas sa mort serait ainsi survenue en devoir et méritait donc qu'on s'en souvienne par la suite. Quoique, s'il fut tué en 1687, il n'aurait alors eu que dix-sept ans. Ce qui ajouterait une bonne note au sujet de sa conduite comme jeune soldat.

D'où il suit qu'il n'est pas toujours facile de reconstituer avec certitude les événements du passé avec des versions contradictoires.

Cependant, dans tout cela, Sauvole ne semble pas

avoir retenu l'attention des gens de son temps quant à ses penchants personnels pour le sexe faible, qui sont ainsi depuis lors demeurés énigmatiques.

* * *

Cette petite promenade dans les secrets généalogiques de notre passé montréalais nous amène à présent au sixième fils issu de Charles Le Moyne et de Catherine Primot.

Né à Montréal en juillet 1668 il fut appelé Joseph et bientôt gratifié du titre additionnel de sieur de Sérigny. Et il a naturellement, lui aussi, collectionné sa propre liasse de fonctions officielles en devenant tour à tour garde-marine, enseigne, lieutenant, capitaine de vaisseau et finalement il occupa le poste de gouverneur de Rochefort. A la longue il a même été, dit-on, un digne émule de son célèbre frère d'Iberville.

On pourrait aussi rappeler qu'à sa naissance le parrain de Joseph fut Pierre Picoté sieur de Belestre, dont il a déjà été question à propos de sa fille Geneviève et de ses contacts avec Pierre d'Iberville, ce que personne ne pouvait alors prévoir.

Or, pendant que le jeune Sérigny apprenait le métier des armes comme cadet en France, il fut décidé en 1688 par les autorités de l'époque, et pour des raisons politiques, de retourner au Canada les survivants des chefs Iroquois qui, auparavant faits prisonniers dans une razzia surprise, avaient été expédiés en Europe et sommairement envoyés aux galères du Roi à Marseille à l'instigation du gouverneur De Nonville. Mais l'embuscade n'avait pas eu les effets de pacification qu'on avait désirés. Et De Nonville lui-même qui voulait faire la paix à tout prix avec les tribus indiennes toujours agitées demandait à présent le rapatriement des prisonniers indigènes.

Or, Joseph de Sérigny résidant alors en France et âgé seulement de dix-neuf ans parlait déjà la langue Iroquoise. Aussi il fut promptement choisi comme guide et interprète de ces Indiens qu'on voulait renvoyer chez eux en Amérique. Ce qui n'a pas dû être une mince tâche pour le jeune cadet soudain promu surveillant de détenus et apprenti diplomate. D'autant plus qu'on avait expédié environ quarante-cinq chefs Iroquois aux galères et qu'il ne restait plus que vingt et un survivants du contingent original, les autres étant mystérieusement disparus ou "ayant déserté" sans laisser de traces. Ce qui pouvait causer des problèmes et faire naître la nécessité d'avoir à fournir des explications introuvables, surtout à propos de ceux qui s'étaient volatilisés. Même si De Nonville a écrit que le guide Sérigny traiterait ses prisonniers beaucoup mieux que ceux qui les avaient reconduits en France.

Or le jeune Sérigny ramena tant bien que mal tous ses protégés de Marseille à La Rochelle, puis il les fit embarquer pour le retour vers la Nouvelle-France et une traversée en apparence dépourvue d'accrocs majeurs.

De retour au pays Joseph alla naturellement rejoindre son frère d'Iberville. Et, en 1694, il participa comme commandant d'un vaisseau à l'investissement du fort anglais Nelson à la Baie d'Hudson, y passa l'hiver, puis il retourna en France l'année suivante avec une belle cargaison de riches fourrures, geste qui fut fort apprécié par les connaisseurs.

Tout cela fut suivi de deux nouveaux voyages à la Baie d'Hudson et de nouveaux combats avec les troupes anglaises qui étaient revenues en force pendant l'absence des Français. Après quoi nouvelle capitulation du Fort Nelson, autres voyages au Mississippi, des luttes acharnées avec les Espagnols, pour finalement donner à Sérigny un palmarès impressionnant de quatorze campagnes militaires réussies. Ce qui était assez bien.

Joseph retourna en France où il mourut à soixante-six ans mais ayant auparavant épousé une Française nommée Marie-Elizabeth Héron, ou des Ormes, qui lui donna deux fils et une fille perpétuant ainsi, depuis lors et jusqu'à ce jour, le souvenir du nom canadien et montréalais en Europe.

Comme quoi encore une fois tout était bien qui finissait bien.

* * *

Celui qui précéda immédiatement Sérigny fut appelé François. Ce dernier naquit à Montréal en mars 1666 et il est bientôt devenu le premier sieur de Bienville.

181

Et, comme les autres de sa famille, il entra naturellement lui aussi dans les troupes de la marine où il devint enseigne et se fit remarquer dans diverses expéditions sous deux gouverneurs surtout en Nouvelle-Angleterre.

Cependant sa carrière devait être de courte durée. En effet, un parti d'Iroquois étant venu rôder autour de Montréal, ils furent pris en chasse par un groupe de défenseurs dont faisait partie Bienville. Les ennemis furent rejoints à une maison abandonnée de Repentigny. Mais quelques Canadiens avaient bu un peu d'eau-de-vie et ils s'élancèrent trop vite à l'attaque. Le feu, ayant soudain pris dans le toit de la maison, assiégés et assiégeants pouvaient maintenant se voir mutuellement. Il y eut de vifs échanges de coups et, dans le tulmute, Bienville fut atteint et blessé mortellement.

Le jeune guerrier français fut ramené à Montréal et inhumé le lendemain. Il avait à peine vingt-cinq ans. Ni à la guerre, ni en temps de paix, il a pu donner sa pleine mesure, ce qui est plutôt regrettable pour nous de la postérité.

* * *

Le prédécesseur de François fut appelé Paul Le Moyne et sieur de Maricourt. Et il est heureux ici que ce dernier ait vécu un peu plus longtemps que son cadet et ait eu l'occasion aussi d'accomplir des choses remarquables.

Né lui aussi à Montréal, et cette fois en décembre 1663, ce quatrième fils de Charles Le Moyne allait bientôt s'enrôler à son tour dans les troupes de la marine et y atteindre les grades de cadet, enseigne, lieutenant, capitaine, major et caetera. Il est même devenu un fort bon interprète auprès des Indiens tout comme son père et plusieurs de ses frères.

Cependant lorsque sa vocation militaire commença à se manifester pour de bon, alors qu'il avait vingt-trois ans, les choses ont plutôt mal débuté. Une série d'incidents malencontreux a bien failli mettre un terme prématuré à une carrière en apparence prometteuse, vu le milieu favorable où il avait reçu le jour.

En effet le chevalier de Troyes qui commanda plusieurs expéditions militaires a laissé un journal où il fut, ici et là, question d'incidents survenus en 1686 et impliquant Paul Le Moyne alors âgé de vingt-trois ans. Un jour, est-il raconté, en remontant les chutes de la rivière Ottawa, le major Maricourt et l'aide-major de la Noüe "qui avaient la réputation d'être les meilleurs canoteurs du pays n'ont pu se retenir d'embarquer sur une roche et ils rompirent leur canot par le milieu". Les deux voyageurs tombèrent à l'eau et ils eurent beaucoup de peine à gagner le rivage, en traînant malgré tout leur canot rempli d'eau et en piètre condition.

Et pour comble, le lendemain, Maricourt tenant un paquet de fusils dans ses bras, en vue de les ranger, un coup est parti qui aurait pu faire un grave dégât. Le jeune Le Moyne s'en tira cependant avec de légères blessures. Puis quelques jours encore plus tard, Maricourt avec son ami de la Noüe ont bien failli périr une autre fois avec tout leur bagage quand leur canot fit une embardée et coula à fond. Les deux voyageurs ont heureusement, et à nouveau, pu revenir à la surface et se sauver tant bien que mal. Décidément l'affaire commençait plutôt mal pour ces deux apprentis guerriers.

Cependant, malgré ces épreuves inutiles, la troupe a tout de même réussi à atteindre la Baie James et le fort anglais Monsoni. Alors, comme si rien d'anormal ne s'était produit en route, Maricourt, toujours avec son amie la Noüe, et ses frères d'Iberville, de Sainte-Hélène et les autres, se lancèrent tous à l'attaque "l'épée à la main", et ils capturèrent la forteresse en peu de temps. Ce qui semble difficile à comprendre aujourd'hui.

Ensuite ces mêmes guerriers infatigables allèrent s'emparer gaillardement d'un autre fort appelé Sainte-Anne où les chroniqueurs ont rapporté que Maricourt "y avait bien fait". Les postes anglais de la Baie d'Hudson changeaient donc encore une fois de main. Cela devenait une véritable habitude.

Or comme pour démontrer qu'ils ne manquaient pas de souffle, ni de cran, Maricourt et ses deux frères d'Iberville et de Sainte-Hélène sont tout bonnement revenus comme ça à Québec par terre afin de fournir un rapport circonstancié au gouverneur De Nonville. Ce dernier jugea à propos de les envoyer en France pour informer le Ministre du Roi de ce qui venait de se produire dans le grand nord canadien. Ensuite tout ce monde est revenu en Nouvelle-France l'année suivante à bord du vaisseau le Soleil d'Afrique à présent commandé par d'Iberville lui-même.

Puis, en 1689, autre voyage à la Baie d'Hudson où dans de nouveaux engagements avec des navires anglais, qui étaient obstinément revenus sur les lieux, Maricourt fut blessé à la cuisse et les bateaux ennemis capturés.

Maricourt a réussi à revenir à Québec en 1690 juste à temps pour prendre part à la défense de la ville assiégée par l'amiral anglais Phipps qui, à son tour, a connu la défaite comme l'on sait. C'était à se demander comment tout cela allait finir.

Puis Paul continua d'être mêlé à diverses aventures qui aujourd'hui paraissent presque invraisemblables. Il est en effet devenu tout à la fois commandant de troupes de l'armée, interprète, ambassadeur et négociateur des projets de paix avec les Iroquois qui avaient confiance en lui comme la chose était auparavant arrivée avec son père Charles.

Pourtant, à travers ces activités un peu rudes et bousculantes, Maricourt trouva le loisir de songer aux choses possiblement attrayantes de rapports désirables et occasionnels avec l'élément féminin de son entourage, ce qui pourrait l'encourager dans ses entreprises et maintenir bien haut son bon moral. Ainsi, après ses aventures à la Baie d'Hudson, au siège de Québec et ailleurs, il crut qu'il pourrait peut-être se procurer une détente bien méritée en convolant en justes noces en octobre 1691, alors qu'il allait bientôt avoir vingt-huit ans et était donc suffisamment mûri pour un pareil dessein.

Celle qui fut désignée pour cette nouvelle expérience portait le joli nom de Marie-Madeleine Dupont de Neuville. Elle était la fille de Nicolas Dupont sieur de Neuville, conseiller du Roi, et de dame Jeanne Gaudais, tous deux résidant à Québec.

Mais, hélas! en dépit de ce beau et prometteur mariage, la belle Marie-Madeleine n'a vécu qu'environ onze années dans son nouveau rôle. Elle mourut prématurément en avril 1703.

Pour sa part le chagrin du veuf éploré dura neuf mois et demi. Et ainsi, au tout début de février 1704, Maricourt de Montréal se rendit encore une fois à Québec pour y chercher une autre femme. Cette nouvelle épouse en deuxièmes noces s'appelait Françoise Aubert de la Chesnaye. Et, comme dans le cas de la défunte Marie-Madeleine, le père, feu maître Charles Aubert, avait été lui aussi, de son vivant, un Conseiller au conseil souverain de Québec.

Cet autre beau mariage fut encore une fois et naturellement célébré en présence de beaucoup de notables de la région. Il y eut par exemple la veuve Aubert de la Chesnaye, le Chevalier François de Beauharnois Conseiller du Roi et Intendant de Justice, M. Claude de Ramesay Commandant des troupes du pays et à la veille de devenir gouverneur de Montréal. Et il y eut également les frères de la mariée, eux-mêmes déjà bien en poste, et beaucoup d'amis et diverses connaissances.

Mais, hélas! tout cela était trop beau pour durer.

En effet Maricourt quitta bientôt, et à son tour, cette désolante vallée de larmes. Et cela après sept courtes semaines de cette seconde et dernière expérience maritale. Il mourait à la mi-mars de l'année 1704 n'ayant à peine que quarante ans. Ça n'était pas de chance. D'autant plus qu'il partait ainsi sans laisser de postérité, ce qui devenait un désastre.

Par contre la belle et brave Françoise encore en pleine lune de miel brutalement interrompue avait à présent acquis de l'expérience qu'elle jugea sage de ne pas se laisser perdre, les ressources naturelles ayant depuis toujours une forte tendance à s'épuiser très rapidement sans profit pour personne.

Aussi la nouvelle veuve décida incontinent et sans fausse honte de se remarier à son tour comme auparavant l'avait fait son cher mais défunt époux. Et cette fois le mari de cette expérience maritale renouvelée s'appelait Josué Bois-Berthelot de Beaucours, un officier et ingénieur en chef qui allait bientôt devenir gouverneur de Trois-Rivières puis de Montréal même.

Et, comme pour marquer son entière satisfaction

185

à propos de ce nouvel arrangement, la belle Françoise ayant dûment fait le nécessaire habituel s'empressa aussitôt d'accorder à son deuxième et vigoureux mari un fils héritier qui fut appelé Georges-François et qui à son tour continua de poursuivre la postérité de cette famille de Beaucours.

Pour sa part Paul de Maricourt aurait peut-être mérité un sort plus clément que le lot stérile qui fut le sien ostensiblement.

Cependant, au cours de ses nombreuses absences dans les bois chez les autochtones, il n'avait pas toujours été sévèrement privé d'attentions féminines comme on serait porté à le croire suivant nos normes habituelles et occidentales.

Ainsi, dans le rôle d'ambassadeur itinérant, Paul avait dû, comme beaucoup d'autres, se plier aux coutumes ancestrales des tribus visitées et se soumettre à des liaisons temporaires, mais personnelles et para-diplomatiques, afin de préserver l'amitié souvent frivole et changeante des nations qui pouvaient brusquement varier leur allégeance pour un rien. Car, avec ces alliances amicales avec des Indiennes bien vues, les visiteurs blancs pouvaient ensuite commander le respect parmi des peuplades entières, ce qui était souvent vital pour la survivance de la colonie française.

Ce qui explique qu'à l'assemblée générale de tous les Indiens du Nord, en vue de préparer le grand traité de paix de Montréal en l'année 1701, il a paru normal aux yeux de tous, Rouges et Blancs, que Paul de Maricourt en personne soit le délégué officiel des difficiles Iroquois Onnontagués. Ce plénipotentiaire français des tout-puissants Indiens s'adonnait certes à retrouver sur les lieux son épouse blanche Madeleine Dupont de Neuville mariée dix années plus tôt. Mais, entre-temps, il avait aussi pris pour compagne d'habitation permanente la propre fille du chef des Onnontagués ce qui lui permettait, par ce lien public et intime, de garder un ferme contrôle sur la conduite de cette puissante et volatile nation iroquoise. Le métier d'ambassadeur itinérant pouvait comporter des risques et des exigences inévitables mais également acceptables.

Maricourt d'ailleurs n'était pas le seul négociateur

français aux prises avec de tels problèmes. D'autres officiers de la colonie désireux, eux aussi, de mener à bien leur mission officielle de médiateurs ont dû également se soumettre et accepter de bonne grâce de pareils devoirs avec résolution et beaucoup de vigueur. Il en fut par exemple de même pour Louis-Thomas Chabert sieur de Joncaire qui, quoique dûment marié à Madeleine Le Gay, a dû lui aussi s'efforcer de plaire aux Iroquois Tsonnontouans en acceptant de vivre ouvertement en commun avec la fille du grand chef de cette autre puissante nation Indienne. Même si peut-être à son corps défendant. Sait-on jamais!

*　　*　　*

Dans cette intéressante et instructive promenade généalogique, au sein de la famille Le Moyne, on arrive naturellement ici au troisième fils qui, comme on le sait, se nommait Pierre d'Iberville dont on a déjà parlé avec assez de détails.

On peut donc continuer l'examen de cette magnique lignée montréalaise en passant maintenant au précédent et deuxième fils qui fut appelé Jacques Le Moyne et sieur de Sainte-Hélène. Ce titre lui fut donné, dit-on, pour rappeler le souvenir de l'île Sainte-Hélène située en face de Montréal dont la concession avait un jour échu à son propre père comme on le sait à présent.

Jacques, né en avril 1659 fut naturellement, et lui aussi, comme après lui ses frères, tour à tour cadet, enseigne de troupes, lieutenant, commandant, et caetera. Et évidemment qu'il lui a fallu en son temps faire aussi le coup de feu contre les Indiens ennemis et pour se tenir en bonne forme il s'est même un jour battu en duel avec le notable ex-gouverneur Perrot au cours duquel tous les deux, là encore, furent blessés.

Il alla également à la Baie d'Hudson et le commandant Chevalier de Troyes, dans son journal personnel a fait de grands éloges à propos de Jacques pour son endurance, sa hardiesse et sa bravoure lors de la prise des forts anglais. Puis, à l'instigation du gouverneur Frontenac, il a aussi participé à la maladroite, inutile et désastreuse aventure de Corlaer en Nouvelle-Angleterre. Ce qui a par la suite amené tous les habitants de ces colonies du sud, d'origines européennes mêlées, à s'allier entre eux dans un but de représailles et pour faire un mauvais parti à la Nouvelle-France. Ce qui ne manqua pas de se produire et d'entraîner plus tard la conquête éventuelle de notre pays.

Or Sainte-Hélène a bientôt passé pour un excellent artilleur. Ce serait même lui, dit-on, qui en octobre 1690 aurait pointé le canon qui abattit le pavillon du vaisseau de l'amiral anglais Phipps à présent rendu devant la ville de Québec et en train d'en faire le siège pour obtenir sa reddition. Cette attaque se faisait en revanche des expéditions françaises en Nouvelle-Angleterre quelques mois plus tôt. Mais cette fois, la tentative de l'amiral anglais n'a pas réussi. Au fait, malgré un débarquement massif des troupes assaillantes, les Français dirigés par Sainte-Hélène et son frère M. de Longueuil repoussèrent un sérieux assaut tenté par voie de terre. Ce fut à cette occasion que les deux frères Le Moyne furent d'ailleurs sérieusement blessés. La blessure à la jambe subie par Jacques de Sainte-Hélène était si grave qu'il en mourut peu après à l'âge de trente et un ans, regretté de toute la colonie qui le considérait "un cavalier à la fois très aimable et très brave".

Or préalablement, en 1684, à Montréal et à l'âge de vingt-cinq ans, Jacques s'était marié à Jeanne Dufresnoy de Pétronille Carion. Et, au moment précis des épousailles, la promise n'avait tout juste que onze années et demie. Aussi cette union n'aurait été bénite, a-t-on dit, qu'à la condition que la jeune épouse ne serait connue et le mariage consommé seulement lorsqu'elle aurait douze ans, même si elle était, a-t-on encore dit, assez grande et forte pour son âge.

Il est intéressant de noter à ce propos que l'austère et ascétique évêque Laval de Québec avait été pressenti au sujet de cette petite difficulté causée par le très jeune âge de la future. Mais le complaisant prélat s'était amicalement empressé d'accorder généreusement une dispense d'âge formelle et canonique qui réglait sans hésitation cette histoire en date du douze janvier de l'année 1684, tel que ci-après.

"M. de Ste-Hélène", dit le document du prélat, "est fort propre à faire des voyages de terre en diligence aussi bien que par eaux. Je croyais qu'il devait se reposer ici quelques jours, et voilà qu'il nous avertit qu'il doit partir.

"Il n'y a personne qui ne doive prendre part à la bonne fortune que la bonne Providence de Dieu, à ce qu'il y a tout lieu de croire, lui envoie, lorsqu'on regarde comme une récompense la fidélité ainsi qu'on m'en assure, qu'il a toujours eue de ne point abuser de la traite des boissons aux Sauvages et d'en user avec crainte de Dieu, ce qui fait que j'ai de la joie à pouvoir contribuer pour ma part en quelque chose à l'heureux établissement que je lui souhaite et que j'espère, s'il continue à vivre dans la crainte du Seigneur. Ainsi vous pouvez faire marier M. de Ste-Hélène quand lui et sa famille le jugeront à propos, lui accordant les dispenses nécesaires."

Et voilà!

C'était certes clair et à point quant aux motifs précis de la dispense épiscopale accordée pour cause de jeune âge chez la jeune mariée.

Ce document historique était adressé à M. Dollier de Casson curé, sulpicien et supérieur du séminaire de Montréal et il témoignait de la haute estime que le pieux évêque éprouvait pour M. de Sainte-Hélène et de l'intérêt qu'il portait à son bonheur terrestre et si possiblement fugace.

Ainsi, un peu moins d'un mois plus tard, on procéda à la célébration du mariage ce qui fut dûment consigné aux registres de l'État civil de l'époque avec mention de la dispense du troisième ban "et celle d'âge" adressée par l'évêque à M. de Casson, son grand vicaire à Montréal.

Cependant, pour l'exécution de cette délicate cérémonie, M. de Casson fort discret jugea à propos de ne pas agir lui-même et il délégua un subordonné nommé Sieur E. Guyette Ptre. De plus il n'a pas été consigné à l'acte civil que la jeune mariée n'avait alors qu'un peu plus de onze ans. Ce qui expliquerait peut-être la présence de Jacques Le Ber, Ancien Marguillier, et "tuteur de ladite épouse".

Mais, hélas! malgré tous ces beaux efforts, le mariage plutôt accéléré ne dura que six courtes années. Et pourtant la précoce Jeanne Carion fit honneur à ses hâtives obligations conjugales en accordant rapidement à son valeureux mari un fils et deux filles dont l'une est même née à titre posthume. Jacques Le Moyne de Sainte-Hélène pouvait donc mourir content de lui-même et de son court mais utile séjour sur terre.

La jeune épouse s'était bien acquittée de la confiance que son mari lui avait témoignée. Elle avait été mère à quinze ans, à dix-sept ans et finalement, était veuve, à dix-huit ans.

Elle avait à présent de l'expérience acquise rapidement, se sentait en pleine forme et sans doute désireuse de faire sa part pour le développement de la colonie. Aussi, pour ne pas se prêter à un inutile gaspillage de ses ressources personnelles et serviables, elle s'empressa de se remarier. Ce qu'elle fit dès 1691 alors que la dernière née, Agathe, n'avait que huit mois d'âge. A cette époque héroïque les choses se faisaient assez rondement.

La jeune veuve épousa donc en secondes noces, et à l'âge relativement tendre de dix-huit ans, un capitaine de détachement de la marine, et major de troupes, nommé Joseph de Mornic.

Ainsi la vie continuait et tout le monde ne pouvait qu'être heureux.

* * *

Tout cela nous amène donc au premier rejeton de Charles Le Moyne et le dernier dans le présent examen de cette magnifique généalogie familiale de chez nous.

Ce fils, le premier de cette formidable lignée de "Macchabées de la Nouvelle-France", se nommait Charles comme son père et il est né à Montréal en décembre 1656. Puis avec le temps, et par la grâce de Louis XIV en personne, il est devenu le premier baron de Longueuil, une dignité et un titre de noblesse qui seraient désormais officiellement hériditaires.

Comme tous ses frères, nés par la suite, il a lui aussi bien sûr été cadet, lieutenant, capitaine, major, interprète et en même temps ambassadeur auprès des Iroquois, et finalement gouverneur de Trois-Rivières ensuite de Montréal et même un jour de la colonie canadienne tout entière.

Pour sa part il a eu la bonne fortune exceptionnelle d'être envoyé en France pour faire quelques études, servir de page auprès d'un maréchal en titre, et finalement devenir officier de l'armée régulière et se trouver ainsi mêlé à quelques engagements militaires en Europe. C'était bien la meilleure forme d'éducation générale que pouvaient lui procurer ses parents et l'occasion unique de faire de belles et profitables rencontres pour l'avenir.

Ainsi ces beaux efforts inusités pour un jeune natif d'une lointaine colonie d'outre-mer et fraîchement introduit dans les beaux cercles de la société française ont assez vite porté fruit. En effet, pendant son séjour dans la vieille patrie de ses ancêtres en mai 1681, et alors qu'il avait déjà vingt-quatre ans, il trouva femme. Elle se nommait Claude-Elizabeth, fille de noble homme Armand Souart d'Adoncourt et de Marie Jobart son épouse. Claude-Elisabeth était également soeur du Chevalier Dominique Souart d'Adoncourt, brigadier des armées du roi et aussi nièce de Gabriel Souart premier curé de Montréal. En somme de l'assez beau monde.

Et, comme pour ajouter de l'éclat à la chose, le contrat de mariage fut exécuté par devant notaire au château même de Versailles la résidence personnelle du roi Soleil Louis XIV et à l'époque l'un des sites les plus fameux et les plus exclusifs du monde entier. Le jeune colonial montréalais devait à peine en croire ses yeux d'être ainsi admis dans un cadre aussi grandiose. Et ça devait bien augurer pour l'avenir.

Puis, après son apprentissage d'homme du monde et d'homme de guerre, le jeune et prometteur officier canadien est revenu à son lointain pays natal en amenant naturellement avec lui sa femme de quelques mois sans doute un peu anxieuse.

Or, à son arrivée, le gouverneur général La Barre a tout de suite requis ses services en le faisant nommer par le Ministre du Roi, et malgré qu'il n'avait encore que vingt-sept ans, major de l'île de Montréal. Un poste prestigieux qui ne pouvait certes être refusé.

Puis, d'une campagne à l'autre, il arriva ce qui devait fatalement se produire. Charles de Longueuil se fit casser un bras dans un engagement avec une troupe d'Iroquois ennemis. Mais cela ne l'empêcha pas d'aller ensuite à la Baie d'Hudson. Il en est revenu l'année suivante avec une grosse cargaison de riches fourrures en compagnie de son frère de Maricourt et il réussit à éluder et à dépasser la flotte de l'amiral Phipps qui allait vers Québec pour l'assiéger.

Rendu à la ville il s'est joint à son frère de Sainte-Hélène et aux autres défenseurs se préparant hâtivement à affronter les Anglais. Installé le long d'un gué, ce détachement français repoussa l'attaque habile qui s'approchait par voie de terre. Les assaillants ennemis furent ainsi repoussés mais Sainte-Hélène a été atteint mortellement et Charles Le Moyne fut également blessé mais, par chance, le coup dévia un peu grâce à sa corne à poudre. Son heure n'était visiblement pas arrivée.

Le printemps suivant il retourna en France pour mieux faire soigner sa dernière blessure. Puis il revint au pays et accepta diverses autres missions ici et là qui lui valurent de nouvelles promotions et d'additionnelles concessions terriennes. Eventuellement il fut anobli et le Roi lui accorda le rang et la dignité de baron. Charles de Longueuil s'éteignit doucement en 1729 âgé de 73 ans.

Mais, comme les autres membres de son active famille, Charles en son temps ne s'était pas limité à des oeuvres de guerre ou de diplomatie auprès des Indiens. Il s'était également appliqué à des besognes d'un genre plus intime et fort sympathiques. Ainsi, après son beau et retentissant mariage avec Claude-Elizabeth Souart, cette dernière se mettant résolument à la tâche, lui accorda pas moins de neuf enfants tous destinés à un bel avenir. C'était tout de même assez bien pour une Française transplantée inopinément en Amérique septentrionale, qui en général faisait peur aux Européens. On n'a qu'à se rappeler le cas d'Hélène Boullé épouse de Samuel de Champlain qui refusa de vivre à Québec.

Mais, éventuellement, Claude-Elizabeth Souart décéda. Or à ce moment M. de Longueuil n'avait que soixante et onze ans et il considéra aussitôt qu'il était encore temps, et peut-être utile, pour lui, de convoler à nouveau en justes noces. Or, pour cette seconde aventure maritale, Charles choisit Marie-Marguerite Le Gardeur de Tilly qui, comme c'était fréquent à l'époque, était déjà elle-même veuve de Pierre de Saint-Ours préalablement décédé sans laisser de postérité. Et, avant de vivre en commun avec Pierre de Saint-Ours, la vigoureuse Marguerite Le Gardeur avait préalablement été mariée à Joseph Le Gouës de Gray un capitaine du régiment de Carignan.

Aussi, comme pour bien montrer qu'elle n'avait été pour rien à ce manque de fécondité avec Saint-Ours d'Echaillons, Marie-Marguerite s'empressa maintenant d'accorder à son vigoureux et troisième époux une fille appelée Marie-Elizabeth, et deux garçons, l'un nommé Charles qui devint deuxième baron de Longueuil, et Paul-Joseph dit le chevalier. Leur père était donc toujours en pleine forme.

En cet énergique et fructifiant domaine des rapports conjugaux assidus, le baron Charles pouvait donc faire pleine confiance à sa nouvelle épouse expérimentée. En outre elle avait sûrement une solide résistance physique puisqu'elle a ensuite survécu treize bonnes années après le décès de son dernier mari. Elle ne s'éteignit à son tour qu'en février 1742 à l'âge plutôt respectable de quatre-vingt-cinq ans. Ce qui démontrait bien que ses robustes activités maritales n'avaient guère nui à sa santé.

Somme toute Pierre d'Iberville et sa remarquable famille se tirèrent assez bien d'affaire au niveau conjugal et en rapports humains intimes et sympathiques. Tous les Le Moyne ont ainsi vigoureusement contribué à la gentille trame des histoires d'amour québécoises.

9. Petites complications résultant d'un amour trop assidu de l'eau-de-vie et du trafic des fourrures

La grande popularité chez nous de l'eau-de-vie ou l'eau-de-feu, c'est-à-dire des breuvages fortement alcoolisés, semble bien remonter aux premiers temps de l'entreprise coloniale française en Amérique du Nord. En effet il en a été question dans nos anciennes chroniques presque à l'arrivée des Européens ou Hommes Blancs en ces terres nouvellement découvertes. Et, tout de suite, des gens se sont ouvertement prononcés en faveur de la production, même sur place, ou à défaut de l'importation, puis de la distribution et de la consommation généralisée de l'eau-de-vie pour tous y inclus, bien sûr, pour les Indiens autochtones.

Mais, comme il fallait s'y attendre, à l'encontre de cette attitude généreuse, utilitaire ou même insouciante, d'autres personnes, en apparence bien intentionnées, pour des raisons dites d'ordre moral ou dogmatique, se sont élevées vigoureusement à leur tour contre l'usage de l'eau-de-vie jugé susceptible d'être la cause de certains périls pour le salut des âmes menacées. Et puis, à propos de ce problème nouveau se greffant soudain sur l'expérience coloniale outre-mer, ces deux écoles de pensée prenant des positions absolument contradictoires ont, depuis lors, poursuivi leur querelle sans répit mais sans pouvoir jamais jusqu'à présent en arriver à une décision finale.

L'âpre difficulté en cette matière a ainsi confronté les générations successives depuis des siècles et ne semble pas en voie d'être réglée bientôt à la satisfaction de tous les intéressés. D'ailleurs un règlement déclaré ne changerait peut-être pas grand-chose.

*　　*　　*

Et pour s'y reconnaître dans tout ce fatras, il semblerait utile comme d'habitude de commencer par le commencement.

Il a donc beaucoup été question de l'eau-de-vie dans nos chroniques anciennes. A la vérité la fabrication de la bière et autres breuvages alcoolisés paraît bien remonter à la plus haute antiquité dans l'histoire des hommes sur terre. Il y a des millénaires il en a ouvertement été question en Orient, en Assyrie, en Egypte et ainsi de suite. On n'a donc pas à être trop surpris de constater que le vieux phénomène ait pu se reproduire assez spontanément dès l'arrivée des Européens en Nouvelle-France où ces breuvages ont pu devenir désirables.

D'abord, on a importé de l'eau-de-vie, du vin, du rhum et autres liqueurs plus ou moins fines de France, d'Espagne, des Iles Canaries, et caetera. Mais ces breuvages étaient surtout servis aux occasionnelles et joyeuses réunions dites sociales. Ou ils pouvaient aussi être consommés dans les cabarets publics par des connaisseurs ayant les revenus nécessaires, car toutes ces boissons réconfortantes avaient le défaut de coûter assez cher vu qu'elles venaient de loin et en assez petites quantités. Ainsi le peuple ordinaire ne pouvait guère se permettre de pareilles friandises n'ayant pas les moyens voulus pour se les procurer.

Alors, pour corriger cette situation ennuyeuse, et en somme peu juste, on a vite songé que, comme pour la nourriture, le vêtement et le logement, on pouvait avec un peu d'adresse et de bonne volonté, fabriquer sur place ces précieux et souvent même nécessaires articles de rafraîchissement. La qualité pourrait être moins raffinée que celle des produits de l'importation de l'étranger mais, avec le temps et un peu de patience, tout cela deviendrait sans doute aussi robuste que les gentilles marchandises arrivant lentement et inégalement des pays éloignés plus favorisés sous ce rapport.

On a donc recherché et vite trouvé les vieilles recettes d'autrefois. Et on s'est mis à fabriquer une sorte de bière de type ancien, mais modifié, à base d'orge et autres céréales qu'on appela de la cervoise. Puis, peu après, on entreprit de produire un autre breuvage tout aussi fruste mais heureusement peu compliqué qui se nommait du bouillon. Ensuite d'une chose à l'autre, avec plus d'ingéniosité, on a fini par atteindre le palier de la bière véritable et assez acceptable et aussi du cidre qui, là encore, pouvait à volonté être vite rendu assez vigoureux.

En somme on en venait à présent à la belle vie avec des produits domestiques sans doute pas tellement subtils mais suffisamment efficaces pour permettre d'atteindre l'objectif visé dans les rudes circonstances que l'on devine.

Les choses en vinrent au point que le placide Pierre Boucher lui-même, vers 1664, a cru utile de faire des commentaires par écrit à propos de cet heureux développement. Il a ainsi noté qu'on avait au pays un breuvage qu'on appelait le bouillon qui se buvait communément dans toutes les maisons, mais sans doute avec des variantes individuelles. Ce qui était néanmoins assez clair et encourageant.

Il s'agissait au fait d'une simple pâte de froment, ou de blé d'Inde, qu'on faisait fermenter et qu'après être délayée avec un peu d'eau on mettait à mûrir dans de vastes récipients. Les recettes et formules améliorées pouvaient naturellement changer dans un sens ou l'autre suivant le goût des fabricants amateurs et aussi compte tenu des ingrédients dont on pouvait disposer pour les délicates opérations de ce genre.

On avait donc à présent, et pour ainsi dire autant qu'on en voulait à peu de frais, de l'eau-de-vie que les Indiens, jusque-là non initiés, ont tout de suite baptisée du nom d'eau-de-feu. Car il faut encore dire que les autochtones n'avaient en apparence jamais connu de tels produits et ils étaient donc physiquement peu préparés pour pareilles expériences. Par ailleurs l'effet produit chez eux étant ainsi plus violent devenait du même coup plus désirable. Mais pour leur part les Hommes Blancs connaissaient toutes ces choses depuis des siècles et ils ne pouvaient guère être pris par surprise quant aux inévitables résultats.

Puis lorsqu'il a été su qu'en Nouvelle-France on pouvait sans trop de difficultés se fabriquer diverses formes d'eau-de-vie, de type maison, il y a eu naturellement une rapide prolifération en ce domaine car la demande existait inexorablement et il devenait difficile de ne pas la satisfaire. On a alors bien tenté d'étouffer les méchantes rumeurs qui surgirent à ce sujet mais il est resté des commentaires et des rapports qui ont survécu à ce propos jusqu'à ce jour, même si forcément clairsemés et souvent fragmentaires. Certaines bonnes âmes voyaient bien sûr tout cela d'un fort mauvais oeil et s'ingéniaient par des moyens vigoureux à enrayer ce soudain attrait pour une vilaine débauche populaire en train de devenir collective.

Il est donc intéressant et instructif de revoir aujourd'hui les bribes de qu'en dira-t-on qui ont passé à travers les mailles de toutes les censures successives d'autrefois et nous sont ainsi parvenues pour nous donner une certaine idée de ce qui a bien pu se produire alors en ce domaine. Même si on doit se contenter de fragments anciens et disparates pour tenter de reconstituer en esprit une situation qui pourrait sembler à présent disparue depuis assez longtemps.

*   *   *

On pouvait donc fabriquer de l'eau-de-vie à la maison suivant l'initiative variée des petites gens du pays. Et, sans vouloir insister sur des détails secondaires, certaines remarques intéressantes nous sont restées à ce sujet.

Il a été dit par exemple qu'en l'année 1620, c'est-à-dire vingt-deux ans avant la fondation de Montréal, le Père récollet Denis Jamet a fait à ses supérieurs un rapport plutôt prometteur où il annonçait son espoir que bientôt il aurait suffisamment de grain pour entreprendre de fabriquer lui-même du pain et de la bière. Ces remarques toutes simples ne prêtaient guère à confusion.

Ensuite, vers 1626, un Jésuite a écrit à son tour que des Indiens en Acadie voulaient de bonnes provisions de vin qu'ils croyaient être du sang. En même temps d'autres autochtones vivant près de Québec venaient échanger des pièces de viande d'orignal pour des quantités d'eau-de-vie. Tous s'enivraient alors fort joyeusement. L'ivresse chez les indigènes était à présent devenue une pratique générale et cela autant chez les femmes que chez les hommes. Ils n'avaient donc pas mis beaucoup de temps à se familiariser avec ce gentil petit à-côté de la belle civilisation européenne.

Puis, vers 1633, le vieille et remarquable famille Hébert était déjà pourvue, dit-on, d'une grande chaudière à brasserie. Cela devait sans doute permettre à ces bonnes gens de régaler largement leurs amis Hurons lorsque l'occasion s'en présentait.

Or, dès l'année suivante, un groupe de résidants de Québec, pour atteindre une plus grande et plus considérable efficacité en ce domaine, auraient promptement organisé une coopérative de brasserie. De cette façon ils pourraient sans doute ensuite être en mesure de mieux subvenir à leurs mutuels besoins en semblable matière.

Cependant, pour leur part, les jésuites du pays ont eux-mêmes ouvertement raconté dans leur Journal communautaire que le premier mai 1646 ils avaient désigné le bon et docile frère Ambroise Couvet, arrivé au pays l'année précédente, pour fabriquer à Notre-Dame des Anges le gru et la bière alors appelée "la biaire". Là aussi cela semblait être assez clair.

D'ailleurs, quelque temps auparavant, le bon et fort lettré Père Paul Le Jeune également jésuite aurait lui aussi annoncé à son supérieur provincial, en Europe, son intention de construire une brasserie authentique afin de pouvoir fournir directement aux membres de sa communauté toute la boisson dont elle avait personnellement besoin. Mais sans, bien sûr, donner de détails sur la nature de tels besoins. Et à la vérité dès les débuts de l'année 1647 les jésuites auraient enfin réussi à fabriquer de la bonne bière à leur emplacement communautaire de Sillery. Ce qui était sans doute dans l'ordre et très bien.

Au fait tout ce monde devait se sentir en assez bonne compagnie puisque le dévoué et perspicace Frère Sagard lui-même avait déjà précisement noté à l'occasion de son remarquable voyage en Huronie "qu'une ou deux bouteilles d'eau-de-vie seraient fort nécessaires pour se fortifier le coeur en chemin".

L'ineffable et tout simple Récollet était donc assez familier avec ce genre de choses. D'autant plus qu'il avait déjà dit en 1623 qu'à un certain moment le vin de messe en était venu à faire défaut. Cependant, en partant pour la Huronie, on avait bien emporté du vin "dans un petit baril de deux pots" et qu'on avait néanmoins dû en faire deux autres bouteilles avec des raisins sauvages. On savait donc comment s'y prendre par temps difficile, et en toutes circonstances, avec des moyens de fortune, même en voyage.

Et, dans le même ordre d'idées, Champlain en son temps s'était lui-même plaint amèrement que le personnel de l'Habitation se servait d'une trappe intérieure du magasin pour se rendre à la cave "pour boire nos boissons sans aucune considération". Les abus à ce propos en vinrent bientôt à un point tel que Champlain a fini un jour par condamner carrément cette malencontreuse trappe qu'il remplaça par une porte donnant directement sur l'extérieur. Il s'agissait de toute urgence de rendre moins discrètes ces regrettables visites au précieux soussol. La situation devait certes être devenue fort sérieuse.

Ensuite, vers 1680, ce fut paraît-il au tour du respectable séminaire de Québec d'ériger ouvertement et en bonne et due forme sa propre brasserie domestique. Ce qui là encore se passe aujourd'hui de commentaires quand on connaît la destination précise d'une aussi auguste institution.

Puis, naturellement, un jour les bonnes et affables Soeurs de l'Hôpital Général de Québec ont dû, elles aussi, bientôt se munir d'une semblable installation locale distillante afin, expliquait-on, "que les pauvres puissent boire ces boissons avec plaisir". Auparavant, à cet endroit on achetait les provisions d'eau-de-vie à la barrique, ou à la demi-barrique, et cela à l'occasion comprenait même des quantités de guildive de moindre qualité qui pouvait servir en certaines circonstances particulières. On s'approvisionnait également en vin rouge et en vin blanc, et aussi en crus un peu plus recherchés pour Monseigneur l'évêque, toujours par ailleurs si ouvertement frugal. Puis on passa vite au vin en bouteille, au cidre et à la bière. Des visiteurs invités à la table de l'endroit ont dûment noté qu'aux repas "copieux et jolis" qu'on pouvait y prendre, on servait sans gêne diverses qualités de vin et on terminait avec de l'eau-de-vie, dans le café si désiré. Ce qui, somme toute, était très bien.

Ces belles manières sociales semblaient donc se pratiquer sans fausse honte dans toutes les couches de la petite communauté coloniale d'autrefois. Et on peut en prendre note sans faire d'inutiles gorges chaudes aujourd'hui.

Et bientôt encore l'hôpital des Frères Charon de Montréal a aussi eu sur place sa brasserie et sa cidrerie. Malheureusement ces belles installations furent un jour incendiées. Le supérieur M. Charon de la Barre aurait un peu vertement réprimandé le chaudronnier David pour ses débauches et ses ivrogneries assez compréhensibles puisqu'il travaillait à la distillerie. Tout comme le Père Gaucher et son Elixir des Lettres de mon Moulin d'Alphonse Daudet. Ces charitables corrections et réprimandes verbales du supérieur La Barre auraient même comporté des menaces de mettre David dehors s'il ne s'amendait pas sans retard.

Le chaudronnier aurait alors annoncé à plusieurs personnes qu'on le traitait injustement et il aurait déclaré en outre que le sieur Charon allait bientôt se repentir pour tout cela et qu'il le brûlerait pour ses vilaines remarques à son endroit. De toute façon l'hôpital passa effectivement au feu et l'affaire a fini par se rendre devant les tribunaux ce qui gâtait un peu les choses. Et pour sa part l'hôpital ne s'en est pas rétabli par la suite et jusqu'à ce jour.

La pratique ouverte de la fabrication et de la consommation de diverses sortes d'eau-de-vie semblait donc avoir atteint son point généralisé et de non-retour en Nouvelle-France.

Aussi, en homme pratique, le grand Intendant Jean Talon, à son arrivée au pays à l'automne de l'année 1665, a vite compris la situation et il a alors décidé d'organiser l'affaire officiellement et du même coup tenter d'y mettre un peu d'ordre.

Talon résolut donc tout simplement à son tour, et cela dès 1668, de fonder sans retard une brasserie d'Etat ou Brasserie du Roi. Il s'agissait alors de contrôler si possible les abus que pouvaient causer les alcools et les vins importés de France et d'ailleurs. Ainsi dans un but purement économique, on encourageait les habitants à s'habituer à la bière, ce qui donnerait en outre et du même coup un débouché fort utile pour les surplus de récoltes de céréales. En même temps cela permettrait peut-être de restreindre les importations de vins et autres produits de ce genre provenant de l'étranger.

Au fait cela pourrait bien devenir un coup de maître. Il s'agissait en réalité de faire ici d'une pierre deux coups. En effet, en utilisant douze mille minots de grain chaque année, la brasserie d'Etat pourrait alors produire quatre mille barriques de bière dont la moitié irait pour consommation locale des habitants et l'autre moitié servirait cette fois à faire de l'exportation de produit fini. Cela devenait d'emblée une politique nouvelle, vigoureuse et profitable pour la jeune colonie. Et du coup cela allait fournir aux habitants un débouché commode pour l'écoulement avantageux de leurs croissants surplus de céréales de plus en plus cultivées au pays.

Or, en même temps, il y avait déjà une brasserie qui fonctionnait assez bien à Montréal depuis 1650. Et, comme pour entrer dans la ronde des libations encouragées et facilitées, et faire à leur tour les choses sur une plus grande échelle, des citoyens d'ici approchèrent les Messieurs du Séminaire de Saint-Sulpice. Il s'agissait d'amener ces bons Sulpiciens à vendre le vieux Hangar communal qui ne servait plus depuis un bon moment. L'emplacement désaffecté pourrait alors servir à l'implantation d'une brasserie à bière beaucoup plus considérable que ce qui existait déjà et donc plus susceptible de mieux servir les besoins croissants de la population montréalaise. D'ailleurs cette transaction immobilière, et purement commerciale, se présentait avec un caractère fort louable. En effet la somme qui serait payée pour cette construction présentement inutile allait, par après, servir à l'édification d'une nouvelle église paroissiale. Ce qui évidemment était fort méritoire et d'un même coup ferait taire les mauvais esprits qui auraient eu tendance à critiquer un aussi estimable projet.

Et, comme ce genre d'entreprise était maintenant devenu en vogue, nul autre que l'influent Charles Le Moyne, sieur de Longueuil que l'on connaît déjà, a cru qu'il serait avantageux d'ériger à Montréal encore une autre brasserie mais cette fois à l'intérieur même de l'enceinte du fort local. Cela, croyait-on, accorderait ainsi une protection additionnelle pour la sécurité d'un aussi précieux organisme para-commercial et surtout communautairement utilitaire.

* * *

Toutes ces fébriles activités humaines n'allaient pas

manquer de faire bientôt naître d'autres institutions connexes et complémentaires qui ont alors pris la forme de
cabarets, d'auberges et de buvettes installés ici et là à
l'avenant. Car les bonnes gens, en route vers quelque
part, n'avaient pas toujours le temps voulu, ou les
moyens à leur disposition, pour se rendre à leur lointain
domicile lorsque l'envie prenait d'étancher un peu une
soif passagère et agaçante.

Et, encore une fois, ce fut un Intendant perspicace
qui, en présence du fait accompli, a cru utile de régle-
menter quelque peu ce genre d'activités et d'établissements jugés susceptibles de faire naître certains regrettables désordres. Cet avocat instruit et résolu s'appelait
Claude-Thomas Dupuy et, à son arrivée au pays en
1726, il édicta promptement des normes de base pour
l'octroi d'un permis permettant la vente aux passants de
breuvages alcoolisés.

Dorénavant pour exploiter un cabaret, ou autre débit du genre, là où des clients de passage pourraient obtenir facilement de la bière, du vin, du cidre ou autres
formes d'eau-de-vie d'un caractère plus robuste, il fallait d'abord demander et recevoir un permis donné par
l'Intendant lui-même et sous sa signature. Ensuite ces
nouveaux commerçants publics devaient installer à la
porte de leur établissement une sorte d'enseigne, indi-
quant leur type de négoce, et ayant la forme "d'un bou-
chon de verdure de pin ou d'épinette ou autre branchage
qui conserve sa verdure en hiver".

De plus l'aubergiste ainsi autorisé s'engageait à ne
pas servir de consommations après dix heures du soir,
ni dans les chambres attenantes "pourvues de lit", où
d'ailleurs les clients ne devaient pas jouer aux cartes, ou
aux dés, ou fumer, ni surtout se permettre de proférer
des imprécations et autres paroles blasphématoires. Tout
cela, bien entendu, sans peine de fortes amendes pour
transgression de ces louables ordonnances.

Les soldats de passage, pour leur part,, ne pouvaient se faire servir à boire qu'un peu de vin arrosé
d'eau et seulement aux repas du midi et du soir. Quant
aux valets, serviteurs et domestiques, ils devaient en
outre avoir en main une permission écrite de leurs pa-
trons ou maîtres même s'ils ne portaient pas leur costu-

me habituel de travail. Et en ce dernier cas le cabaretier devait aussitôt s'empresser de faire avertir le maître de ces employés sous peine encore de fortes amendes si la chose était négligée.

En outre, ce qui plairait sans aucun doute aux âmes les plus dévotes, les dimanches et jours de fêtes les hôteliers et cabaretiers devaient suspendre leurs opérations d'affaires et refuser de servir des boissons pendant le service religieux. Et, pour qu'il n'y ait pas d'erreur quant à la durée de cette interruption des opérations habituelles, le règlement ajoutait clairement que cette suspension du commerce de buvette débutait à partir de neuf heures du matin et se poursuivrait ensuite jusqu'à au moins quatre heures de l'après-midi suivant. De la sorte, avec une période aussi précise de pas moins de sept heures d'affilée, on ne prenait assurément pas de chance. Le service divin, même fort élaboré de certaines occasions spéciales, aurait certes alors dûment pris fin.

Quant aux autres marchands, travaillant aussi au comptoir, incluant ceux qui, étant grossistes, devaient alimenter en provisions liquides les petits cabaretiers, il était prohibé pour eux de donner à boire sur place à leurs clients occasionnels. En effet ils ne pouvaient dispenser leur précieuse marchandise aux acheteurs qu'en des quantités de pas moins d'une demi-barrique. Ce qui semblait bien régler ce cas particulier et prévenir ainsi tout ingénieuse échappatoire de la part de certains malins.

Cependant, malgré toutes ces mises en garde bien précises, et sages précautions clairement indiquées, des cabaretiers, paraît-il, ont osé commettre de petites transgressions qui leur ont alors fait perdre leur important permis. Ils avaient eu la maladresse, ou simplement la malchance, de se faire prendre en faute et ils s'attirèrent alors de petits désagréments de la part des autorités en place.

Par ailleurs il semble bien que le gentil métier de cabaretier a été pratiqué ouvertement presque au début de l'effort colonial en Nouvelle-France. Ainsi il nous est resté jusqu'à ce jour le nom d'un de ces premiers pionniers artisans qui, à sa manière, a contribué à l'implantation et à l'essor de cette aventure française en Améque. Et il a effectivement porté un nom symbolique et un peu prédestiné pour ce genre d'occupation. Il se nommait Jacques Boisdon.

Or, signe des temps, cet audacieux novateur dédié au service du bien-être communautaire aurait alors et préalablement obtenu, en septembre 1648, un permis officiel qui lui fut accordé par le gouverneur en personne et cela, dit-on, sur la chaleureuse recommandation du bon Père Jésuite Lalemant qui était lui-même supporté à cette fin par des conseillers et intimes du gouverneur. Avec d'aussi précieux appuis Jacques Boisdon ne pouvait guère rater sa demande. D'autant plus que les candidats à une aussi nouvelle occupation ne devaient guère être nombreux pour lui imposer de la concurrence.

Toutefois, et déjà à cette primitive époque, Boisdon avait dû accepter de se soumettre à certaines exigences précises et officielles dans l'exercice du privilège qui lui était accordé par les autorités.

Il devait, par exemple, établir son commerce sur la place publique non loin de l'église et cela pour permettre aux gens qui en éprouveraient le besoin de s'y aller chauffer à l'occasion mais en lui payant, bien entendu, une petite compensation monétaire pour ce service rendu. Ce qui était fort normal.

En outre il ne permettrait pas en son établissement d'ivrognerie, de scandale, de blasphèmes, ni aucune sorte de vilains jeux de hasard. Au fait, en ce temps-là, la chose semblait être assez mal vue par beaucoup de personnes bien intentionnées.

Les dimanches et jours de fêtes, durant les grandmesses, sermons, catéchisme et également les vêpres, le débit de Boisdon devait être vidé de toute sa clientèle et demeurerait ensuite fermé jusqu'à la fin des pieux exercices de la dévotion habituelle et coutumière.

Enfin Jacques Boisdon s'engageait à observer scrupuleusement les instructions et règlements qui seraient édictés de temps à autre concernant ce genre de commerce.

Ainsi, comme on peut voir, le cabaretier pouvait librement exercer son nouveau négoce mais toujours sous l'oeil vigilant de ceux qui se trouvaient alors en charge du bon ordre communautaire, Ce à quoi, en définitive, personne ne pouvait trouver à redire.

Boisdon, ayant à présent donné l'exemple, il y a eu bien sûr d'autres auberges et cabarets également munis de permis et soumis à diverses prescriptions officielles. Surtout après que fut ouvert le chemin du Roi qui, tant bien que mal, reliait la ville de Québec à celle de Montréal par un long, monotone et difficile parcours parsemé de nombreux et indispensables relais où les voyageurs fatigués et ayant froid ou trop chaud pouvaient se procurer des libations réconfortantes suivant la circonstance.

Le minutieux Intendant Claude Dupuy a certes, en son temps, fait un effort louable pour donner un cachet d'ordre et de respectabilité au métier de cabaretier et au commerce de détaillant en breuvages quelque peu alcoolisés devant être consommés strictement sur place.

Malheureusement il est aussi arrivé, a-t-on dit, que de temps à autre des paroissiens à l'esprit léger et insouciant quittaient subrepticement la scène des augustes cérémonies du culte en particulier au moment de l'exercice oratoire et exhortatif du prône et du sermon en apparence considérés par certains comme étant de moindre importance. Ce qui n'était pas beau du tout et pouvait jeter un sérieux trouble dans les âmes sans défiance. Et, pour comble de scandale, ces gens astucieux et frivoles s'empressaient aussitôt de se rendre à la buvette la plus rapprochée afin d'étancher rapidement une soif soudaine et devenue ostensiblement intolérable. Ce qui était jugé funeste et venant à l'encontre des nombreux décrets promulgués pour régir ces délicates matières.

*   *   *

Tout cela, hélas! a naturellement fini par se savoir et être dûment rapporté aux autorités qui en furent émues et ont sans retard songé à corriger et même à réprimer avec sévérité ces nocives incartades. Jusque-là on avait, en fait, plus ou moins fermé les yeux. Mais à présent qu'on apprenait les détails il fallait bien agir et avec grande vigueur. On ne pouvait pas laisser faire et tolérer davantage. Ce qui engendra une grande et bruyante querelle entre les autorités civiles et religieuses du pays.

On a alors naturellement sorti et étalé les nombreux griefs et conflits mutuels du passé que jusque-là on avait accumulés avec patience de part et d'autre pour le jour où se présenterait enfin l'occasion de frapper un grand coup de rajustement des choses.

A ce moment l'austère évêque Laval a soudain décidé de rompre le silence. Il dénonça avec grande vigueur les abus qui se commettaient par suite du trafic de l'eau-de-vie tant auprès des pauvres Indiens sans défense que des colons eux-mêmes pour qui l'usage des diverses boissons devenait souvent l'occasion de querelles et autres désordres jugés sérieux. La morale publique était offensée et dégradée à plusieurs point de vue.

Bientôt, d'une chose à l'autre et en dépit des sérieuses implications économiques, l'évêque Laval de Pétrée et de Québec vint jusqu'à recourir aux foudres redoutables de l'excommunication. D'aussi sévères sanctions, d'ailleurs rapportées dans le Journal communautaire des Pères Jésuites à plusieurs endroits, frappaient donc tous ceux qui dorénavant oseraient pratiquer le commerce de l'eau-de-vie avec les Indiens. Le sévère mandement de l'auguste prélat s'appuyant sur toute l'autorité morale et administrative, dont il se disait dûment investi, rappelait en termes clairs, "les grands désordres qu'ont apportés par le passé les boissons enivrantes de vin et d'eau-de-vie données aux Sauvages et les suites funestes qui sont à craindre".

Il était donc dorénavant "fait défense expresse à tous les habitants du pays, marchands, facteurs, capitaines, matelots, passagers et à tous autres de traiter en quelque sorte et manière que ce soit, soit vin, soit eau-de-vie, avec les Sauvages à peine de punition corporelle".

D'ailleurs le saint homme était très familier avec ce genre de châtiment corporel pour les désobéissants. En effet un texte du Journal communautaire des Jésuites est fort savoureux à ce propos. En février 1661 à une séance du catéchisme solennel, le jour de la Septuagésime, en présence du gouverneur et de l'évêque, ce dernier avait exigé d'être salué publiquement le premier par les jeunes enfants.

"Mais les enfants qui étaient Charles Couillard et Ignace de Repentigny poussés par leurs parents firent tout le contraire et saluèrent Mons. le Gouverneur le premier, ce qui offensa puissamment Mons. l'Evêque, que nous tâchâmes d'apaiser et les deux enfants eurent le fouet le lendemain matin pour avoir désobéi."

Le pieux évêque Laval de Québec ne tolérait donc aucun accroc aux déploiements de soumission publique qu'il croyait lui être dus avant tous les autres. Et il savait manier vigoureusement du fouet contre les récalcitrants mêmes s'ils étaient de jeunes enfants qui obéissaient docilement à leurs parents. Ce qui, là encore, semble bien tout dire à ce sujet et on n'a guère à insister.

Et, continuant ses rigides admonestations dans son mandement anti-boisson, l'évêque Laval de Québec faisait ensuite état des désordres et du mal croissant de jour en jour, du scandale, du péril évident qui confrontait le christianisme menacé d'une ruine totale et les risques d'un prochain châtiment de la part du ciel offensé, et caetera.

En pareille extrémité il était donc fait très "expresse défense sous peine d'excommunication, encourue ipso facto, de donner en paiement aux Sauvages, vendre, traiter ou donner gratuitement par reconnaissance, soit vin, soit eau-de-vie, en quelque façon et manière et sous quelque prétexte que ce soit, de laquelle excommunication" . . . le digne prélat se réservait à lui seul l'absolution. Il n'y avait donc pas d'échappatoire possible.

C'était certes sérieux et d'une présentation plutôt sévère.

Même si dans le pieux document il y avait une courte note adoucissante parlant de rencontres rares "où l'on ne peut quasi se dispenser de donner quelque peu de cette boisson, comme il pourrait arriver en des voyages et fatigues extraordinaires et semblables nécessités. Mais même là l'on tomberait encore dans l'excommunication si l'on y excédait la petite mesure ordinaire dont les personnes de probité et de conscience ont coutume de se servir envers leurs domestiques en ce pays".

Tout cela, en 1660, en Nouvelle-France, semblait clair, très édifiant et fort définitif.

Mais, en réalité, ce solennel et rigide mandement ne serait bientôt qu'un incident parmi d'autres dans un véritable duel entre des équipes rivales aux visées contradictoires. D'un côté l'autorité religieuse à obédience strictement romaine parlait au nom de la morale publique et ancienne, de l'honneur et de la loi divine issue du Moyen-Orient. D'autre part l'autorité civile issue de la royauté française favorisait discrètement l'usage de l'eau-de-vie pour faciliter les transactions favorables dans la traite des fourrures avec les autochtones qui seuls disposaient alors d'aussi précieuses marchandises et permettaient ainsi à la colonie naissante de survivre péniblement d'une année à l'autre sans jamais pouvoir être trop sûre de l'avenir à long terme. Les petites gens ordinaires et un peu simplistes en étaient même venues à déclarer ouvertement et sans fausse honte: "un pot de vin, un castor".

Une timide politique de conciliation apparente avait bien été édictée trois années plus tôt en 1657 par le Conseil Souverain sous les pressions inflexibles de l'autorité religieuse. Et le même Conseil Souverain en septembre 1663 sous les mêmes pressions cléricales devait répéter encore une nouvelle ordonnance d'interdiction au nom de l'antique morale offensée. Le but économique de remplir les magasins de fourrures n'était pas considéré, disait-on, un motif suffisant pour empoisonner les Indiens infidèles et retarder ainsi leur souhaitable conversion à nos augustes croyances para-occidentales.

Une diminution infligée à notre commerce de fourrures ne devait donc pas être considérée un malheur grave moralement. Car à la place de l'eau-de-vie, pour la traite, on pouvait offrir autres choses aux Indiens comme de la nourriture, ou certains objets manufacturés venant d'Europe. D'ailleurs les Indiens eux-mêmes, affirmait-on, connaissaient le tort que les boissons pouvaient leur causer. Et il n'était pas sûr, qu'étant déçus ici, ils iraient porter leurs fourrures aux lointains comptoirs de la Nouvelle-Angleterre à cause des simples rumeurs qui décrivaient les marchands anglais comme plus généreux que les Français dans leurs transactions avec les autochtones.

Il y avait donc de bonnes raisons, même en dehors de la morale idéale, pour défendre l'usage de l'eau-de-vie dans la traite des fourrures. On pouvait par exemple faire une entente avec la Nouvelle-Angleterre pour une abolition conjointe et simultanée de toutes les boissons, et caetera.

*   *   *

Cependant, à l'encontre de tous ces beaux arguments moraux et un peu torturés, les supporteurs sérieux de la traite répliquaient que l'eau-de-vie était la monnaie d'échange au pays du castor et la plus simple et meilleure source de bénéfices accrus. En plus d'être la boisson favorite des indigènes.

A la vérité le pays souffrait d'une pénurie chronique de ressources de toutes sortes. D'où le perpétuel retard apporté aux améliorations importantes comme la construction de grandes routes et aussi d'habitations populaires acceptables, le développement de diverses formes de commerce, et caetera.

Et, encore une fois, l'humble raisonnement populaire à nouveau simpliste disait en réponse aux abstentionnistes têtus, et jugés peu pratiques, "pas de boisson, pas de castor". "Donc pas de commerce, pas d'argent et ainsi pas de progrès. Et si nous refusons de donner aux Indiens ce qu'ils demandent, en paiement pour leurs fourrures, ils iront voir les commerçants de la Nouvelle-Angleterre, nous perdrons leur clientèle, et nous en ferons des ennemis dangereux."

On en arrivait donc ainsi à mettre en jeu l'existence même de la colonie. Et cela uniquement pour soutenir de beaux principes. Or éventuellement, c'est bien ce qui s'est produit sur toute la ligne. Le flair innocent du petit peuple, une fois encore, s'est avéré exact dans ses appréhensions. Et l'avenir allait lui donner tristement raison.

Comme on peut le voir c'était le cul-de-sac. Et pour éviter le pire, dans ce climat de confrontation interne, le dilemme devait être résolu rapidement.

Or un événement tout à fait imprévu allait permettre à l'autorité civile de prendre position.

Un jour de l'année 1662 une femme de Québec avait contrevenu aux règlements cléricaux abstentionnistes et vendu du vin à des Indiens. Elle avait donc été arrêtée et envoyée en prison. Mais bientôt pressé, dit-on, par la famille de la marchande, le Père Lalemant, jésuite et

210

recteur du collège de Québec, serait personnellement intervenu en faveur de la contrevenante pour l'excuser et demander sa grâce. Le gouverneur d'Avaugour, visiblement outré et fatigué par tous ces tiraillements, aurait alors répondu brusquement au bon jésuite intercesseur que si ça n'était plus là une faute punissable pour cette femme, elle ne le serait plus désormais pour personne à l'avenir.

Et le décisif gouverneur a immédiatement tenu parole ce qu'aucun n'avait pu prévoir. Le jésuite était décidément allé trop loin dans cette continuelle contradiction. C'était à nouveau la guerre ouverte entre le gouverneur d'Avaugour et l'évêque Laval de Québec.

Un peu plus tard d'autres procès ont bientôt aussi tourné à rien. Puis, à une nouvelle séance du Conseil souverain en 1668, il fut décrété qu'il était à présent permis à tous les Français habitant la Nouvelle-France de vendre et débiter toutes sortes de boissons aux Sauvages qui voudront en acheter d'eux et faire la traite. On recommandait naturellement aux Indigènes de boire avec sobriété et on leur défendait de s'enivrer sous peine de sanctions. Mais à ce propos il y a eu des hauts et des bas. Car l'évêque Laval avait refusé de signer cet arrêt officiel et le regrettable conflit entre les autorités en poste continuait donc comme auparavant. Et, par ailleurs, Talon lui-même, s'est bientôt déclaré en faveur de la traite et en cela il a été soutenu par le Ministre Colbert. Inflexible l'évêque Laval s'est alors rendu en France où, après maintes pressantes démarches, il a fait voir le gouverneur d'Avaugour sous un mauvais jour et a enfin réussi à le faire rappeler, et à être même consulté sur le choix de son successeur. C'était plus que jamais la guerre ouverte entre les factions opposées. Au fait la querelle a, depuis lors, continué à ce propos avec beaucoup d'intensité et cela jusqu'à ce jour, entraînant des incidents notoires souvent regrettables, et d'inutiles souffrances pour plusieurs.

*　　*　　*

Ainsi, par exemple, Bastien un employé des jésuites est mort, a-t-on dit, alors qu'il aurait été un peu ivre. Les bons Pères jésuites ont refusé carrément de "l'enterrer en terre sainte" et "en pénitence pour son ivrognerie il n'y eut aucune cérémonie ni prière publique", à l'occasion de sa sépulture. Ce qui à l'époque était grave et une marque de sérieuse infamie pour lui-même et les siens.

Cependant, malgré tous les obstacles, la traite des fourrures a continué de marcher plus ou moins rondement et a même sauvé la frêle colonie d'une banqueroute certaine à plusieurs reprises et cela malgré les louables prophéties contraires lancées périodiquement par des esprits bien intentionnés.

A la vérité l'eau-de-vie est vite devenue une monnaie courante, et acceptée sans discussion, pour l'achat des fourrures apportées par les Indiens venant de régions éloignées et presque inaccessibles aux Européens. Ces boissons ont également servi pour obtenir de rares pièces de viande, des mocassins, des raquettes, des vêtements chauds, et autres articles utiles pour la survie au Nouveau-Monde. Mais hélas! ce commerce de troc avec les indigènes a souvent été accompagné de petits ennuis qui ont beaucoup fait parler les gens.

Car les dignes gardiens de la morale coloniale surveillaient et lançaient aussitôt de vigoureuses fulminations dès que les choses paraissaient aller un peu loin. Et ce fut très bien ainsi. En effet, grâce à ces alertes moniteurs qui notaient sans retard tout ce qui leur semblait remarquable, nous pouvons aujourd'hui connaître assez bien ce qui a pu se passer à cette époque lointaine, héroïque et audacieuse. De la sorte, sans vouloir nous astreindre ici à un ordre para-chronologique, on est en mesure de rappeler quelques autres incidents qui peuvent nous laisser songeurs sinon nous faire sourire.

Par exemple, à l'occasion de la messe de minuit de l'année 1662, les jésuites n'ont pu s'empêcher de noter un peu plaintivement dans leur Journal communautaire qu'il y avait eu du désordre à cause de la boisson en bière et vin qu'ils avaient donnée aux jeunes chantres de leur séminaire. Or, expliqua le pieux chroniqueur, sans vouloir mal faire ni avertir les bons Pères, les marguilliers en avaient aussi donné aux chantres. Ce qui fit qu'Amador en devint tout enrhumé et ne put ensuite chanter les fêtes aussi bien que d'habitude. Et cela, hélas! avait été fort remarqué par l'assistance un peu scandalisée.

Puis un certain Nicolas Gastineau du Plessis, un ex-juge de juridiction civile et criminelle, décida un jour de s'adonner lui aussi, comme beaucoup d'autres, au profitable commerce des pelleteries. Or étant devenu bon observateur et raisonnablement instruit, il a cru bon lui aussi de noter ce qu'il a vu se produire dans son entourage et de conserver ensuite ses remarques.

Alors, sans fausse honte, il a rapporté qu'il avait parfois rencontré des Sauvages sérieusement ivres et qu'il n'était pas trop sûr de n'avoir pas lui-même contribué à les mettre dans cet état. Mais il s'empressa d'ajouter ingénieusement que les Indiens qui venaient le trouver à brûle-pourpoint avaient sans doute déjà un peu bu ailleurs, mais ils savaient si bien se déguiser qu'il devenait peu facile de les reconnaître. Plusieurs de ces visiteurs inopinés devaient alors boire beaucoup plus qu'ils n'auraient dû le faire raisonnablement.

A cette lointaine époque Gastineau voulait certes obtenir pour lui-même le bénéfice du doute en la circonstance. De plus, pour atténuer si possible sa conduite et se sentir peut-être moins coupable, cet ancien juge et membre attitré du beau monde, devenu un jour traiteur d'occasion, a cru bon d'ajouter aussitôt qu'il n'avait pas été le seul à fournir de l'eau-de-vie aux Sauvages. Ainsi il y avait également à sa connaissance, a-t-il dit, Michel Gamelin son propre parent, Barthélemy Bertaut, un certain Benjamin Anseau et le trafiquant et explorateur bien connu Jean Péré. Donc l'ancien magistrat Gastineau paraissait se sentir relativement à l'aise dans son nouveau travail même si ressemblant peu à ses anciennes et fort dignes occupations. Mais, comme pour se sentir encore plus à l'aise dans sa présente sérénité d'esprit, il ajouta même le nom d'une grande dame du beau monde de l'époque qui, elle aussi, s'occupait activement, disait-on, de ce lucratif négoce. Il s'agissait de Marguerite Le Gardeur de la Potherie, une concurrente en train de devenir fort encombrante, mais qui avait aussi la singulière distinction d'être la femme de l'ancien gouverneur de Trois-Rivières. Cela n'était certes pas bien du tout. Et on peut vite deviner les qu'en-dira-t-on des petites gens de la plèbe.

A ce propos l'estimable M. Gastineau précisa même sans sourciller que les Indiens du Cap se rendaient chez la dame de la Potherie littéralement en véritables flottilles. Rendus là ils s'enivraient, se battaient et causaient beaucoup de désordres pas très jolis lesquels duraient jusqu'au retour à leur village. Mais entre-temps, en femme pratique, l'hôtesse ne se privait pas d'amasser des quantités de venaison, de mocassins, de pièces de fourrures et autres objets qui tous avaient beaucoup de valeur. L'homme était visiblement jaloux de sa rivale.

Cependant, avec tous ces méchants bruits, il a bien fallu organiser un procès. Mais par la suite l'affaire traîna en longueur pour des raisons inconnues.

Tout cela se passait vers 1665 à peu près au plus fort des laborieuses aventures de la traite en notre pays. Et l'on comprendra vite que beaucoup de monde a cru bon de s'intéresser activement à la chose.

Mais, comme pour bien démontrer que personne ne pouvait se croire hors d'atteinte du vilain mal de la traite, l'excellent journal des jésuites raconte encore librement l'aventure étonnante d'un certain ecclésiastique du nom de René Chartier.

Cet homme estimable a d'abord été prieur de Notre-Dame de la Monaie, puis chapelain des dignes Dames Ursulines à Québec. Et en ces augustes qualités, le pieux homme a fait partie des cérémonies du Vendredi Saint alors qu'il a rempli le rôle important de la Synagogue. Ensuite ce dignitaire, beaucoup en demande, fut appelé à devenir le parrain d'un Huron puis a agi comme sous-diacre à la procession suivante, et caetera. C'était donc un homme d'église de tout repos.

Mais, hélas! le démon rôdait aux alentours et guettait sa proie naïve et peu expérimentée.

Tout à coup un éblouissant et bruyant éclair déchira le ciel serein de la paisible ville de Québec. A ce moment tragique le même précieux Journal communautaire annonça sans insister outre mesure qu'une visite inopinée faite à la chambre de M. le Prieur, digne prêtre des bonnes Ursulines, avait révélé l'incroyable présence "de 260 livres pesant de Castor, après s'être vanté qu'il en avait autant et qu'il ne les donnerait au magasin qu'à bon compte".

On peut vite imaginer le total désarroi dans les milieux bien pensants de cette placide époque. Il s'agissait de M. l'Aumonier!

Le bon Prieur a néammoins participé encore à quelques autres pieuses cérémonies où sa présence était attendue depuis quelque temps. Mais peu après, et fort discrètement, l'instructif Journal des Jésuites annonça que M. le Prieur était à présent passé en France avec d'autres voyageurs. Le rideau était donc tiré sans bruit sur une fort étrange aventure de cette turbulente période de la traite des fourrures, au pays, qui impliqua littéralement tout le monde.

*　　*　　*

Mais, pour clore le récit de cet aspect de notre effort colonial ancien en Amérique, on peut aussi dire que, dans le même intéressant Journal communautaire, il est également révélé d'importants arrivages de précieuses pelleteries qui n'avaient sûrement été obtenues des chasseurs indiens qu'en retour des articles précis qui attiraient leur préférence. Car les vendeurs avaient certes le choix de la forme du paiement.

Ainsi, en fin d'été 1649, il est annoncé qu'un soldat nommé Desfossés est revenu avec son frère, et d'autres voyageurs, de chez les Hurons en rapportant, pour sa part, 747 livres pesant qu'on leur a alors payées de quatre à cinq francs la livre. Ce qui devait représenter une jolie somme pour un seul homme.

Or, l'été précédent, il avait été noté sans commentaire que la traite de Tadoussac avait donné 22 400 livres pesant et plus de 500 orignaux. Le profit avait alors été d'au moins quarante mille livres. C'était donc devenu une affaire d'envergure.

Et il y a de nombreux autres récits parlant de 5 000 livres et encore de 26 000 livres pour la même époque et presque à chaque année.

On peut donc facilement croire la nouvelle que le célèbre sieur Des Groseillers en 1660, avec une flotte d'une soixantaine de canots, a pour sa part réussi à ramener du lac Supérieur pas moins de 200,000 livres de pelleteries dont 50 000 furent laissées à Montréal.

Tout cela peut sembler presque invraisemblable aujourd'hui. Mais ce fut écrit par des témoins d'alors et on est à présent assez mal placé pour douter.

On pourrait, bien sûr, étaler d'autres listes du même genre. Mais cela n'ajouterait que peu de chose à cette magnifique trame. Il semble bien établi que la traite des fourrures a rondement marché en dépit de tous les obstacles rencontrés en cours de route.

* * *

Or cela nous fait naturellement songer à l'autre ancien phénomène bien de chez nous qui engendra spontanément une remuante cohorte d'itinérants, à la fois explorateurs et commerçants, par la suite fort bien décrits sous le vocable de "coureurs des bois".

Et, si ces bons et braves voyageurs au long cours ont été la cible continuelle des augustes gardiens de notre morale communautaire d'autrefois, ce fut bien à cause de l'hospitalité ouverte et gentille des Indiens habitant de fort lointains villages, en des régions jusque-là inconnues. Il fallait forcément s'y arrêter de temps à autre pour reprendre un peu le souffle et aussi renouveler le stock de petites provisions alimentaires, et d'autre genre, indispensables pour la prochaine randonnée à l'aventure.

Les coureurs des bois quittaient donc volontairement leur foyer familial installé en presque toute sécurité dans les régions habitées de la Nouvelle-France. Et, s'enfonçant alors hardiment dans les bois avec leur petit grément de voyage, ils se rendaient vite à des centaines de milles de distance à l'intérieur de territoires uniquement habités par des Indiens de races et manières variées. Il fallait bien, de temps à autre, s'amener au village indigène le plus proche, surtout par mauvais temps, et y demander tout simplement l'hospitalité qui ne leur serait jamais refusée. Là-dessus tout le monde était d'accord.

Au fait le personnel entier de la colonie incluant le Gouverneur, l'Intendant, les ecclésiastiques, les colons, et les simples serviteurs étaient fort au courant des détails intéressants de l'urbanité spontanée des Indiens de cette époque. Cet engouement manifeste de nos meilleurs colons et aussi de nos précieux artisans, seigneurs, et soldats pour cette vie saine, au grand air et au fond des bois, durant une ou plusieurs années, pouvait aussi bien sûr procurer une lucrative collecte de précieuses fourrures auprès des candides Indigènes depuis toujours les heureux enfants de la forêt.

Plusieurs de ces coureurs des bois sont même partis un jour sans avis et sans laisser de traces, ni d'explication, à ceux qui auraient aimé être informés. Et ensuite beaucoup de ces itinérants amateurs ne sont jamais revenus à l'intérieur de la colonie. Ils ont peut-être connu un mauvais sort qui n'a pas été expliqué par la suite ou ils se sont intégrés carrément à cette nouvelle façon de vivre et de voir les choses.

Il a même été dit qu'à un moment donné plus du tiers des hommes disponibles et serviables de la colonie avaient soudain opté pour cette nouvelle et étrange vocation qui n'existait pas peu auparavant. Et un recensement sommaire fait au pays en 1681, par les autorités, a révélé que, malgré notre chroniquement faible population, il était établi que pas moins de 1 475 hommes mariés, et 65 veufs, étaient officiellement classifiés absents et disparus dans les bois. Ce qui donne une idée de l'ampleur de ce nouveau phénomène humain. Et peu auparavant, à ce propos, le Conseil souverain a même dû reconnaître qu'il n'y avait pas une bande de Sauvages "qui n'ait de Français avec soi". Ce qui là aussi en disait long.

Par ailleurs, il était difficile à l'époque d'obtenir un recrutement adéquat d'hommes volontaires dans les régions européennes en général peu portées vers l'inconnu et la grande aventure outre-mer. Ce qui pourrait expliquer les hauts cris et les anathèmes lancés de temps à autre par les autorités. Car durant ce temps nos jeunes et les plus vigoureux se laissaient souvent tenter par cet attrait subit qui les appelait à devenir eux aussi de fort heureux coureurs des bois.

Les choses en sont même bientôt venues au point que pour quitter son domicile, afin d'aller faire une promenade d'une certaine durée en forêt, il fallait d'abord obligatoirement, et sous peine de sévères sanctions, obtenir un certificat d'autorisation, ou congé, émis par nul autre que le Gouverneur lui-même ou, en cas d'absence ou d'incapacité, par son adjoint immédiat l'Intendant de la colonie. Et l'oubli de se soumettre à pareille formalité pouvait entraîner de fortes amendes, la prison et surtout la confiscation des cargaisons de fourrures rapportées après la longue promenade au loin. Un geste qui, au fait, a été astucieusement pratiqué par certains habiles Gouverneurs qui ont alors gardé pour eux-mêmes et leur propre bénéfice le produit de pareilles et aussi périlleuses expéditions. De grands noms de notre histoire coloniale d'autrefois ont, de la sorte, été mêlés à d'aussi stupides représailles officielles et sciemment mercantiles tels que Des Groseillers, Radisson, Hertel et beaucoup d'autres.

Ainsi, en 1666, Des Groseillers a vu une de ses cargaisons de fourrures être saisie par le Gouverneur d'Avaugour pour cause de permis d'absence jugé insatisfaisant. Ce geste malheureux a tellement dégoûté le beau-frère Radisson que ce dernier a alors décidé de fuir la colonie et d'aller offrir ses services aux Anglais qui paraissaient plus gentils.

Et plus tard, en 1689, le gouverneur De Nonville faisait à son tour, sous peine de mort, défense à tous les habitants "de quelque qualité et condition qu'ils puissent être de s'éloigner de la colonie et de se mettre en marche pour aller aux Outaouais, ni pour entrer dans la profondeur des bois sans un congé en bonne et due forme, signé de nous".

Cela était clair et prêtait peu à confusion. Après de telles interdictions, il fallait que la tentation fût devenue bien forte pour accepter de passer outre au risque même de sa vie.

*   *   *

Or l'apparition des coureurs des bois semble bien avoir engendré à son tour l'autre phénomène connu et subsidiaire de la naissance d'une nouvelle race d'hommes depuis lors intégrés plus ou moins bien aux masses nord-américaines et connus sous le nom de "Métis". Au fait toutes ces unions faciles et sans formalités des Blancs avec les Indiennes des régions éloignées devaient naturellement finir par porter des fruits. D'où ces hommes et ces femmes de sang mêlé qui ont hérité sans le vouloir des qualités et aussi, bien sûr, des défauts des Peaux-Rouges et des Visages Pâles, temporairement de grands amis.

Cette histoire a dû commencer sérieusement avec

les troupes nombreuses et successives des grands explorateurs dans leur vigoureuse poussée vers les lointaines régions jusque-là inconnues du nord-ouest canadien et américain.

Ensuite il y a eu l'active et ambitieuse cohorte des coureurs des bois dont on ne connaîtra sans doute jamais le nombre pour la bonne raison qu'en cours de route plusieurs ont disparu sommairement dans le lointain. Ces derniers ne sont pas revenus ayant peut-être été littéralement fascinés par les rivières, les lacs et les forêts en nombre presque infini et jusque-là jamais visités, et dont l'équivalent n'existait pas en Europe.

Parmi ces aventuriers il y a eu des commis, des engagés, des colons, des artisans et même des fils de famille dont quelques-uns portaient des noms d'une certaine noblesse et tous sont ainsi partis ensemble ou à peu près. On a appris, par exemple, qu'un bon nombre de soldats et même d'officiers, une fois licenciés du Régiment de Carignan, vers 1668, ont ainsi cédé à la tentation de goûter à la grande expérience itinérante et ont alors pris cette aventureuse direction. On connaît des noms tels que, entre autres, de Chailly, de Brucy, Lafrenay, de Carrion, Du Fresnoy, La Fredière, Dupas, Duguay, Gaultier de Varennes, La Chesnaye et même le célèbre Pierre de Sorel.

Il devait certes paraître plus attrayant de prendre son fusil et un peu de provisions et de partir ainsi en canot avec quelques amis vers le fond des bois et l'aventure, plutôt que de s'astreindre prosaïquement à manier sans cesse la pioche, la hache, le marteau et la charrue.

D'ailleurs, pour espérer une substantielle collecte de fourrures, il fallait à présent entreprendre des randonnées pouvant conduire les voyageurs à des distances variant de trois à six cents lieues, ce qui du coup devenait un fort sérieux projet. Car au temps de Champlain toute la région avoisinant la colonie et les abords du fleuve Saint-Laurent avait été méthodiquement vidée de tout ce qui pouvait fournir de la fourrure. Et comme on s'entêtait à vouloir encore amasser de précieuses pelleteries, et qu'il n'y en avait plus à portée de la main, il fallait donc bien aller au loin.

Le Gouverneur, comte de Frontenac, lui-même

vers la fin des années 1600 a cru utile d'écrire au Ministre Colbert pour lui annoncer que la source du castor se situait à présent dans les régions habitées par les Indiens du lac Supérieur et encore plus à l'ouest. Les coureurs des bois devaient ainsi se rendre jusque-là pour faire quelques transactions utiles. Ce travail était donc sérieux et également rempli de risques quotidiens. Mais apparemment il y avait aussi de la solide nourriture, du repos, des jeux et de nombreux divertissements praticables en toute liberté. Et tout cela valait bien la peine d'accepter de se mettre en frais à tout hasard.

D'ailleurs, avec le temps et un peu d'adresse, on pouvait finir par se faire de bons amis là-bas ce qui, à la vérité, faisait bien l'affaire de tout le monde à l'intérieur de la colonie sédentaire incluant les diverses autorités et particulièrement les gouverneurs, toujours soucieux de maintenir la sécurité des frontières.

Ainsi il y a eu des coureurs des bois en très grand nombre et, de par la force des choses, également de fort nombreuses unions avec les complaisantes Indiennes rencontrées ici et là en cours de route. Ensuite, comme il fallait s'y attendre, il y a eu des Métis qui ont fini par former une véritable race d'hommes nouveaux ayant droit eux aussi à leur part de soleil.

Et si d'une façon il y a eu certainement des voyageurs de langue anglaise ou d'autres nationalités européennes, qui ont probablement agi de la même manière, par ailleurs il semble bien que le phénomène Métis, dans les régions septentrionales canadiennes, a surtout été une création personnelle de voyageurs d'expression française.

De toute façon on a raison de croire que, de par la force des choses, les Français semblent bien avoir été les premiers à se prêter activement à ce genre d'intéressante occupation itinérante, complaisamment partagée et acceptée de part et d'autre par les participants.

10. Radisson et ses aventures amoureuses imprévues et peu communes

Au début de l'aventure de colonisation, en ce qui est par la suite, et pour un temps, devenu la Nouvelle-France, notre compatriote Pierre-Esprit Radisson semble bien avoir été l'un des premiers néo-canadiens à faire l'expérience pratique et prolongée d'amours d'un caractère coercitif et imprévu.

Or, pour mieux comprendre Radisson, né en 1636, et sa vie assez mouvementée, il peut être utile de rappeler qu'il a vu le jour dans un milieu où les épisodes conjugaux à répétition paraissent bien avoir été une sorte d'habitude pour ainsi dire familiale.

Sa mère s'appelait Madeleine Hénault et, lorsqu'un jour l'occasion se présenta, elle épousa Sébastien Hayet originaire de Saint-Malo. Cette union maritale fut heureuse, féconde et donna une fille qu'on appela Marguerite. A son tour, en temps et lieu, cette dernière épousa Jean Véron de Grandmesnil qui eut le sérieux travers de ne pas survivre longtemps ici-bas. Par imprudence ou autrement il fut un jour surpris et sommairement tué par une bande d'Iroquois Agniers.

Marguerite, devenue veuve inopinément, ne se laissa nullement aller à un vain et inutile chagrin. Etant maintenant libre elle regarda autour, trouva un bon parti, et s'empressa de convoler bientôt en justes noces. Le nouvel époux, et successeur de Jean Véron, s'appelait Médart des Groseillers. Ce dernier avait déjà épousé Hélène Martin, veuve de Claude Etienne, et fille d'Abraham Martin dont le domaine familial allait devenir les Plaines d'Abraham où se produisit, en 1759, la chute finale de l'entreprise coloniale française en Amérique du Nord. Des Groseillers deviendrait ainsi plus tard un beau-frère accidentel de Radisson et il devait avec le temps se tailler, pour lui-même, dans nos annales coloniales, une grande renommée. Il a en effet, et tour à tour, été un brave sergent-major, un explorateur audacieux et un trafiquant fort habile. Et, pour être bien dans le ton, sa fille Marie-Antoinette Chamard maria vers 1661 le chirurgien Jean Jallot et lui donna rapidement neuf enfants. C'est dire que dans cette famille on avait de la suite dans les idées.

En outre, et pour sa part en cours de route, Des Groseillers a été dûment qualifié "d'homme d'esprit et sachant se faire valoir" par nulle autre que la perspicace Mère Marie-de-l'Incarnation. Un témoignage assez extraordinaire qu'on doit donc accepter à sa face même. Bien que Chamard des Groseillers fut un jour accusé par Marie-Thérèse Viel, fille du Roi, d'avoir eu une petite aventure sentimentale avec elle, lors d'un commun séjour improvisé à La Rochelle en 1676. Une aventure qui se termina par la naissance d'une fille appelée Jeanne-Elizabeth et déclarée née de père inconnu. A ce moment Marie-Thérèse était déjà mariée et mère de trois enfants au Canada. D'où petite difficulté conjugale avec le mari jaloux Etienne Boyer, dénonciation, procès, condamnation du fautif et réconciliation éventuelle des époux Boyer. Ce qui était très bien.

Et voilà pour une première tranche de fécondes aventures maritales dans cette remarquable famille.

*   *   *

Or la mère, Madeleine Hénault Hayet, a hélas! connu un précoce veuvage. Et, tenant sans doute un peu de son active fille Marguerite, elle scruta à son tour promptement l'horizon du voisinage, un geste heureux qui lui fit rencontrer un célibataire disponible qui s'appelait Pierre Radisson. D'où nouvelle et prompte noce avec les exercices habituels.

A ce moment, comme pour bien faire les choses et manifester sa satisfaction et sa bonne volonté en l'occurrence, l'heureux mari de relève s'empressa, en fournissant l'effort requis, de se faire accorder par sa gentille épouse appliquée pas moins de trois enfants. Ainsi dans le nouveau ménage est arrivé un garçon qui fut nommé Pierre-Esprit, puis deux filles, soit Françoise qui plus tard se maria à Claude Volant et ensuite Elizabeth qui, en temps et lieu, s'allia à Claude Jutras dit Lavallée. Donc le cycle naturel continuait de se poursuivre.

Les aventures conjugales, et autres exercices connexes, n'ont donc pas manqué à l'intérieur de cette famille jusque-là sans histoire. De la sorte, et dès sa tendre enfance, le jeune Pierre-Esprit a été dûment pourvu de solides et utiles notions à propos de l'opportunité occasionnelle de multiples et complexes arrangements matrimoniaux.

Puis un jour, sans raison particulière, cette bonne famille parisienne des Radisson de la paroisse de Saint-Nicolas décida sans bruit de quitter l'Europe pour aller tenter fortune en Amérique du Nord. La maisonnée au complet s'amena ainsi à Québec en mai 1651 et alla sans retard s'installer à l'emplacement situé plus à l'intérieur des terres et qui s'appelait déjà, et comme aujourd'hui, Trois-Rivières.

Le jeune Pierre-Esprit n'avait alors que quinze ans au moment de cette magnifique perturbation familiale et il ne pouvait pas prévoir les expériences exceptionnelles qui l'attendaient et par la suite feraient de lui un des personnages les plus remarquables de notre histoire coloniale.

C'est donc ici que commence notre récit à propos d'une série d'incidents nettement prodigieux qu'aujourd'hui on pourrait croire plutôt invraisemblables.

En effet dès l'année suivante, soit au mois de mai 1652 et alors qu'il n'avait que seize ans, Pierre-Esprit Radisson éprouva soudain le goût d'avoir des aventures dans la grande nature sauvage. Il rencontra secrètement deux autres gamins de son âge et tous les trois, au point du jour, quittèrent en silence la palissade de pieux qui abritait tant bien que mal le petit village ne comptant pas encore deux cents occupants. Les jeunes braves se lançaient ainsi dans une expédition de chasse en route pour les marais giboyeux du voisin lac Saint-Pierre.

Tout allait très bien jusque-là. Même si un colon rencontré au hasard les avisa fermement de retourner au fort. Il était en effet risqué d'aller ainsi seuls à l'aventure quand des bandes de maraudeurs Iroquois pouvaient surgir à tout moment de la pénombre et des broussailles. Mais les trois se sentaient audacieux et habiles, et ils ne craignaient pas le danger. Au contraire ils le souhaitaient presque dans l'espoir de donner aux vilains Indiens embusqués une leçon de leur jeune savoir-faire militaire en rase campagne. C'était donc la fête et la partie de chasse commença sans retard et se poursuivit avec brio, succès et beaucoup de bruit.

Puis il arriva ce qui devait arriver.

Radisson, de plus en plus intrépide et pour s'aventurer encore plus loin, quitta pour un instant ses deux compagnons qui commençaient à en avoir assez. Et bientôt, à son tour, il avait déjà plus de gibier qu'il pouvait en rapporter. Il était temps de rebrousser chemin.

L'inévitable s'est alors produit. Sérieusement empêtré avec sa lourde charge il buta contre des obstacles imprévus. C'étaient les corps inertes de ses deux compagnons d'aventure qui avaient été terrassés, scalpés et visiblement frappés de nombreux et vilains coups. Et, avant qu'il ait pu faire quelque chose de serviable, il était aussitôt entouré d'une centaine d'Indiens en tenue de guerre, attrapé, désarmé et amené de force vers la grande forêt.

Le jeune et imprudent chasseur, devenu malgré lui prisonnier de guerre, s'attendait naturellement à subir un sort semblable à celui qui avait été infligé à ses compagnons dont on ignore, paraît-il, les noms jusqu'à ce jour, ce qui est plutôt malheureux.

Mais bientôt, et à sa grande surprise, rien d'anormal ne s'est produit. On détacha d'abord ses liens, on lui remit ses habits, on lui donna à manger, on lui arrangea la chevelure et lui peignit la figure aux couleurs iroquoises. Cependant, pour lui ôter toute envie de fuir, on l'invita sommairement à passer la nuit et à dormir entre deux solides guerriers et abrité sous la même couverture, ce qui a paru être une précaution explicable en la circonstance. De toute façon il fallait se soumettre à ces nouvelles expériences curieuses et inattendues et tout accepter sans rechigner car il n'y avait guère autre chose à faire. Pierre-Esprit, pour l'instant, appartenait donc corps et âme aux Agniers qui étaient devenus à l'époque les ennemis jurés des Français. Sans le savoir encore le jeune prisonnier tombait assez mal. Cette nation indienne était celle qui avait déjà capturé et mis à mort plusieurs missionnaires et aventuriers européens qui s'étaient risqués un peu trop loin en leur territoire.

Radisson raconta plus tard que le traitement de faveur temporaire, qu'on lui accorda alors, avait été dû au fait, qu'à la vue des Iroquois cachés tout près il s'était moqué de ses compagnons hésitants et n'avait pas craint de s'aventurer plus avant vers le danger. Il s'était donc montré brave une qualité que les guerriers indigènes savaient apprécier au-dessus de toutes et même la récompenser.

Mais le lendemain, après une bonne nuit de sommeil bien au chaud, et en fort amicale compagnie, il a bien fallu revenir à la réalité. Les Iroquois, satisfaits de leur expédition, décidaient à présent de retourner à leurs canots au nombre d'une quarantaine. Et ils amenaient bien sûr avec eux leur jeune prisonnier. A la tombée du jour la flottille était déjà rendue aux Iles du Richelieu où il y avait alors une sorte de campement temporaire indien et où, pendant quelques jours, il se fit des parties de chasse et des fêtes assez bruyantes en apparence pour souligner le succès obtenu durant cette audacieuse incursion en plein centre des établissements français en train de naître.

Pierre-Esprit n'avait pas beaucoup le coeur à la joie et il se sentait rendu pas mal loin de son village. Mais on l'entoura sympathiquement, on l'encouragea à s'amuser avec les autres et bientôt on cessa même de l'attacher au canot pour le voyage de retour. On alla, peu après jusqu'à lui donner un aviron pour qu'il puisse lui-aussi, et à son gré, faire sa part dans le rude et nécessaire travail de navigation. Ainsi, sans le savoir encore, il entrait dans une nouvelle école où les enseignements plutôt brusques, mais très pratiques, allaient par la suite le bien servir pour le reste de sa vie et en faire un coureur des bois des plus expérimenté.

Au bout de quatre ou cinq jours de trajet il y eut des rencontres avec d'autres bandes iroquoises, de nouvelles fêtes auxquelles Pierre-Esprit fut encore amicalement invité à se joindre et à chanter en français en l'honneur des guerriers ennemis victorieux. On lui arrangea et agrémenta même à nouveau la tête à la façon iroquoise. Pour l'instant il n'était donc plus question de fuir, le risque aurait été trop grand. Aussi, maintenant bien décidé à tirer le meilleur parti des événements, le jeune captif commença à se lever tôt et le premier le matin, il entreprit même sans retard de s'adonner à la pratique des diverses armes indiennes. Et cela fut aussitôt jugé une bonne note en sa faveur au point que des guerriers sont venus lui montrer comment faire pour mieux réussir dans ces nouvelles activités para-sportives.

Environ une semaine après l'aventure de Trois-Rivières la bande des Agniers arriva près du lac Champlain où il se fit de nouvelles cérémonies de victoire et aussi de purification. On alluma des feux, on fit chauffer des pierres qu'on lança ensuite dans une flaque d'eau et les guerriers prirent des bains de chaudes vapeurs pour effacer les salissures de la récente expédition.

Ensuite, rendue au lac George, toute la troupe s'enfonça sans retard et résolument à pied dans la forêt, en route vers le sud-ouest du lac Ontario et le lointain pays des nations iroquoises. Bientôt des femmes sont instinctivement venues à la rencontre de la cohorte et, suivant la coutume chez ces gens, elles ont pris charge des bagages. Durant ce temps le souple Radisson, pour sa part, continua de se montrer aimable et serviable soit en malmenant des jeunes un peu trop mal élevés soit en aidant de plus vieux qui éprouvaient des difficultés occasionnelles.

Finalement la troupe atteignit la bourgade iroquoise où l'arrivée des nouveaux venus fut aussitôt et naturellement saluée de chants, de cris, de danses et autres manifestations de joie tumulteuses et fort bruyantes. Mais là Radison s'est vite rendu compte que, pour sa part, il devait participer à une cérémonie de réception étrange et plutôt inattendue, mais inévitable.

Sans retard, et spontanément, tous les membres disponibles de la tribu armés de verges, bâtons ou fouets, se placèrent sur deux longues rangées et les nouveaux prisonniers furent invités sommairement à défiler en parade à l'intérieur de cette haie vocale et remuante en tentant d'éviter le mieux possible les mauvais coups qui pleuvaient de toutes les directions. Mais Pierre-Esprit était à présent bien vu de sa nouvelle famille indigène et par faveur, mais sans pour autant le dispenser du défilé des vaincus, on ne lui attacha pas les bras et les jambes comme c'était la coutume pour ceux qui devaient passer par ce rituel. Le jeune trifluvien a ainsi pu filer à bonne vitesse au nez de ceux qui auraient bien voulu lui assener une correction comme marque de bienvenue au village. Et à la surprise générale cela lui attira des applaudissements et des cris de joie de tous ceux qui prenaient part à ce curieux déploiement de bon accueil.

Or ce fut à ce moment que, suivant une autre coutume du pays, une récente veuve de la tribu s'est approchée du jeune captif dont le courage et l'adresse lui avaient plu. La femme plaça aussitôt sa propre couverture sur les épaules du nouvel arrivant ce qui voulait dire à tous les témoins de la scène qu'elle l'adoptait ouvertement et qu'il devenait ainsi pour elle une sorte de bon ami et de fidèle serviteur à son emploi permanent pour tous les bons offices qui seraient requis de lui. Radisson a alors dû suivre la dame dans sa cabane où il reçut des vêtements et de quoi manger.

Mais comme c'était encore la coutume de l'endroit à cette date, certains jeunes et fringants guerriers vinrent faire du chahut car, en apparence, ils n'ont pas approuvé entièrement ce geste hautement tutélaire de la veuve compatissante. Aussi pour régler ce conflit "imprévu" tout ce monde fut bientôt convoqué à comparaître devant le Grand Conseil de la tribu. Cela semblait être la suite logique de cette primitive et bruyante manifestation populaire anti-remariage des veuves que les Blancs ont repris plus tard à leur compte et qui est depuis lors connue et pratiquée, dans la joie et sans grande conviction, sous l'énigmatique nom de "charivari".

Cependant, à l'audience publique qui suivit au Grand Conseil, la ferme protectrice du nouveau et jeune prisonnier plaida si bien son point qu'elle gagna sa cause et Pierre-Esprit fut aussitôt déclaré adopté très régulièrement par celle qui en avait fait la demande. Il reçut même le nouveau surnom de "Orimha" qui, par une coïncidence étrange mais symbolique, signifiait précisément une pierre, ce qui devenait ainsi une traduction littérale de son prénom français qu'il ne perdait donc pas.

Le nouveau fils adoptif de la gentille veuve et de l'accueillante tribu héritait donc dès ce moment d'une seconde famille comprenant des parents, des frères, des soeurs. Et, comme gage de la confiance générale qui lui était à présent accordée, on lui donna même une arme à feu, des ornements divers, et également des plumes d'aigle pour garnir sa nouvelle coiffure. Dans son grave malheur c'était bien une sorte de triomphe inespéré pour le jeune captif récemment enlevé aux siens par la force et devenu soudain, et sans l'avoir voulu, un membre absolument authentique de la grande et fière nation iroquoise.

A partir de ce moment Radisson s'est trouvé lancé dans une vie totalement différente. Et cela comprenait de nombreuses activités incluant, bien sûr, les petits services personnels qu'il devait rendre à la bonne veuve qui avait eu la gentillesse de l'adopter et de la sorte lui avait sauvé la vie. Ce qui méritait bien un peu de reconnaissance.

Car, comme on le sait déjà, les Indigènes d'alors avaient des vues bien arrêtées concernant leurs rapports intimes avec la gent féminine. Ainsi l'homme de la forêt se montrait souvent moins empressé, ou sentimental, que ne le faisaient voir les femmes de sa tribu. A ce sujet La Hontan a dit, par exemple, que "les hommes sont aussi indifférents que les femmes sont passionnées". Ils étaient eux-mêmes "modérés dans le commerce de femmes", dont ils ne se servaient d'ordinaire que pour la propagation de leur famille, conserver leur santé, et ménager leur force physique pour leurs prochaines activités de sport, de chasse, ou de guerre.

Et concernant les femmes qui se sentaient un peu seules, ou en train de prendre de l'âge, La Hontan s'est encore empressé d'ajouter avec une complaisance évidente son affirmation personnelle disant que "elles sont obligées lorsqu'elles sont de complexion amoureuse d'adopter quelque prisonnier de guerre qu'on leur donne pour s'en servir dans le pressant besoin". Ce qui semble bien prêter assez peu à confusion. C'était assez clairement expliqué.

Ainsi après ces remarques du gentil et méticuleux

chroniqueur et voyageur d'autrefois, même si de temps à autre contesté pour ses observations un peu crues, on peut soupçonner l'intéressant climat dans lequel devaient vivre les jeunes Européens qui avaient connu l'infortune d'être capturés et par la suite épargnés et amenés en captivité par les bandes de maraudeurs indigènes.

Cela pourrait ainsi expliquer que pour l'instant, sachant bien qu'il n'y avait rien d'autre à faire, Radisson accepta de se soumettre et d'attendre avec patience une occasion raisonnable qui lui permettrait de s'enfuir avec succès de cette captivité qui tout de même dans l'intermède remplissait assez bien sa vie de chaque jour.

*   *   *

Or, Pierre-Esprit "Orimha" se trouvait alors également à la rude école de la grande et sévère nature et il décida donc de profiter à fond des précieuses leçons qu'on s'ingéniait à lui donner. Il apprit ainsi à fabriquer et à tendre des pièges pour capturer divers animaux sauvages, à voyager et à s'orienter discrètement dans la forêt, à donner et à recevoir à distance des signaux échangés avec des voyageurs au loin et hors de vision, à confectionner des armes, des canots, et caetera. Et, avec tout ce bagage de précieux renseignements, il est vite devenu un excellent chasseur. Il profita même de l'avantageuse occasion pour apprendre les détails de la langue des Iroquois et aussi les rudiments de celles des Algonquins et des Hurons quand la chance lui en fut donnée. Le jeune prisonnier Radisson se sentait donc de plus en plus prêt pour toute éventualité quoique, en attendant, il n'avait guère le temps de s'ennuyer ou de trouver fastidieuse la vie quotidienne en pleine forêt. Car les jours certes se succédaient mais ne se ressemblaient jamais. Tout était toujours à recommencer et donc fort intéressant.

Puis soudain et à l'improviste, les événements ont entrepris un jour de se bousculer.

A l'automne, sans raison particulière, une excursion de chasse fut organisée et Pierre-Esprit est alors parti à l'aventure avec trois de ses "frères" Agniers. Or, un soir, au retour à leur campement temporaire, Radisson rencontra un Algonquin déjà sur les lieux.

229

Lui aussi était devenu un prisonnier des Iroquois et il devait naturellement demeurer bien soumis au risque de sa vie.

L'Algonquin engagea naturellement la conversation dans sa langue et, à mots couverts, il proposa un plan d'évasion. Mais il fallait d'abord et naturellement se débarrasser des trois Iroquois encombrants. Et cela, bien sûr, répugnait sérieusement à Radisson car il était devenu attaché à toute sa nouvelle famille qui l'avait en somme fort bien traité jusque-là. Mais l'Algonquin avide de fuir insista tellement que Pierre-Esprit a fini par se laisser tenter quoique sans grand enthousiasme.

Les trois frères Agniers furent donc sommairement tués dans leur sommeil et les deux captifs prirent aussitôt la fuite. Mais la route était difficile et longue à partir du lac Erié jusqu'au lac Champlain et puis vers le village de Trois-Rivières. De plus le récent forfait allait sûrement être vite découvert. Aussi les deux fugitifs ne pouvaient voyager que de nuit avec des moyens de fortune et ils devaient se cacher à chaque matin pour la journée dans les bosquets afin d'éviter toute rencontre peu souhaitable sinon fatale.

Au fait lorsque au bout de quatorze nuits ils arrivèrent dans le voisinage du lac Saint-Pierre, et rendus à une seule étape de Trois-Rivières, les deux déserteurs étaient à bout de force et affamés à l'extrême. Mais, tel que prévu, les Iroquois avaient découvert le méfait des deux vilains et, ayant pressenti leur plan d'évasion, ils étaient déjà rendus sur les lieux et cachés dans les joncs des marais. Malgré tous leurs efforts les fuyards furent vite rejoints. Et pour comble de maladresse l'Algonquin avait gardé et ouvertement exhibé comme trophées les scalpes des trois chasseurs Agniers tués quelques jours plus tôt.

L'Algonquin fut tué raide à bout portant et, pour sa part, le pauvre Pierre-Esprit fut à nouveau repris, attaché et fait prisonnier encore une fois. Il n'avait vraiment pas de chance. D'autant plus que le jeune Français avait maintenant des choses à se reprocher et il savait par expérience personnelle le désagréable sort réservé à ceux qui se conduisaient mal à l'endroit des Iroquois. Surtout lorsque ces derniers avaient eux-mêmes été généreux. Et, comme pour démontrer ce qui pouvait à présent se produire, le corps du défunt ami Algonquin fut promptement déchiqueté et son coeur, suivant la coutume, servit de plat de résistance au repas suivant des guerriers vainqueurs.

L'avenir s'annonçait donc assez sombre pour l'infortuné Pierre-Esprit maintenant coupable. A nouveau captif il était dénudé, désarmé, garrotté et sans défense face à un sort qui allait sans doute être plutôt douloureux. Au fait il constata bientôt qu'il avait été repris par une bande d'environ cent cinquante Indiens ayant déjà comme prisonniers de guerre trois Français, dont une jeune femme, et près d'une vingtaine de Hurons. De plus l'étalage sur l'avant des canots de onze scalpes tout frais indiquait visiblement la mise à mort récente d'autant d'Algonquins qui avaient eu la malchance de croiser, trop peu nombreux, le chemin des maraudeurs Agniers.

Le trajet de la nouvelle randonnée du retour fut naturellement difficile. Pour la nuit les prisonniers étaient attachés à des poteaux plantés en terre et, comme pour bien démontrer leur autorité, les surveillants s'amusaient à arracher un ongle ou à couper un doigt à ceux qui pour l'instant semblaient leur déplaire.

Toute cette bande bigarrée a cependant fini par arriver un jour à la lointaine bourgade des Agniers. Et les prisonniers attachés, et retenus les uns aux autres par des perches, ont dû aussitôt se soumettre tant bien que mal au défilé habituel de victoire que Radisson à présent ne connaissait que trop bien. Mais cette fois, à cause des entraves communes, la parade s'effectua plutôt lentement. Ainsi les spectateurs, hommes et femmes empilés de chaque côté sur les deux rangs du parcours obligatoire, ont pu à loisir distribuer des coups aux captifs qui défilaient devant eux sans défense. Et quand, en cours de route, les prisonniers ne chantaient pas en leur propre langue pour participer eux aussi à la fête sinistre la punition était prompte et formelle. On arrachait un ongle, on coupait un doigt, on plantait un fer rouge dans un bras ou on inventait d'autres petites distractions du genre qui avaient toujours le don de ranimer si possible l'ardeur tumultueuse de l'auditoire friand d'un tel spectacle.

Cependant quand à son tour, le jeune Radisson est apparu dans le défilé l'enthousiasme de la foule devint littéralement sans retenue. Car il fut naturellement reconnu et ce fut aussitôt la bousculade des hommes, des femmes et même des enfants vers le prisonnier cette fois incapable d'éviter les mauvais coups qu'on lui destinait et pour cause. Radisson lui-même a plus tard écrit à ce sujet que la scène avait été "une vraie peinture de l'enfer sur terre".

Mais soudain, à travers le bruyant brouhaha et à la surprise de toute l'assistance, on entendit des cris perçants intercalés d'invocations qui répétaient sans cesse: "Orimha! Orimha!".

C'était, une fois encore, la veuve éplorée d'auparavant qui avait adopté Radisson et qui continuait d'y être visiblement attachée par toutes les fibres de sa nature de femme. Risquant aussitôt sa propre vie, et tout à fait déchaînée, elle fonça à travers la foule, les gardiens, les bourreaux, et en un instant elle réussit à détacher le prisonnier et à l'entraîner tant bien que mal devant le grand chef de la bourgade qui, dans un geste commandé par son haut rang, l'a aussitôt amené vers sa propre cabane au vu et au su de toute la tribu ébahie. A cette lointaine époque les sentiments affectifs étaient donc plus forts chez les femmes que les occasionnelles rancunes causées par de regrettables incidents de guerre.

Radisson a alors reçu, bien sûr, la semonce de sa vie pour ses agissements indiscutablement répréhensibles. Mais les liens de la précédente amitié mutuelle étaient en apparence encore très vivaces. Et, devant la misère évidente du prisonnier ébranlé et meurtri, on lui donna à manger, on arrangea tant bien que mal son accoutrement un peu défraîchi et l'on tenta aussi de soigner le mieux possible ses nombreuses et vilaines plaies.

Or tout cela hélas! ne pouvait continuer de se passer aussi simplement. Car, malgré l'autorité et la dignité du grand chef, des jeunes en pleine crise de rage et de jalousie s'amenèrent bientôt en force. Ils s'introduisirent brusquement dans la cabane et s'emparèrent du transfuge malfaisant qui fut promptement reconduit à l'endroit désigné pour les corrections punitives et publiques.

A la vérité tous les prisonniers amenés manu militari étaient déjà attachés à des lignées de poteaux de fortune. Quelques-uns affaissés et scalpés semblaient à deux doigts de la fin. D'autres subissaient à leur tour certains tourments et cela incluait des femmes et des enfants qui, en apparence, n'avaient pas été considérés dignes d'être épargnés. Toutes ces victimes anonymes avaient été jugées coupables pour des crimes imprécis et condamnées par les vainqueurs, et séance tenante, aux châtiments habituels sans inutiles explications à donner à qui que ce fût. Et personne n'en attendait.

Les sentences sommaires pouvaient comporter des brûlures au fer rouge, la suspension des condamnés à des branches d'arbres peu élevées afin de faire brûler lentement leurs membres inférieurs, ou encore on pouvait enlever des lisières de chair vive ou les testicules qu'on faisait ensuite cuire tout bonnement, et autres petits jeux innocents du genre qui d'habitude se prolongeaient jusqu'au dernier soupir des victimes désignées.

Ces manifestations sociales, publiques, et généralement appréciées par la population prenaient souvent aussi une allure éducative pour les plus jeunes qui, croyait-on, pouvaient ainsi devenir animés d'une bravoure à toute épreuve, en toute circonstance, dans l'avenir.

Or cette fois encore, et par une nouvelle chance incroyable, Radisson allait s'en réchapper. Car, a-t-il raconté par la suite, une fois rendu à l'échafaud qui allait être le sien il se produisit aussitôt une tempête effrayante qui fit vite se disperser aux quatre vents les Iroquois toujours superstitieux en présence de tels éclats de la nature soudainement en colère. Il est bien resté certains gamins gavroches qui malgré l'orage ont tenté d'arracher quelques ongles, ou de briser des doigts entre des pierres, ou encore de percer des muscles avec des flèches. Mais la tornade dévastatrice avait sérieusement interrompu la fête et les jeunes guerriers n'avaient en somme fait que des dégâts plutôt mineurs.

Cependant le lendemain, et bien que la fièvre communautaire était visiblement tombée, un jeune apprenti, sans doute anxieux d'obtenir un peu d'expérience en ces choses de relations humaines, s'approcha et il coupa sommairement un pouce au prisonnier Pierre-Esprit. Il plaça aussitôt ce trophée nouveau genre dans son calumet sans doute pour ajouter un fumet particulier à sa matinale pipée de tabac. Et il a alors paru enchanté du résultat obtenu.

Puis d'une chose à l'autre, après de vagues blessures et quelques brûlures additionnelles à la plante des pieds avec des fers rougis, et aussi certaines menaces intermittentes de la part des passants, les parents du jeune Radisson sont revenus et ont péniblement réussi à le déprendre de sa vilaine posture. Ils l'amenèrent sans retard et clopin-clopant devant le Grand Conseil du village où étaient déjà rendus quelques-uns des survivants des navrantes petites expériences précédentes qui prenaient du temps à prendre fin.

Alors, à tour de rôle, les membres de sa famille intervinrent bravement en faveur du toujours très cher "Orimha". Finalement, à l'explosion de continuels cris de joies scandés de bruyants Ho! Ho! Ho! à répétition, le jeune Pierre fut remis tel quel à sa famille adoptive à qui il devait ainsi la vie une seconde fois. Mais non sans quelques remontrances et mises en garde assez claires et définitives. Car il n'était pas dans les habitudes de la tribu de montrer une telle clémence surtout envers ceux qui s'étaient quelque peu mal conduits. Au fait il était encore fort chanceux. Plusieurs prisonniers jugés avant lui et comprenant femmes et enfants avaient été condamnés à une exécution par décapitation sommaire, immédiate, et en public. Ce qui était assez définitif et sans retour.

De toute façon et pour l'instant, Pierre-Esprit était dans l'impossibilité totale de pouvoir nuire à quiconque. Il a même fallu un bon moment pour le remettre plus ou moins bien sur pieds. Mais les soins assidus de l'affable veuve qui l'avait adopté et choyé, et avait ensuite frémi à l'horrible pensée de l'avoir perdu pour toujours, pouvaient à présent engendrer de véritables miracles avec la chair aimée et meurtrie qu'il fallait coûte que coûte ramener à la santé.

Bientôt les plaies ont mystérieusement commencé à se fermer et à sécher. Les ongles disparus ont, paraît-il, repoussé plus ou moins bien. A la fin il n'est resté de tout cela que certaines marques externes, et l'absence d'un pouce, pour témoigner de toutes ces belles aventures parmi les gentils enfants de la forêt dont l'intimité sporadique était si attachante.

Puis, autre miracle inespéré, Radisson devint à nouveau l'enfant chéri de sa famille adoptive et même peu après de la tribu tout entière. Car il avait fait preuve d'une bravoure jugée exceptionnelle et c'était bien le moyen le plus sûr d'acquérir une fois encore l'amitié de ses sympathiques frères Agniers. Et pour la veuve, toujours fermement éprise, il y avait sûrement d'autres motifs fort personnels également valables qu'on peut deviner.

Somme toute cette étonnante situation devenait une belle histoire d'amour véritablement imprévue et peu commune dans les rangs de notre genre humain.

*   *   *

Puis ce fut à nouveau la routine habituelle de tous les jours.

Et cela comprenait des aventures de chasse, des expéditions de guerre-surprise avec les massacres habituels d'ennemis capturés et vaincus, et même une visite inopinée et en groupe dans un but de trafic de fourrures à l'emplacement lointain du Fort Orange alors tenu par les Hollandais et aujourd'hui le site d'Albany la capitale de l'Etat de New-York aux Etats-Unis.

Or, malgré une forte tentation de profiter de la circonstance pour s'esquiver à nouveau, Pierre-Esprit n'a pas cru que le moment était propice pour une telle et aussi périlleuse embardée. Il retourna donc bien sagement à son village avec la troupe des Agniers voyageurs. D'ailleurs les guerriers l'avaient eu à l'oeil tout ce temps et ils se sentaient maintenant plus rassurés quant aux dispositions parfois volages de leur "frère" Français qu'ils aimaient à exhiber un peu partout pour leur gloriole personnelle et communautaire.

Mais, après ses nombreuses et utiles expériences et tout ce qui s'était passé auparavant, le jeune captif avait à présent son idée bien arrêtée.

Ainsi il partit seul, un beau matin, avec uniquement une hache à la main pour aller ostensiblement chercher du bois dans le voisinage. Mais, dès qu'il se vit hors de la bourgade et à l'abri de toute observation gênante, il s'élança à toute vitesse à travers la forêt en suivant le sentier qui lui était bien connu. Il courut de la sorte sans arrêt tout le jour, puis la nuit entière, et aussi le lendemain alors que la fraîcheur du matin contribua beaucoup à le ranimer. Or dans l'après-midi il constata qu'il était rendu dans les alentours du Fort Orange où, après quelque négociation par l'intermédiaire d'un colon de l'endroit, il s'amena crânement et fut aussitôt accueilli à titre de réfugié étranger, les Hollandais étant alors en sérieux conflit avec la France.

Mais cette escapade improvisée, et soudaine demande d'asile auprès d'ennemis de son pays s'avéra bientôt difficile à supporter à cause de développements imprévus. En effet les Agniers avaient encore un fois mystérieusement deviné le projet du fuyard et une forte troupe arriva bientôt sur les lieux. Il se produisit alors des scènes pénibles. Les gentilles soeurs de sa famille adoptive avaient accompagné les guerriers lancés à la poursuite du déserteur récidiviste. Et maintenant les pauvres filles éplorées se mirent à l'appeler avec une chaude insistance en employant tous les petits noms jolis qui lui avaient été décernés depuis qu'il était devenu membre de la tribu. Alors, en choeur, les jeunes soeurs fidèles entreprirent de le supplier de revenir avec elles jurant de se montrer ultra-mignonnes. Et avec force pleurs, gémissements, et cris déchirants, elles réclamèrent son retour au village et au sein de sa famille qui continuait selon toute apparence de lui rester fortement attachée.

Cependant, et bien que par moments la situation a dû être difficile à endurer, durant trois longues journées Radisson a résisté à ces appels empreints d'une sympathie amicale indéniable. Puis soudain le gouverneur hollandais décida de le faire reconduire à tout risque par des gens sûrs, en passant par la rivière Hudson, jusqu'au fort de Manhatte à New-Amsterdam depuis lors devenue la ville de New-York aux Etats-Unis.

Après quelques semaines passées là, encore à titre de réfugié étranger, il a réussi à obtenir une place sur un vaisseau qui partait en direction de la Hollande et il arriva finalement à Amsterdam en janvier 1654. Bientôt, et après beaucoup de démarches, il eut la chance de trouver un autre voilier qui, cette fois, l'amena jusqu'à La Rochelle en territoire français d'où il était parti quelques années plus tôt pour connaître les aventures que personne n'avait prévues.

Mais, hélas! revenu dans son pays natal il n'y trouva plus de membres de sa famille, tous étant partis outre-mer. Et peu d'anciennes connaissances ont paru s'intéresser à son sort. D'ailleurs personne n'aurait sans doute ajouté foi à des aventures aussi invraisemblables. Il était donc aussi bien de garder le silence et de prendre son sort en patience, en attendant que les événements se prêtent à d'autre solution.

Or, malgré ses efforts, et son enthousiasme, il ne pouvait visiblement rien faire d'utile en France. Il décida donc au printemps suivant de retourner en Amérique. Et encore par chance on accepta de le laisser monter à bord d'un voilier de pêcheurs qui partait en expédition vers les légendaires bancs de Terre-Neuve. Et ce fut ainsi qu'il aboutit un jour à l'île de Percé en bordure du fleuve Saint-Laurent. La bonne fortune continuait certes de lui sourire car il rencontra peu après une troupe d'Algonquins itinérants qui se proposaient de se rendre jusqu'à Québec en canots. Il demanda à les accompagner et y arriva finalement en mai 1654.

Il n'était plus qu'à quelques jours de distance de Trois-Rivières. Ainsi, poursuivant activement sa route, il y parvint et se montra soudain à l'improviste, alors que nullement attendu, deux bonnes années après sa remarquable partie de chasse plutôt malheureuse.

Personne ne voulait évidemment en croire ses yeux. On l'avait cru mort et enterré quelque part depuis fort longtemps. Aussi son arrivée inopinée déclencha une véritable explosion de joie et de réjouissance de toutes sortes de la part de ses parents, ses amis, et connaissances de la région, tous plus éberlués les uns que les autres. Et il lui a naturellement fallu répéter sans cesse ses incroyables expériences au lointain pays des Iroquois Agniers dont à présent il était devenu un membre accrédité de la fort célèbre tribu.

*   *   *

Or, après tout ce qui lui était arrivé, il était inévitable que le goût d'aventures nouvelles allait maintenant vite prendre le dessus chez ce nouveau coureur des bois. Le jeune Radisson n'avait certes encore que dix-huit ans. Mais il ne pouvait plus tenir en place surtout à l'intérieur du monotone et trop paisible village de Trois-Rivières.

Au fait il rencontra Médard Chouart des Groseillers devenu à présent son beau-frère par son mariage à sa demi-soeur Marguerite Hayet. Ce nouveau parent était depuis devenu un assez gros trafiquant de fourrures. Malgré la différence d'âge les deux nouveaux beaux-frères étaient faits pour s'entendre et ils sont vite devenus de bons amis et solides associés d'affaires dans leur intérêt commun.

Aussi, après quelques voyages au loin et dans le cours des choses, Radisson est parti en expédition avec d'autres vers le village des Iroquois Onnontagnés où, depuis peu, une colonie française avait été fraîchement et audacieusement implantée comme point de contact et d'observation auprès des autochtones de cette région.

Or, arrivé là, le perspicace Pierre-Esprit a tout de suite flairé la menace d'un danger imminent qui planait sur l'endroit. Il a donc aussitôt songé à recourir à une vieille superstition iroquoise pour faire s'échapper la nouvelle colonie française perdue en ce lieu insolite et sans défense. Les Français étaient en effet sur le point de tomber dans un vilain piège qui visait à les faire disparaître de ce territoire que les Iroquois considéraient leur appartenir à eux seuls. Et tout cela bien que, pour des raisons d'habile stratégie militaire, les Français avaient été chaudement invités par les Indiens à aller s'établir à cet endroit et à fraterniser avec les gens du voisinage en toute amitié.

Alors, pour mettre son plan de sauvetage à exécution, Radisson entreprit d'organiser un colossal festin ouvert à tout venant. Et le cachet spécial de cette curieuse manifestation culinaire serait que les invités sans exception mangeraient absolument tout ce qui leur serait offert comme victuailles. Sans cela les convives s'exposaient à subir un mauvais sort ce que d'ailleurs les Iroquois, généralement crédules, redoutaient pardessus tout. Les visiteurs participant ainsi à la fête joyeuse et propitiatoire devaient donc, pour enrayer le redoutable maléfice qui approchait rapidement, s'empiffrer sans aucune réserve et cela jusqu'à en devenir engourdis et tomber littéralement inconscients et abattus.

Ainsi quand tout ce beau monde sans défiance se trouva gavé, exténué et bientôt assoupi, les Français qui, entre-temps et en secret, avaient préparé de solides embarcations, ont pu traîner tout ce grément et leurs effets indispensables jusqu'au prochain cours d'eau du voisinage. En outre pour mieux couvrir leur clandestin départ et retarder le plus longtemps possible toute poursuite, qui ne manquerait pas de se produire, les fuyards laissèrent derrière eux des volailles, un cochon, et aussi des mannequins installés sur les passerelles de garde, revêtus d'uniformes et portant armes et coiffure, ce qui à distance pouvait donner l'illusion de sentinelles au poste. Et, pour comble de bonne fortune inattendue, cette nuit-là il grêla puis neigea très fort ce qui couvrit bientôt toutes les traces de cette formidable escapade.

Or, comme il fallait s'y attendre, à leur lent et laborieux réveil le lendemain, les Iroquois encore alourdis n'ont pas réalisé tout de suite ce qui venait de se produire. Et, quand ils ont compris, il n'y avait plus aucune piste pour leur permettre de monter une battue profitable. De plus, et pour compliquer les choses, les sorciers mieux renseignés auraient, dit-on, suggéré que les Français plus choyés par les puissances célestes s'étaient sans doute enfuis par la voie des airs. Et cela devait faire hésiter à entreprendre tout projet de chasse sous d'aussi malencontreux auspices qui pouvaient apporter malheur à tous.

De toute façon, grâce à cet ingénieux manège, les Français ont effectivement réussi à s'enfuir et à retourner vers les centres plus habités et plus sûrs de la colonie.

Puis, peu après ce remarquable exploit de sauvetage, et ne voyant pour l'instant rien de mieux à faire, Radisson entreprit bientôt de continuer ses explorations au loin. Avec le temps, des efforts et un peu de patience, il se rendit même jusqu'au rivage du grand fleuve Mississippi. Et l'apparence majestueuse de ce remarquable cours d'eau fit dire à notre découvreur d'occasion que c'était bien là un nouveau Saint-Laurent. En quoi il n'avait pas tout à fait tort. En outre on doit noter ici que Radisson et Des Groseillers semblent bien avoir été les premiers Hommes Blancs à voir ce spectacle unique. Et cela de nombreuses années avant les voyageurs subséquents qui s'appelèrent Joliet, LaSalle et La Vérendrye.

Notre compatriote aventurier était alors rendu fort loin en territoire étranger et jusque-là inconnu. Et il décida de passer quelque temps, à tout risque, parmi les Indiens Sioux qui vivaient en cette région. Or ce geste fut heureux et profitable car Radisson a pu compléter de sérieuses transactions avec ses hôtes et aussi avec les tribus des environs. Ce qui lui a ensuite permis de revenir vers Québec avec une troupe de plusieurs centaines d'indigènes du groupe outaouais et d'autres nations des alentours.

Il rapportait au retour de cette lointaine expédition une extraordinaire cargaison de plus de 200 000 livres de fourrures de la plus belle qualité. Cet exploit allait permettre de renflouer encore une fois les finances plus que chancelantes de la colonie toujours à deux doigts de la banqueroute et cela mérita aux voyageurs, à leur arrivée, l'honneur exceptionnel d'être salués bruyamment par le canon et les batteries du fort et des vaisseaux en rade. Une heureuse nouvelle qui a vite été connue de tout l'établissement français qui pouvait ainsi respirer un peu pour quelque temps encore.

L'année suivante, en 1661, les deux beaux-frères se lancèrent à nouveau vers le large et les aventures lointaines de plus en plus attrayantes et rémunératrices. Ils se rendirent cette fois au Sault Sainte-Marie et au lac Supérieur et éventuellement ils hivernèrent à nouveau chez les Sioux. Puis, partant seul avec un groupe, Radisson s'engagea résolument vers le nord au point qu'après beaucoup de difficultés il a fini par atteindre la baie James devenant ainsi le premier Français à explorer cette fort distante et quasi inaccessible région avec les frustes moyens d'alors.

Entre-temps, Des Groseillers considéra un jour que sa cueillette auprès des Indiens était suffisante et il décida de revenir vers Québec. Mais le gouverneur d'Avaugour trouva lui aussi la cargaison fort intéressante et en outre il jugea que le congé, ou permis d'absence, de Des Groseillers n'était pas tout à fait en règle. Avant le départ des deux voyageurs, pour accorder le congé requis, d'Avaugour avait exigé qu'on lui remette personnellement au retour la moitié des futurs profits et aussi d'accepter, comme surveillant de l'expédition, la présence d'un de ses fidèles serviteurs. Les deux beaux-frères allaient prendre tous les risques dans cette aventure et ils furent scandalisés par cette manoeuvre de l'éminent personnage. Ils étaient alors partis sans accepter ce chantage. D'où la colère et la sanction de l'auguste et aristocratique gouverneur qui procéda aussitôt à la confiscation pure et simple du chargement de fourrures qui venait d'arriver. Cela se pratiquait certes de temps à autre mais n'était jamais bien vu par le personnel de la colonie et encore moins par les coureurs des bois qui avaient exposé leur vie pour obtenir ces précieuses marchandises.

Aussi, lorsque Radisson est revenu de ses lointaines explorations, son beau-frère l'a vite informé de ce qui venait de lui arriver et qui l'acculait presque à la ruine. Des Groseillers aurait alors convaincu son jeune parent d'aller faire avec lui une promenade vers le sud jusqu'à Boston pour voir si des arrangements commerciaux plus favorables ne pourraient pas être obtenus à propos des fourrures. Car les deux trafiquants se proposaient bien de continuer à faire la traite en dépit des risques de pertes qui ne pouvaient pas toutes être évitées. Cela faisait un peu partie du jeu mais il fallait bien limiter les dégâts.

Or le commandement Cartwright de la colonie anglaise jugea prudent d'envoyer les deux Français en Angleterre pour discuter plus à l'aise de leurs propositions un peu particulières et en même temps fixer, si nécessaire, les termes précis des arrangements projetés. Radisson a alors rédigé dans son meilleur et élémentaire anglais un Mémoire adressé au Roi. Ce dernier ne fut peut-être pas tellement impressionné puisqu'il mit trois ans avant de répondre aux propositions soumises dans un style difficile à comprendre.

Mais, une fois décidé, le souverain anglais se montra généreux et même intéressé au succès d'une telle entreprise. En effet il accorda, en 1668, pas moins de deux navires aux Français devenus soudain des engagés de la couronne britannique avec tous les avantages mais aussi les inconvénients qu'une pareille aventure pouvait leur apporter. Car leur pays d'origine ne verrait peut-être pas d'un oeil trop sympathique une semblable désertion au profit d'une puissance généralement antagoniste sinon en guerre ouverte.

Cependant, c'était bien le gouverneur français d'Avaugour, représentant personnel du Roi Soleil qui, par sa vilaine conduite, avait poussé les deux beaux-frères à aller chercher des appuis en territoire étranger.

Et c'était heureux que le roi anglais ait accordé deux navires pour cette expédition inusitée. Car l'un d'eux, appelé "l'Aigle", a subi de sérieux dommages dès le départ et a dû rebrousser chemin. Ce fut donc avec "l'Incomparable" tout seul que les aventuriers ont pu traverser l'Atlantique et se rendre jusqu'à la baie James, que Radisson connaissait déjà assez bien, et où, arrivant à terre, ils ont construit rapidement une charpente fortifiée aussitôt nommée Fort Charles en l'honneur du roi anglais qui avait permis cette réalisation audacieuse.

La traite, comme on pouvait s'y attendre, fut très fructueuse et les profits plus abondants même que prévus. Tant et si bien que, moins de deux années plus tard, les autorités anglaises décidèrent de rendre légal et public ce nouveau commerce.

Ainsi, grâce à deux Français audacieux et têtus, la fameuse association britannique nommée la Compagnie de la baie d'Hudson a été créée de toutes pièces et continue d'exister jusqu'à ce jour vigoureusement. Parfois, dans l'histoire chamarrée des peuples, il arrive de tels revirements inattendus que personne n'aurait pu prévoir ni même osé prédire.

Au fait, les coureurs des bois français ont répété

cette folle aventure deux autres fois en 1670 et 1671. Et pour exercer une meilleure surveillance sur cet emplacement naissant et exposé à beaucoup de périls Des Groseillers jugea même à propos de demeurer sur les lieux durant l'hiver, une fois les bateaux repartis vers l'Europe avec leur précieuse charge. Cela permettait aussi aux hivernants de maintenir un contact soutenu avec les Indiens installés autour et même d'établir des alliances nouvelles avec d'autres tribus des environs.

Or, pendant que Des Groseillers surveillait les intérêts matériels sur le site même de cette nouvelle exploitation, Radisson travaillait lui aussi d'une manière éminemment pratique pour le bien commun. En effet, pour consolider davantage ses récentes ententes avec ses nouveaux associés, il jugea à propos d'y ajouter un lien additionnel en mariant la fille de John Kirke, un descendant de David du même nom, l'un des trois frères Kirke qui avaient eu certains démêlés avec Champlain en 1629, à Québec, et lequel John Kirke était à présent devenu un membre influent de la prestigieuse Compagnie de la baie d'Hudson.

Mais un jour de petites difficultés inattendues s'élevèrent entre les deux Français et leurs associés anglais qui voulaient soudain les remercier de leurs services. Les beaux-frères impertubables sont alors allés calmement faire une promenade en France pour voir si d'autres arrangements encore plus avantageux ne pourraient pas être obtenus pour ce genre de commerce un peu spécialisé.

A la vérité leurs expoits et leur savoir-faire commençaient à être connus. Aussi il ont bientôt été reçus par nul autre que le grand Ministre du Roi de France, M. Colbert. Ce dernier aurait bien aimé avoir à son service ces deux Français authentiques devenus, à présent et par accident, des engagés du roi anglais, mais qui, jusque-là, n'avaient certes rien à se reprocher. Ils n'avaient que fait des opérations commerciales comme tout le monde.

Cependant le rusé Colbert se croyait obligé d'être ultra-prudent. Aussi il posa comme condition d'un nouvel emploi que la jeune femme anglaise de Radisson aille demeurer à Paris pour y être gardée comme sorte

243

d'otage et une garantie de la bonne conduite des deux trafiquants. Or le père de la nouvelle mariée fit des objections et Madame Radisson refusa de se soumettre aux curieuses exigences de Colbert. D'ailleurs à Paris elle n'avait ni parents, ni connaissances personnelles, et la vie aurait donc pu s'y avérer plutôt monotone. C'était l'impasse. Le projet tomba littéralement à l'eau.

Devant ces résultats imprévus et décevants, Des Groseillers retourna tout bonnement à Trois-Rivières. Pour sa part, quoiqu'un peu déçu de la tournure des choses, Radisson décida d'aller faire un stage dans la marine royale de son pays. Il s'y distingua assez bien dans une expédition lointaine pour mériter une substantielle gratification de 500 écus ce qui signifiait sans doute qu'il avait dû faire plus que son simple devoir commandé.

Mais Colbert refusait toujours un navire pour aller trafiquer à la baie d'Hudson tant que Radisson ne se plierait pas aux strictes conditions gouvernementales qui lui avaient été signifiées à propos de son épouse anglaise. Aussi de guerre lasse, et tout comme son beau-frère peu auparavant, il décida en 1681 de retourner lui aussi en Nouvelle-France, comme si rien de spécial ne s'était produit durant les dix-sept années précédentes.

L'année d'après les deux beaux-frères acceptèrent alors, et le plus normalement du monde, de faire partie d'une nouvelle expédition vers la baie James. Mais cette fois c'était au profit des Canadiens qui, entre-temps, et pour faire concurrence à la Compagnie de la baie d'Hudson, avaient fondé leur propre association commerciale qui s'appelait maintenant et sans raison particulière la Compagnie du Nord. Les Anglais et les Français du Canada étaient donc à présent devenus des voisins plus ou moins cordiaux à l'autre bout du monde et sur les mêmes plages de l'immense mer intérieure du grand nord américain.

Or un navire de la Compagnie de Londres s'étant amené dans la baie et ayant éprouvé des difficultés à cause des glaces mouvantes, Radisson crut qu'il serait de bonne guerre de s'en emparer. C'en était à ne plus rien comprendre dans le déroulement de ces événements étranges. Mais, revenus à Québec avec leur nouvelle prise, le gouverneur ne voulut pas encourir d'inutiles difficultés avec les colonies du sud. Il fit donc restituer le vaisseau capturé et payer pour les marchandises prises par les Français. Puis il envoya les deux beaux-frères en France pour faire rapport sur leurs plus récentes activités para-commerciales.

Il a alors été question de nouveaux voyages. Mais Radisson avait à présent d'autres projets en tête. Ainsi un jour il s'arrangea pour rencontrer l'ambassadeur Lord Preston d'Angleterre afin de rentrer, si possible, dans les bonnes grâces du gouvernement anglais et aussi des associés de la Compagnie de la baie d'Hudson, son ancienne création personnelle qui à présent marchait très bien.

Ainsi, au jour qui avait été fixé pour le départ des vaisseaux français vers une nouvelle expédition, on constata l'absence inexpliquée de Radisson. Fatigué des regrettables traitements dont il avait été sans cesse l'objet, il était retourné à Londres pour devenir encore une fois un engagé au service de la Grande-Bretagne.

Peu après il voguait effectivement vers le Port Nelson, sur les rives de la baie d'Hudson, mais il faisait le voyage sur un navire anglais dûment nolisé pour la circonstance. Rendu dans le grand nord il s'empara, dit-on, d'un "butin de vingt milliers de castors", une prise facile qui ne lui avait coûté qu'un peu d'audace et de sang-froid. Ensuite, au moment de son retour vers l'Europe, il laissa sur les lieux, comme chose tout à fait naturelle, une petite garnison chargée de surveillance générale et de trafic additionnel au service de Londres et de la Compagnie de la baie d'Hudson. Au fond l'homme têtu et persécuté voulait sans doute montrer à tout venant qu'il avait de la suite dans les idées. Il avait même à présent fait entrer son neveu Jean-Baptiste Chouart au service de la Compagnie de la baie d'Hudson. Cela devait être pour lui un succès personnel.

Celui dont la tête était maintenant pour des raisons nébuleuses mise à prix en France, avec prime offerte pour obtenir sa capture, serait mort, croit-on, vers 1710. Il avait enfin obtenu pour lui-même et sa famille une rente viagère assez maigre, semble-t-il, mais qui lui a sans doute permis de tenir le coup jusqu'à la fin.

Auparavant, pour occuper ses loisirs, il entreprit d'écrire ses Mémoires qui sont devenues sept volumes. Les précieux manuscrits sont à présent conservés au prestigieux British Museum de Londres et aussi une partie à la bibliothèque Bodleian d'Oxford. Ce qui n'est tout de même pas si mal pour un simple coureur des bois canadien. Il y en a très peu qui peuvent en dire autant même si non assidûment persécutés.

Or, sans raison particulière, le beau-frère Des Groseillers fut peut-être plus chanceux et mieux pourvu. En effet pour sa part ce dernier aurait, dit-on, reçu la somme assez rondelette de 20 000 écus du reconnaissant roi Charles II d'Angleterre et aussi le titre et le rang de chevalier de l'Ordre de la Jarretière.

Et, pour ses frasques à l'endroit des deux beaux-frères, le gouverneur La Barre aurait été dûment réprimandé par les autorités françaises après coup. Mais le dommage était fait.

Comme quoi encore une fois, et comme l'affirme le vieux dicton, il semble bien que la vertu aurait, là encore, fini par être assez récompensée, sur le tard.

11. Les amours involontaires, silencieuses, ou peut-être inexistantes

Au chapitre des amours involontaires, et sans joie manifeste, on peut rappeler au départ une singulière aventure dont aurait été victime celle qui dans les faits de notre petite histoire a été connue et désignée sous le vocable symbolique de Parmenda, une appellation qui peut paraître étrange pour les non-initiés. Cette bonne fille a été en effet soumise un jour à une épreuve intime qui aurait pu la traumatiser pour le reste de sa vie. Mais sa présence d'esprit et son remarquable sang-froid lui ont, paraît-il, évité toutes conséquences funestes qui auraient pu découler de cette expérience inopinée et peu prévue en la circonstance.

Ainsi, un jour, une gentille mais plutôt solide demoiselle travaillait vigoureusement aux champs. Il était alors normal pour tout le monde de le faire afin de pouvoir survivre ensuite, plus ou moins bien, surtout durant la prochaine mauvaise saison généralement assez prolongée en notre pays.

Elle s'appelait Martine Messier, était l'épouse d'Antoine Primot, et elle allait avec le temps se mériter de plein droit une place de choix dans nos chroniques anciennes. En effet sa fille adoptive, Catherine Primot, épouserait plus tard Charles Le Moyne, sieur de Longueuil et de Châteauguay, qui deviendrait de la sorte l'ancêtre directe de tous les Le Moyne dont on a précédemment parlé.

Donc en juillet 1652, c'est-à-dire au début de l'effort colonial français en Amérique, Martine Messier Primot était aux champs. Elle vaquait innocemment aux occupations habituelles de la terre en culture quand elle fut repérée par une petite bande de maraudeurs Iroquois s'approchant sans être vus. Ces derniers prirent soudain, et sans raison particulière, la décision de l'approcher afin de lui faire apparemment un douteux parti dont les menus détails étaient sans doute assez imprécis dans l'esprit de ces assaillants d'occasion.

Or ce petit incident, qui aurait bien pu passer inaperçu, fut, peu après, fort discrètement inscrit dans le Journal communautaire des Pères jésuites de Québec en date du dix août 1652. Et ici, pour s'y reconnaître, il faut comme d'habitude savoir lire un peu entre les lignes de ces précieux renseignements colligés par les bons Pères uniquement pour leur information personnelle et parce que susceptibles de présenter peut-être un intérêt futur pour leur Société.

"Le dix août", rapporte donc cet excellent Journal, "arriva nouvelle de Montréal, que le 29 juillet, deux Iroquois, s'étant glissés à la faveur des blés, avaient attaqué Martine, femme d'Antoine Primot, qui s'étant défendue courageusement avait donné loisir aux soldats du fort de venir à son secours et faire fuir l'ennemi. Elle reçut six coups dont pas un n'était à la mort."

Ainsi, en très bref, nous devons avoir là l'essentiel de ce fait divers survenu à Montréal mais qui avait dû avoir eu assez de retentissement pour être noté, bien qu'à mots couverts, dans les chroniques communautaires des jésuites de la lointaine ville de Québec. Ce n'était certes là qu'un court résumé de l'affaire et sans doute obtenu à la faveur de succincts témoignages de voyageurs qui ne devaient pas juger utile d'insister sur les détails de cette histoire de femme européenne importunée durant son travail comme la chose devait naturellement se produire de temps à autre. Ou bien les jésuites eux-mêmes ont raccourci et émondé le texte du récit pour des raisons non divulguées. Ce qui en somme était bien leur affaire vu qu'il s'agissait pour eux de régie interne et de confidences intra-muros.

Par ailleurs il nous est également et heureusement resté d'autres versions plus élaborées de la part de chroniqueurs montréalais, qui furent peut-être mieux renseignés à propos de cet événement qu'on a paru vouloir amenuiser par la suite pour des motifs imprécis et jamais déclarés.

De toute façon en juillet 1652 Martine Messier était aux champs et cela, a-t-on dit, à un endroit situé à environ deux portées de fusil du fort de Montréal quand elle fut surprise et approchée par pas moins de trois guerriers Iroquois en maraudage et visiblement en quête d'aventures un peu hors de l'ordinaire comme cela pouvait arriver.

La "bonne femme" comme on l'appelait alors se voyait ainsi coincée de plusieurs directions à la fois et elle ne semblait pas d'accord avec ce genre d'approche un peu trop précipitée et sans préambule intéressant qui aurait pu rendre la chose plus acceptable. Aussi elle décida séance tenante, que si on voulait la pousser à bout elle allait à tout le moins vendre sa peau, qu'on semblait vouloir, le plus chèrement possible. Ce en quoi elle était parfaitement justifiée d'agir de la sorte.

Martine, dans son embarrassante situation, fit donc aussitôt appel à toutes ses ressources disponibles d'abord en criant très fort pour attirer l'attention de ceux qui dans le voisinage auraient pu venir lui porter secours. Et elle joua aussitôt des pieds et des mains avec une vigueur sans retenue et, comme le rapporte la chronique, elle se débattit en véritable lionne aux abois. Ce qui jusque-là était fort normal.

Or, au cours de cette algarade improvisée, elle attrapa évidemment de vilains coups, elle passa même près de défaillir, et elle finit par tomber à la renverse. A ce moment un des assaillants anonymes se serait aussitôt jeté sur la victime prostrée soit dans le but de la scalper, ou soit encore de lui faire quelque mauvais parti d'un autre genre suivant l'inspiration soudaine. Car, à présent, Martine semblait être incapable de pouvoir se défendre davantage dans sa difficile situation. Mais, par bonheur, lorsque le maraudeur s'approcha de la chevelure de la femme, sans aucun doute pour la mieux maîtriser, ce geste anodin produisit tout à coup l'effet plutôt inattendu de lui faire reprendre sa pleine conscience et lui redonner toutes ses forces un moment affaiblies et diminuées.

Ainsi il arriva que, durant un court instant d'hésitation, l'assaillant a retenu Martine par terre avec un genou; dans une main il tenait un couteau et semblait prêt à frapper ou du moins à écraser toute velléité de résistance.

De part et d'autre il n'était donc plus question de faire appel aux règles ordinaires des urbanités chevaleresques. Se voyant ainsi en une posture visiblement désespérée et n'ayant plus d'autres recours que les moyens les plus extrêmes, aux dires du digne supérieur du Séminaire de Montréal, M. Dollier de Casson, Martine est alors devenue littéralement furieuse. Et c'est le bon Sulpicien lui-même qui a raconté la suite et le dénouement plutôt inattendu de cette vilaine aventure. L'excellent ecclésiastique expliqua donc alors avec beaucoup de discrétion que la victime poussée à la limite de sa patience et ayant repris ses sens et son souffle, dans un geste imprévu et sans pardon, elle a littéralement saisi avec violence et une force incroyable le méchant agresseur "à un endroit que la pudeur nous défend de nommer". Etonné, et se contorsionnant de douleur, l'Iroquois sembla vouloir encore frapper sa victime mais cette fois pour se libérer de la vilaine emprise qui n'avait pas été prévue. Mais en vain. Martine avait maintenant repris l'initiative des opérations et elle refusa à son tour de lâcher sa proie à présent à sa merci. Le pauvre guerrier se trouvait en outre dans une situation peu édifiante, inorthodoxe, sans doute inconfortable, et un tantinet humiliante, son appareil vital étant ainsi fort et douloureusement malmené par une main étrangère et peu amicale, ce qui ne se produisait que rarement à cette époque, nous a-t-on raconté par la suite.

On ne saura probablement jamais comment les deux belligérants ainsi empoignés ont réussi à se déprendre de leur pénible situation commune. Sauf peut-être que Martine a pu faiblir et relâcher un peu sa cruelle emprise, ou encore, qu'elle aurait soudain éprouvé un inexplicable sentiment de pitié pour l'homme fort et cruel tombé à sa totale merci et devenu à son tour littéralement sans défense après l'avoir auparavant assaillie avec succès. Dans ces moments d'ultimes extrémités il n'est pas toujours facile de déceler après coup les mobiles humains qui pressent soudain, et sans raison particulière, les gens à agir dans un sens ou dans un autre sous l'impulsion d'un court enthousiasme.

De toute façon Martine Primot a visiblement eu la

vie sauve comme l'ont rapporté des témoins, Dollier de Casson, et le Journal des Jésuites qui, pour sa part précisa qu'elle avait reçu six coups dont pas un n'était à la mort.

Et la petite dame aux abois a certainement dû relâcher quelque peu sa poigne énergique et quasi infernale car, à l'arrivée en trombe d'un groupe de Français armés, l'Indien malmené n'était plus sur les lieux. Il avait réussi à se déprendre de son impasse, même si avec certains embarras sérieux et sûrement assez durables pour lui enseigner une utile leçon de choses pour sa future gouverne personnelle en semblable matière. Il saurait à l'avenir prendre d'utiles précautions.

Selon toute apparence le vilain maraudeur a pu se traîner tant bien que mal vers les bosquets du voisinage où, dans sa piteuse condition, il est probablement devenu la risée irrépressible de ses compagnons de chasse qui s'en étaient tirés à bon compte et devaient maintenant se considérer plutôt chanceux.

Mais ce bel épisode d'amours improvisées, et fort involontaires, n'allait cependant pas se terminer d'une façon aussi simpliste avec l'arrivée bruyante d'un peloton d'hommes en armes accourant ainsi, et après coup, pour apporter un tardif secours à une femme prostrée qui, à ce moment, n'avait à peu près plus besoin d'assistance, le pire du danger étant à présent écarté ou du moins paraissant bien l'être.

Les nouveaux arrivants, tout heureux, firent donc ce qui leur a semblé normal qu'il fut fait en la circonstance. Ils aidèrent assez gauchement la pauvre Martine à se relever de sa fâcheuse posture et à remettre un peu d'ordre dans son grément défait et abîmé. Et soudain, sous le coup d'une impulsion imprévue, l'un de ces secouristes d'occasion a paru enthousiasmé par l'heureux dénouement de cette équipée qui avait passé près de tourner plutôt mal.

Ainsi, pour manifester ouvertement sa joie explosive et sans mélange et tout en aidant Martine à prendre pied à nouveau sur le sol piétiné, ce bon samaritain amateur a cru que la meilleure façon d'étaler son allégresse généreuse, et spontanée, était d'étreindre et d'embrasser très fort à l'instant même la petite dame encore ébranlée par tout ce qui venait de lui arriver en si peu de temps.

Mais le pauvre et désintéressé sauveteur ne connaissait pas très bien la toute fraîche rescapée et sa naturelle tendance à offrir des réactions plutôt inattendues. En effet la frêle victime, qui l'instant d'avant était à deux doigts du trépas ou, à tout le moins, tout près d'assauts personnels jugés peu réjouissants et non désirés, se défit brusquement de cette nouvelle étreinte chaleureuse, publique et improvisée et elle administra une vigoureuse et retentissante gifle au nouvel admirateur qui ne voulait en somme que démontrer un peu de joyeuse aménité.

Cette curieuse réaction de Martine était imprévue. Et toute l'assistance sympathique et admiratrice ne pouvait, bien sûr, comprendre ce geste un peu brusque et même ingrat de celle qui avait été généreusement secourue par des gens désintéressés qui avaient pris de sérieux risques à son profit. Ou du moins le croyaient-ils. Mais la femme Primot rétablit très vite la situation et son point de vue personnel à propos du mouvement trop rempli d'affection ostensible dont elle venait d'être l'objet sans l'avoir recherché. Elle répondit donc aussitôt avec éclat, à voix forte, et dans le meilleur accent de son vieux patois ancestral: "Parmenda!", s'exclamat-elle, "je croyais qu'il voulait me baiser" . . . Peut-être bien, lui aussi, sait-on jamais!

Evidemment, après ses récents et intimes démêlés avec l'Iroquois entreprenant et audacieux, Martine ne se sentait guère d'humeur à se soumettre à de nouvelles étreintes un peu trop familières. Elle en avait sans doute assez et voulait à présent qu'on lui donne au moins le temps de reprendre son souffle. L'homme qui avait voulu spontanément se montrer galant et amical n'avait sûrement pas songé à franchir les barrières de la discrétion ordinaire en ces choses surtout en présence d'autant de témoins oculaires. Mais seule juge en la circonstance, Martine n'avait voulu prendre aucune chance. L'aventure vigoureuse qu'elle venait tout juste de connaître devait lui suffire et la rassasier, pour ce jour-là du moins.

Aussi, après cette explication insolite, tout le

monde, paraît-il, a compris et ensuite bien ri de ce petit malentendu improvisé. Alors les assistants en joie et de bonne humeur regagnèrent le fort et puis se séparèrent amicalement, tous en excellents termes les uns avec les autres. La jolie fête était maintenant terminée.

Mais l'exclamation inattendue de Martine Primot a vite fait le tour de la colonie. Ce qui fait qu'elle fut dorénavant connue par tous sous le curieux surnom de Parmenda qui lui est resté et qui rappelle, du même coup, un fort remarquable incident consigné dans nos chroniques anciennes.

*   *   *

Or, toujours dans la même veine de ces expériences amoureuses que la légende a qualifiées d'involontaires, l'on pourrait également faire un court rappel des aventures d'une autre héroïne authentique de nos annales anciennes qui porta le nom devenu fameux de Madeleine de Verchères. Au fait à peu près tous nos chroniqueurs semblent être tombés d'accord pour l'appeler "la bouillante Madeleine", ce qui doit indiquer qu'elle n'a sans doute jamais été trop facilement maîtrisée par ceux qui à l'occasion ont voulu la mettre plus ou moins à leur main, à tout risque.

De plus, étant encore une fillette toute jeune, elle a passé tout près de connaître une expérience du genre de celle de sa devancière Parmenda. Cela aussi a dû contribuer à attirer l'attention générale sur son caractère et ses aptitudes fort personnelles. Et plus tard, pour comble de chance, elle fut invitée en très haut lieu à rédiger elle-même un rapport détaillé de ses aventures passées. Ce qui, naturellement, nous facilite aujourd'hui les choses quand on veut examiner d'un peu plus près les faits et gestes de cette gentille petite personne qui a bien connu l'époque houleuse de ce qui fut alors appelée l'expérience coloniale de la Nouvelle-France.

Fille authentique de notre pays d'autrefois, Marie-Madeleine est née le trois mars de l'année 1678 au modeste emplacement de Verchères en bordure du fleuve Saint-Laurent. Son père, originaire de l'Isère en France, était venu en Amérique comme jeune officier du Régiment de Carignan. Puis, lors du licenciement des troupes, il a comme plusieurs autres résolu d'élire domicile et de s'implanter en permanence au Canada. Avec le temps il est devenu petit seigneur et propriétaire d'une étendue de terre ayant une lieue de front, sur une autre de profondeur, en bordure du fleuve ce qui ajouta à son importance parmi les nôtres qui à l'époque aimaient à se voir bien régentés.

Cela peut ainsi expliquer qu'encore toute jeune la petite Marie-Madeleine, devenue Madelon, a eu la bonne fortune d'être témoin de la bravoure de sa propre mère. Car à plusieurs reprises cette dernière a dû organiser spontanément et presque seule la défense du fort familial contre les incursions iroquoises qui survenaient toujours à l'improviste mais auxquelles il fallait tenir tête à tout prix pour simplement éviter le trépas ou être sommairement amenés au loin comme prisonniers. Ce qui n'était guère mieux. Car tout le monde savait alors à quoi s'attendre.

Madelon a sans doute entendu alors beaucoup de remarques louangeuses à propos de l'intrépide conduite de sa mère. D'ailleurs le relationniste Père Charlevoix a cru bon de consigner un jour dans les chroniques de sa louable communauté un rapport assez descriptif à cet effet.

"L'espérance", a écrit le bon jésuite, "que les assiégeants avaient conçue d'avoir bon marché d'une place qu'ils savaient dégarnie d'hommes les fit retourner plusieurs fois à la charge, mais la dame les écarta toujours. Elle se battit de la sorte pendant deux jours, avec une bravoure et une présence d'esprit, qui auraient fait honneur à un vieux guerrier, et elle contraignit enfin l'ennemi de se retirer de peur d'être coupé bien honteux d'être obligé de fuir devant une femme."

Cela était clair et augurait assez bien pour la jeune Madelon au début de son apprentissage de vie coloniale laquelle exigeait souvent des efforts héroïques pour simplement s'assurer une survie plus ou moins acceptable.

La mère, Marie Perrot de Verchères aurait, a-t-on dit, gardé son humeur franchement belliqueuse toute sa vie. Et quand ça n'était pas pour houspiller les maraudeurs Iroquois, ou d'autres assaillants qui convoitaient un peu trop gaillardement son patrimoine, c'était pour amener robustement devant les tribunaux du pays des gens qui avaient eu l'heur de nuire à des projets auxquels elle s'adonnait avec beaucoup de vigueur. Un bon sang de cette nature ne pouvait certes mentir par la suite. Aussi, à son tour, la jeune Madelon n'a jamais craint, elle non plus, d'affronter tous les ennemis qui se présentaient. Et, quand sa lutte ne s'exerçait pas les armes à la main, c'était devant les cours de justice que son tempérament fougueux l'amenait à son tour à se faire valoir plutôt régulièrement.

Il n'est donc pas étonnant qu'en fin d'octobre 1692, soit deux ans après que le fort familial fut victorieusement défendu par la mère, la fille Madelon soudain confrontée par une situation semblable, et alors qu'elle avait à peine quatorze ans, décida à son tour et sans hésiter qu'elle pouvait faire aussi bien que ses aînés et repousser elle aussi un ennemi même fort nombreux et qui, à son avis, n'avait simplement pas d'affaire là.

Donc, un jour comme les autres, tout étant calme son père et sa mère étaient tous deux partis en voyage. Le premier allait à Québec sur ordre du gouverneur-général M. de Callières et la seconde à Montréal peut-être pour visiter les grands magasins de l'endroit. Pour sa part la jeune Marie-Madeleine s'occupait semble-t-il, des travaux des champs et elle se trouvait alors à environ cinq arpents du Fort de Verchères la propriété de sa famille.

Soudain, comme elle l'a par la suite rapporté, elle entendit des coups de fusil et aperçut des Iroquois qui faisaient feu dans la direction des habitants au travail, tandis qu'une quarantaine d'autres approchaient vers elle au pas de course. Un domestique lui cria aussitôt de se sauver car les ennemis s'en venaient rapidement et elle comprit alors que son seul espoir de salut était d'arriver au fort avant d'être rejointe par les maraudeurs lancés à sa poursuite.

Elle était jeune et vive et les Iroquois, tenus à présent à bonne distance, ont vite compris qu'elle ne pourrait être atteinte avant qu'elle n'arrive au fort. Ils s'arrêtèrent donc pour tirer sur leur proie dans le dessein évident de lui faire perdre pied mais Madelon continua sa course folle tout en faisant remarquer plus tard, dans sa version de l'affaire, que les balles de quelque quarante-cinq fusils qui lui sifflaient aux oreilles l'incommodaient beaucoup et lui faisaient paraître le temps bien long. Ce qui était sûrement compréhensible. Et durant toute cette fuite endiablée elle ne cessait de crier: "Aux armes, aux armes!", dans l'espoir que quelqu'un viendrait à son secours, mais en vain. Personne n'est venu.

Madelon savait alors très bien que, dans le fort, il n'y avait que deux soldats. Mais ces derniers, au lieu de rester à leur poste de garde, étaient allés se cacher quelque part dans l'espoir d'échapper à un sort qui s'annonçait vilain. Un Iroquois, plus agile que les autres, a malgré tout réussi à s'approcher au point de devenir menaçant. Mais, en guise de défense ultime, la fille lui lança son grand mouchoir de col à la figure et, le temps que l'assaillant chercha à se dépétrer de cette entrave inattendue, Madelon finit par arriver au fort, y entrer et en fermer prestement la grande porte, le poursuivant étant laissé bredouille au dehors.

Or, une fois rendue à l'intérieur de l'enceinte fortifiée, et pourvue à présent d'une sécurité relative, les choses toutefois n'apparaissaient guère plus roses pour autant.

A la porte du fort Madelon n'avait en effet trouvé que deux femmes en larmes parce que leurs maris venaient d'être surpris aux travaux et abattus sommairement avec plusieurs autres colons. Ces deux nouvelles veuves éperdues ne semblaient guère en mesure de pouvoir être de quelque utilité. Aussi Marie-Madeleine les repoussa vers l'intérieur et leur commanda fermement de se taire pour ne pas donner aux assaillants d'inutiles indices de leur piteuse situation commune. Quant aux deux soldats qui avaient cédé à la panique, et s'étaient sauvés, elle les retrouva cachés à la redoute, une mêche allumée à la main et en train de vouloir tout faire sauter, y inclus eux-mêmes, pour ne pas tomber aux mains des Iroquois réputés pour leur manque habituel de gentillesse envers leurs prisonniers. Eux aussi savaient certes à quoi s'en tenir.

A ce moment Madelon prit aussitôt et crânement sur elle-même d'assumer seule le commandement de cette forteresse en assez pauvre état et de la garnison vacillante pour ne pas dire inexistante. Elle aida à relever quelques pieux tombés et faisant une brèche pour des assaillants rusés. Tout cela devait s'exécuter très vite, et sans souci des détails, car les Iroquois s'amenaient en nombre et il fallait leur faire face sans tarder. Un siège en règle était maintenant commencé.

Et pour bien montrer à tous, assiégés et assaillants, que l'emplacement allait être défendu, avec toute l'énergie possible, Madelon, improvisée chef de la place, rejeta sa coiffe de jeune fille et se planta un chapeau de soldat sur la tête. Puis elle disposa promptement ses maigres troupes en formation défensive aux divers points qu'elle jugea susceptibles d'être plus serviables en la circonstance. Ce qui était déjà un bon départ.

Ainsi les deux soldats craintifs et tremblants furent sommairement envoyés à un poste de combat, aussitôt accompagnés et assistés par un domestique, un octogénaire, les deux jeunes frères de la nouvelle commandante, âgés de douze et dix ans, et même les femmes jusque-là surtout intéressées à leurs larmes. Ces dernières pouvaient être plus utiles à cette communauté en perdition en s'unissant aux autres pour faire un travail de guerre concerté sous le commandement unique de Madelon dont personne n'avait encore soupçonné ses talents comme meneuse de troupes au combat.

Dès lors, avec des tirs sporadiques et des cachotteries successives de la part du personnel en place, tous devaient faire le coup de feu contre les assaillants qui s'exposaient trop. Puis on exécutait aussitôt un changement de position afin de faire voir à l'ennemi qu'il attaquait une garnison capable de se défendre. Et atteindre la cible visée par qui que ce fut était certes l'essentiel pour le moment, sans égard pour l'âge ou la qualité du tireur d'occasion dont la personnalité n'avait guère d'importance.

Madelon, par chance, disposait aussi d'un canon en bon état installé sur les remparts et elle s'amusa, de temps à autre, à expédier de solides et sévères décharges d'artillerie vers les buissons où les assaillants semblaient se préparer à quelque attaque susceptible de réussir. Ce qui devait bien les distraire un peu dans leurs conciliabules.

Bientôt le rapport entre les forces en présence sembla graduellement s'égaliser même si les assaillants étaient plus nombreux que les défenseurs qui eux étaient mieux protégés par la palissade. Ce fut alors le silence car il ne semblait plus utile de faire autre chose jusqu'à un revirement imprévu de la situation.

Puis soudain, du haut de sa passerelle d'observation, Madelon, qui surveillait la scène, vit un canot qui s'approchait sans défiance sur les eaux du fleuve. C'était le sieur Pierre Fontaine et sa famille qui allaient bientôt accoster là où, peu auparavant, la commandante avait bien failli être capturée par les Iroquois. Il fallait à tout prix prévenir ces gens qui autrement tomberaient sous les coups d'un ennemi dont ils ignoraient la présence.

Madeleine, bien que se sachant seule, et entourée de timides, décida de jouer le tout pour le tout en faisant un geste de crânerie assez étonnant. Elle fit ouvrir la porte du fort et demanda au domestique Laviolette de monter la garde pendant qu'elle-même, le chapeau de soldat sur la tête et le fusil à la main irait prévenir calmement ces nouveaux arrivants du danger qui les guettait. Et, pour montrer qu'elle était sérieuse dans sa résolution d'assistance un peu gavroche, elle ordonna en partant que si quelque mésaventure lui arrivait en cours de route les portes du fort seraient aussitôt fermées et la garnison continuerait de se défendre comme auparavant jusqu'à l'arrivée de secours.

Or, inexplicablement, il semble bien que les Iroquois ont alors cru qu'un vilain piège leur était tendu pour les faire sortir de leur cachette et les attirer vers le fort où ils seraient mal reçus et vite taillés en pièce par le feu de la garnison.

De toute façon et fort curieusement, ils sont restés bien tranquilles. Ainsi Madelon a pu rejoindre Pierre Fontaine et les siens qu'elle a ensuite fait marcher en parade devant elle jusqu'au fort au nez de l'ennemi, qui ne comprenait visiblement pas ce manège inattendu. Car, le nombre réel des défenseurs de la place demeurant toujours mystérieux et inconnu, les nouveaux arrivants se trouvaient ainsi sans le vouloir à devenir des renforts très précieux en plus d'avoir échappé à une mort certaine.

Et, comme pour empirer si possible les choses, il est bien inutilement survenu à la tombée du jour une soudaine tempête de vent, de grêle et de neige, annonçant ainsi une nuit fort désagréable et pouvant en outre favoriser une attaque surprise de la part des assaillants toujours tapis dans les buissons du voisinage. Alors, pour maintenir l'effet d'une citadelle bien organisée, Madelon envoya se reposer une partie de ses gens. Puis avec ses deux jeune frères, l'octogénaire redevenu tout gaillard, et elle-même, ce quatuor improvisé entreprit de faire un bruyant guet de nuit aux quatre bastions des coins de l'emplacement. Ces surveillants ostensibles faisaient maintenant beaucoup de cliquetis avec leurs armes, ils s'échangeaient les postes de surveillance et se lançaient à tour de rôle des mots d'ordre tels que "bon quart! bon quart!" et autres exclamations du genre. Des passants à l'extérieur auraient certes cru que le fort était tout rempli d'hommes de guerre.

Madelon avait vu juste et s'était montrée aussi bonne tacticienne qu'intrépide.

Les Iroquois, en effet, ont eu l'impression très nette et trompeuse d'un fort bien défendu. Ils l'ont avoué eux-mêmes plus tard lorsque pour diverses raisons ils furent amenés en présence du gouverneur Callières. Ils s'étaient effectivement proposés de faire une attaque surprise durant cette première nuit de siège. Mais, par la suite, ils n'avaient pas osé mettre leur plan à exécution à cause des nombreuses sentinelles de garde. D'autant plus que la fusillade méthodique des assiégés leur avait fait perdre bon nombre de guerriers et ils devaient donc se montrer plus prudents dans leurs projets d'assaut en masse.

Marie-Madeleine, aussi astucieuse que hardie, ordonna même aux gardiens d'ouvrir la porte du fort pour laisser entrer des bêtes à cornes qui étaient arrivées à la palissade au cours de la tempête. Et, pour une fois, les Indiens ont omis d'employer cette habituelle occasion de feinte pour s'approcher sans être découverts de l'endroit assiégé.

Le jour suivant a enfin paru à nouveau et le soleil a vite dissipé les ténèbres et aussi une partie des inquiétudes de la petite garnison toujours plus ou moins bien décidée mais également en aussi mauvaise posture que la veille. La commandante s'empressa alors de haranguer son personnel en déclarant avec beaucoup de crânerie que, si une première nuit s'était bien passée, il n'y avait aucune raison pour qu'il n'en soit pas de même avec d'autres pourvu qu'une bonne garde soit continuellement maintenue ainsi que des rafales occasionnelles de mousqueterie tirées dans la direction des assaillants dissimulés.

Madelon, toujours souriante et gaie, continua donc de diriger les opérations de défense. Elle fut même à deux reprises, a-t-elle dit, vingt-quatre heures d'affilée sans dormir ni manger, se tenant sans cesse à la tête du bastion principal ou allant voir ici et là comment les choses se passaient chez les autres membres de la garnison. Et il en fut ainsi durant huit jours et sept nuits alors que le fort demeurait en continuel état de siège.

Or, à la huitième nuit, M. de La Monnerie dépêché par le gouverneur de Callières arriva avec un détachement de quarante hommes. Ils approchaient en silence ne sachant pas si le fort avait déjà été pris. Madeleine, à ces bruits, monta aussitôt sur la passerelle de garde pour vérifier si les voix chuchotées des nouveaux venus étaient françaises puis rassurée elle fit ouvrir la porte du fort. Elle reconnut alors La Monnerie qu'elle salua tout de suite en lui disant: "Monsieur, soyez le bienvenu, je vous rends les armes". A quoi le galant gentilhomme répondit promptement comme on faisait en ce temps-là: "Mademoiselle, elles sont en bonnes mains". Mais, voulant sans doute avoir le dernier mot, Madelon gavroche et imperturbable répliqua aussitôt: "Meilleures que vous ne croyez". En somme, même en plein combat, on savait alors y mettre les formes et on ne s'en portait pas plus mal pour autant.

Décidément insouciante du danger Madelon a encore raconté que s'étant soudain aperçue au cours du siège qu'il y avait trois poches de linge et des couvertures, étendues à l'extérieur pour sécher, elle était alors allée avec ses deux frères et au nez des assaillants récupérer son bien qu'elle ne se proposait nullement de laisser aux mains des pillards. Et une fois encore ces derniers ont cru qu'il s'agissait d'un piège qu'on leur tendait et ils sont à nouveau restés bien sagement à leur place sans même donner signe de vie. Ce qui fit l'affaire de tout le monde.

Et voilà pour Madeleine de Verchères qui, avec une poignée d'hommes et de femmes a défendu l'établissement de sa famille contre des assaillants peut-être dix fois supérieurs en nombre et cela durant pas moins de huit jours. C'était un joli tour de force pour une petite fille qui avait à peine quatorze années d'âge.

Cependant les Iroquois avaient capturé une vingtaine de personnes et ils avaient brûlé et fait des dégâts à beaucoup d'habitations du voisinage. Une expédition punitive fut alors organisée et envoyée au lointain pays des Agniers tenus responsables de cette inutile équipée de Verchères. Il y eut naturellement des blessés et des morts au cours de cette aventure. Et les Français ont à leur tour capturé et ramené pas moins de 380 prisonniers qui allaient à présent, et à leur tour, servir d'otages et inviter les Indigènes ennemis à se tenir un peu plus calmes pour un moment.

Et tout cela était en somme survenu grâce en bonne partie à l'effort préalable de la petite Madelon.

* * *

Puis, avec le temps, Madeleine de Verchères a continué sa vie de jeune fille. Elle finit même comme toutes les autres, par prendre mari et élever à son tour des enfants. L'élu fut Pierre Tarieu, sieur de la Pérade. Madeleine avait alors vingt-huit ans ce qui était un âge assez respectable pour convoler en justes noces.

Elle suivit alors son époux comme cela se devait. Elle alla demeurer à Sainte-Anne de la Pérade où elle donna pas moins de six enfants à son mari, ce qui là aussi devait être considéré assez bien. Elle était à présent connue pour son passé et possédait toujours son caractère bouillant. Aussi elle a naturellement continué à faire parler d'elle. On aurait dû s'y attendre.

D'abord, à grands risques personnels, elle a un jour réussi à sauver manu militari son mari qui était attaqué dans sa propre maison par deux Indiens Abénakis apparemment en colère et aussi un peu en état d'ébriété.

Ensuite, et durant une trentaine d'années, elle est

devenue une plaideuse assidue devant les tribunaux du pays pour diverses raisons. Une fois, entre autres, l'affaire se déroula en présence de l'Officialité religieuse de Québec où elle plaida contre son propre curé Gervais Lefebvre, n'ayant certes peur de rien. Le pauvre révérend avait, paraît-il, le gros défaut d'être un peu grivois. Il avait composé et même plusieurs fois chanté des litanies loufoques qui, sans raison apparente, faisaient planer des doutes sur la vertu de Madeleine, laquelle naturellement n'a pas trouvé cela bien drôle, d'où le procès.

Des témoins ont alors raconté en détails avoir vu un jour à son presbytère le curé Lefebvre en train de servir et de déguster du vin à plein pot ce qui lui permettait ainsi de porter de nombreuses et discutables "santés". Le saint homme, au dire par exemple du témoin Daniel Portail parlant de sa propre épouse, aurait alors déclaré que si lui, le curé, "avait une petite femme comme la sienne il la baiserait bien entre les deux jambes, santé"! Et s'adressant ensuite à la femme il aurait ajouté: "Je vous baiserais bien tout à l'heure, santé! je vous baiserais à mon retour de Québec, santé"! Et ainsi de suite.

De pareils propos étaient plutôt surprenants dans la bouche d'un aussi digne personnage qui allait même, à l'occasion, jusqu'à parler assez cavalièrement de son évêque. Il aurait également dit des choses crues sur le compte de ses confrères curés des environs. Enfin, comme pour bien clore la séance et sans doute pour impressionner son auditoire qui ne devait guère s'attendre à un tel déploiement, il aurait aussitôt relevé sa soutane devant la petite dame pour montrer "sa grande brague". Ce à quoi personne ne devait sûrement s'attendre en la circonstance.

Il devenait donc plausible que le saint homme ait pu composer des airs plutôt grivois sur le compte de Madeleine qui en fut offusquée parce que cela portait sérieusement atteinte à son intimité anatomique et à son intégrité vertueuse. Surtout quand dans ses litanies il parlait goulûment de "ses deux petites citrouilles" et "du bonnet de Boileau qui aurait été trouvé sous le chenet de Madame". Ça n'était pas très joli ni bien acceptable.

D'où naturellement quelques procès pour corriger la situation s'il en était encore temps.

Néanmoins, et en dépit de ces petits contretemps Madeleine de Verchères éleva assidûment sa famille. A la fin en 1747, et à l'âge respectable de soixante-neuf ans, elle mourut à La Pérade et elle y fut inhumée sous son banc de seigneuresse dans l'église paroissiale du lieu.

Mais, en cours de route, elle avait malmené pas mal de monde. Aussi la rancune étant durable, un curé un jour aurait, dit-on, fait déménager l'église un peu mais oublia d'amener Madeleine. Elle reposerait donc aujourd'hui près d'un tracé de route carrossable. Ainsi, quelquefois, des voyageurs modèrent leur allure quand ils arrivent en ce lieu. Ils adressent alors à distance et à retardement une amicale pensée à cette héroïne authentique du temps jadis de chez nous.

* * *

Et toujours au chapitre d'incidents sentimentaux anciens présentant un caractère plutôt involontaire, du moins pour l'une des parties en cause, on pourrait encore revenir brièvement au très minutieux Journal des Jésuites. Ainsi ce dernier raconte sans fournir de détails, mais également sans fausse honte, que le dernier jour du mois de novembre de l'année 1667 un homme fut pendu pour avoir violé une petite fille de onze ans. Il s'agissait, dit-on, de Jean Ratté accusé "de violement en la personne de Anne Poullet âgée seulement de onze ans". Le séducteur dénoncé aurait alors et aussitôt offert de marier la petite mais cela lui fut refusé. La justice a donc suivi son cours.

Cependant, pour qu'un chroniqueur ancien ait pris la peine d'inscrire une pareille aventure dans le livre de la communauté, il fallait que la chose ait fait une sérieuse impression sur la population du pays. Ou encore peut-être qu'à cette époque les fillettes de onze ans, ou environ, offraient un charme inusité et fort particulier. Car, malgré tous les étanches filtres de l'ancienne censure, il nous faut bien constater de fréquents cas de convoitises exercées par des hommes mûrs à l'endroit de petites bonnes femmes rendues à cet âge précoce et même imprécis. On n'a pas à rappeler les noms de plusieurs personnages de stature déjà rencontrés et qui eux aussi, n'avaient pu résister en leur temps à une attirance aussi mystérieuse.

On pourrait encore ajouter, par exemple, le cas de Jean Aubuchon qui, en 1654, procéda à épouser Marguerite Sédillot qui n'avait encore que onze ans. Ce qui n'empêcha pas le fin connaisseur Aubuchon de rechercher d'autres conquêtes amoureuses comme la gentille Marguerite Boissel, femme d'un chirurgien de Montréal. Mais d'aussi laborieux efforts ont fini par mériter une condamnation pour adultère consistant en une forte amende et au bannissement. Le pauvre soupirant devait avoir reçu de la généreuse Dame Nature plus que sa juste part du feu sacré des grands effluves spontanés.

Et peut-être aussi, à ce propos, que le digne chroniqueur jésuite a voulu donner ici une sérieuse mise en garde à toutes celles qui arrivaient à cet âge critique et qui devaient donc redoubler de vigilance pour ne pas céder trop vite aux appâts d'expériences sentimentales pour lesquelles elles n'étaient guère préparées en toute prudence et discernement.

N'empêche qu'une telle inscription dans un document ancien aussi louable peut aujourd'hui nous laisser songeurs.

*   *   *

Mais cette même et méritoire chronique communautaire d'autrefois semblait ainsi ne laisser passer aucune occasion d'aviser les femmes de tous les âges d'être toujours sur le qui-vive à l'endroit d'hommes itinérants qui pouvaient apparaître soudainement dans le paysage avec des appétits plutôt malveillants.

Ainsi, en l'année 1660, il est rapporté que le cinq juin "un canot de huit Iroquois ou plutôt de Hurons iroquoisés ayant au Petit Cap enlevé la femme de Picar avec 4 enfants furent reconnus le même jour sur les dix heures du soir passant à la pointe de Lévis par une vingtaine de Montagnais ou Algonquins accompagnés de huit Français; la femme fut blessée dangereusement et des huit Iroquois 3 furent noyés, et 5 amenés en vie dont 3 furent brûlés ici, un donné aux Trois-Rivières et un eut la vie".

Il faut certes reconnaître que la justice à l'endroit des malfaiteurs avait été assez expéditive et sans pardon.

Malheureusement cette délivrance de Marie Caron femme de Picar ne lui fut guère favorable car la pauvre décéda quelques jours plus tard des suites de cette aventure à la fois inattendue et violente.

Mais encore une fois le chroniqueur a cru utile de souligner cette affaire sans passer de commentaires additionnels, ni dire la raison d'une telle inscription dans son Journal.

*   *   *

Et, toujours grâce aux méthodiques observations du chroniqueur de ce même document communautaire des Jésuites de Québec, on a également été mis succinctement au courant d'un incident de moeurs impliquant cette fois un digne ecclésiastique et présentant un caractère plutôt surprenant.

En effet le bon et scrupuleux annaliste raconte tout benoîtement qu'en février 1659 "les habitants de Beaupré présentèrent requête à M. le Gouverneur pour qu'information fut faite de la vie et des moeurs de M. Vaillant prêtre de ladite côte. La requête fut envoyée à l'Officialité", qui alors était le tribual ecclésiastique compétent pour entendre et juger pareille matière.

Mais, dès le lendemain, le digne accusé présenta à son tour une contre-requête au Gouverneur pour qu'information fut faite contre lesdits habitants déclarés calomniateurs. M. le Gouverneur fit entériner le document puis il délégua des enquêteurs à la côte de Beaupré pour informer. Ils ont entendu 83 témoins. M. le Gouverneur ayant vu les informations obtenues renvoya l'affaire devant l'Officialité et il condamna ledit sieur Vaillant à payer les frais.

Décision plutôt laconique mais révélatrice.

Alors le Père Supérieur y est allé à son tour d'une visite à la côte de Beaupré pour s'informer secrètement de M. Vaillant.

Et, d'une chose à l'autre, l'affaire aurait bien pu sombrer discrètement dans l'oubli. Sauf que le même méticuleux Journal rapporte qu'en date du quatre août de la même année 1659 partait pour la France le vaisseau du Gagneur où étaient M. le Vaillant, les Pères Richard et Fremin, M. de la Citière et plusieurs autres.

Comme formule de discrétion et de réserve il était difficile d'avoir mieux.

Donc l'incident regrettable se terminait ainsi sans bruit dans l'intérêt général et le bien commun.

*   *   *

Au sujet d'amours involontaires, ou peut-être même inexistants, l'on pourrait encore citer le cas assez typique du baron de La Hontan que l'on connaît déjà. En effet le bon baron a passé des commentaires nombreux et détaillés à propos des moeurs intimes des habitants de la Nouvelle-France qu'il a fréquentés assidûment. Et, pour cela, il a sans doute droit à un peu de notre reconnaissance. Même si parfois ses vues bien personnelles peuvent nous surprendre et venir en conflit avec d'autres versions plus accommodantes et plus faciles à accepter. Car ces propos spontanés révèlent tout ingénument qu'en un pays neuf en pleine croissance, et fort éloigné des facilités existant dans les régions européennes, entre hommes et femmes il pouvait se produire ici de petits contacts occasionnels susceptibles de devenir agréables et même de dépasser de temps à autre les bornes sages de rapports purement platoniques.

Or, étant lui-même bien au courant de ces choses, il fut cependant un jour placé presque officiellement dans une difficile posture. En effet le gouverneur comte de Frontenac, sachant que La Hontan connaissait les détails de la vie vécue et les possibles petits à-côtés intéressants, offrit publiquement au vivace baron l'occasion de passer par une fort convenable expérience matrimoniale. De plus un tel projet négocié préalablement par l'astucieux Frontenac, avec sa propre filleule au nom symbolique de Geneviève D'Amour, fut offert en plein hiver. Or les hivers canadiens sont longs, plutôt rudes et invitent à rechercher des sources de chaleur tonifiante.

Tout spécialiste qu'il a pu être, en matière de moeurs intimes, La Hontan a dû se sentir un peu coincé. Car l'offre faite partait de la tête même de l'administration de la Nouvelle-France. Cela devenait donc un peu délicat pour celui qui se voyait ainsi l'objet d'une pareille sollicitude de la part du Gouverneur en titre et commandant en chef.

Pour un moment La Hontan a paru se laisser faire douce violence. Il se rendit même, dit-on, jusqu'au contrat de mariage. A présent tout le monde voulait être de la fête et, comme le Gouverneur et l'Evêque, offrait de contribuer beaucoup d'écus à la corbeille de noces. L'affaire était lancée.

Puis tout à coup, sans indices précurseurs, l'entreprise si bien montée s'est effondrée d'un coup sec. Le bon baron demanda du délai pour réfléchir puis refusa d'aller plus avant dans un tel projet qui aurait pu lui être fort avantageux. Inexplicablement La Hontan renonçait donc à la lune de miel et aux douceurs confortables de la vie matrimoniale bien organisée avec une compagne à la fois jeune, jolie et fort bien cotée. Pour justifier cette volte-face inattendue il a paru que le bon vivant baron préférait garder sa liberté et continuer de vivre calmement en célibataire. Sans la fortune, l'avancement et les nombreux autres avantages promis.

Mais il s'était trop avancé à l'endroit de la belle Geneviève et des parents de la promise déçue. D'où surgit une brouille avec le Gouverneur puis avec d'autres officiers supérieurs. Il se retrouva même bientôt mal vu dans son propre pays et a dû chercher refuge au Danemark, en Hollande et ailleurs. Son célibat endurci lui a coûté assez cher et il est mort à l'étranger à une date qu'on dit incertaine.

Comme quoi de petits incidents anodins peuvent parfois engendrer des conséquences imprévisibles et d'une sérieuse gravité.

*   *   *

Et toujours au niveau d'activités sentimentales qui paraissent bien être demeurées muettes, sinon douteuses, il semble que ce fût également le cas pour le premier gouverneur de Montréal Paul Chomedey sieur de Maisonneuve et Jeanne Mance fondatrice de l'Hôtel-Dieu de Montréal. Tous deux auraient donc été des adeptes d'une abnégation ostensible en dépit des rumeurs divergentes propagées à leur endroit.

A la vérité Maisonneuve a dû à plusieurs reprises arbitrer de présumés accrocs faits par ses ressortissants à la morale traditionnelle. Et on lui a alors reconnu un sérieux penchant pour la surveillance et la sauvegarde des bonnes moeurs à l'intérieur de sa juridiction. Il a même dû sévir avec des amendes, des séjours au cachot et finalement des bannissements pour des récidivistes têtus et un peu trop entreprenants.

Maisonneuve était donc au courant des possibilités attrayantes d'activités d'alcôve. Tous les accusés qui défilaient devant lui avaient visiblement trouvé un vif intérêt à ce genre d'exercices intimes qui faisaient oublier les risques et les conséquences publiques possibles. En homme intelligent il a dû être tenté de vérifier en personne ce qui pouvait bien se produire de si séduisant en ce domaine pour amener des gens par ailleurs normaux vers des situations aussi périlleuses.

Or, à ciel ouvert, il semble que Maisonneuve à l'inverse de bien d'autres n'ait pas recherché d'âme compatissante pour l'aider à supporter ses difficultés administratives et les continuelles intrigues politiques qu'il voyait se tramer sans cesse sous son nez. Ou du moins rien de tout cela n'a apparemment été su ou rapporté. Ou encore les témoins, s'il y en a eu, n'ont pas jugé à propos de rédiger des notes qui auraient pu jeter un peu de lumière sur une matière aussi intrigante dans la vie d'un homme profondément engagé.

Et, malgré sa haute et ostensible fidélité aux austères principes des bonnes moeurs, cela n'a nullement empêché qu'il tombe cruellement un jour sous les intrigues et les mauvais coups de ses nombreux ennemis.

Ainsi, malgré sa nomination à vie, il fut soudainement relevé de ses fonctions par le Marquis de Tracy porteur d'instructions royales à cet effet, destitué de son poste de gouverneur après vingt-trois ans de loyaux services, relevé de toutes ses fonctions et renvoyé sommairement en France comme indésirable. Il fut alors inexplicablement déchu de tout prestige et même de moyens matériels élémentaires pour goûter au moins une retraite un peu décente.

Puis après onze ans de cette vie, en 1676 à 64 ans, il est mort seul, ignoré, célibataire dans un petit logis ou entresol parisien.

Un autre que le mauvais sort, pour des raisons inconnues, avait destiné à une récompense qui n'est jamais venue. Et pourtant il avait fondé Montréal qui continue de subsister assez vigoureusement jusqu'à ce jour.

Et il semble qu'il en fût de même pour Jeanne Mance compagne permanente de Maisonneuve et qui durant presque toute sa vie adulte a tenu le rôle ingrat d'administratrice de l'Hôtel-Dieu de Montréal qui n'en finissait jamais de se déprendre des pires difficultés administratives et financières. Elle aussi après plus de vingt ans de service fut accusée d'avoir mal géré ses affaires et se vit persécutée et en fréquents et désagréables conflits avec ses supérieurs gouvernementaux et ecclésiastiques.

Elle est morte également seule, célibataire et il semble qu'on ne soit même pas très sûr de la date de son décès. Ce qui est tout de même assez ingrat.

Et tout ce qu'on pourrait rappeler de ses expressions sentimentales se limiterait, paraît-il, au fait qu'un jour de l'année 1652, alors qu'à l'Hôtel-Dieu la situation était devenue nettement intenable, la bonne Jeanne serait soudain partie en barque pour faire le long voyage sur le fleuve jusqu'à Québec afin de s'informer de M. de Maisonneuve. Quelque temps auparavant ce dernier était en effet passé en France pour tenter d'obtenir du secours et son retour était naturellement attendu avec impatience.

Un autre cas sans doute qui n'a guère reçu de compensation adéquate en ce monde, malgré des oeuvres fort méritoires.

* * *

Et pour continuer ce tour d'horizon sur une note un peu moins désolante, et toujours au niveau de manifestations sentimentales ostensiblement silencieuses, l'on pourrait encore rappeler d'autres réflexions inscrites dans le méticuleux et intéressant Journal des Jésuites, cette fois à propos du Père Barthélemi Vimont lui-même un membre en règle de cette louable communauté d'hommes affairés.

En effet il semble que l'annaliste communautaire ait pris un malin plaisir à raconter comment le bon Père Vimont, en outre d'être pieusement fidèle aux devoirs de sa charge, aimait bien aussi à être présent et à participer souvent à des exercices se rapportant aux mariages et aux célébrations de noces chez les gens du voisinage. Au fait cela n'aurait dû être qu'une occupation normale et secondaire qui ne méritait aucunement des inscriptions détaillées et précises dans l'important registre personnel de cette société de missionnaires en poste en Nouvelle-France. Il devait y avoir beaucoup d'autres choses à raconter il semble.

Mais l'annaliste en a décidé autrement et il nous a laissé une série de remarques à ce propos qui aujourd'hui peuvent nous laisser un peu perplexes.

Ainsi en suivant graduellement ces entrées successives au Journal communautaire l'on apprend que jeudi 26 octobre 1645 fut marié François Marguerie avec la fille de Messire Zacharie; le P. Vimont fut invité aux noces et y alla.

Ensuite le 4 novembre suivant le document rapporte que le Père Vimont et l'annaliste, réputé anonyme, furent invités pour assister au contrat de mariage de la fille de M. Giffar; ils y assistèrent mais ne signèrent point. Sans expliquer pourquoi.

Et tout de suite après, dans le même mois, il est inscrit que le 7 se maria M. de Launay avec la fille de Pinguet; le P. Vimont assista aux noces.

Encore le 21 de ce mois se firent le mariage et les noces de Marie Giffar et du fils de M. de Maure où le Père Vimont assista. Ce qui semblait bien à présent être une chose tout à fait normale.

Puis le 27 novembre fut mariée la fille de M. Couillar avec le fils de Jean Guion; le P. Vimont assista aux noces; il y eut deux violons pour la première fois. Ce qui a dû sans doute plaire à l'assistance y inclus le bon Père invité lui-même qui appréciait la distraction.

Et soudain petite accalmie. Ou du moins aucune inscription de ce genre n'a été faite pour quelque temps. Et cela sans qu'aucune explication ne soit fournie. A moins que les exercices de mariage aient totalement cessé pour un moment. Ce qui serait un peu surprenant dans une colonie en pleine croissance.

Mais reprise des activités le 23 octobre 1651 alors que se fit le mariage de M. le Senechal avec la mention latine intrigante qui ajoute "faciente sacrum P. Vimont, quia parochi locum tenebat". De toute façon le bon

Père Vimont encore une fois assista officiellement aux noces et offrit donc sa totale participation.

Puis, après l'indication de nombreuses prédications faites aux Ursulines et autres religieuses, nouvelle entrée au registre qui raconte que le 19 février 1658 fut marié M. Villeray et le P. Vimont assista aux noces. Comme cela se devait sans doute à présent. Sans qu'on dise jamais pourquoi.

L'annaliste a peut-être voulu se montrer un peu espiègle. Ou encore aurait-il ainsi refilé discrètement un message à ses supérieurs à propos de ce penchant un peu insolite d'un confrère pour de joyeuses manifestations nuptiales à répétition. Mais le motif réel qui fit naître ces remarques successives on ne le saura sans doute jamais. Les témoins ne sont plus là.

Sauf que dans un climat plutôt rude et un pays encore en friche, un bon ecclésiastique solitaire, et privé de par son occupation principale de toutes les petites joies terrestres, pouvait certes rechercher discrètement quelques compensations inoffensives en assistant aux fêtes joyeuses des autres et en laissant innocemment son imagination recréer tant bien que mal ce qui allait bientôt se produire pour le plus grand bien de tous les participants.

*   *   *

Mais l'une des fréquentations amoureuses d'autrefois aussi étonnante que silencieuse fut certes, à l'époque de la Guerre de Sept Ans, le contact qui s'est établi entre le général Marquis Joseph de Montcalm, commandant en chef des troupes françaises au Canada. et la nièce en propre de Madeleine de Verchères, Madame Catherine Hertel de Beaubassin. D'ailleurs avec un nom symbolique comme celui qui était devenu le sien et son ascendance familiale plutôt dynamique, comme on le sait déjà, on peut vite comprendre que cette petite dame soit rapidement devenue une des reines de la belle société en Nouvelle-France.

Et l'on peut également s'expliquer que discret, taciturne et souvent découragé, Montcalm qui, comme beaucoup de ses subalternes commença lui aussi à donner de petits festins d'une quinzaine de couverts, a d'abord rencontré, puis connu et bientôt sérieusement apprécié les petites femmes jolies, pleines d'esprit et munies d'autres charmes évidents qui pouvaient aider un chef militaire à trouver quelques consolations dans les difficultés d'une guerre mal partie et interminable. D'ailleurs il a été écrit et répété que l'on a dansé, joué et beaucoup aimé en Nouvelle-France à cette époque. Et dans ces tristes circonstances on avait toutes les raisons d'agir ainsi. A la vérité Montcalm savait bien qu'aux endroits où séjournaient ses régiments le nombre des enfants nés de père inconnu avait tendance à augmenter sensiblement. Ce qui devait indiquer que les simples soldats trouvaient donc des débouchés faciles pour se distraire eux-mêmes de leur dangereuse et monotone existence.

Aussi tout ce beau monde du Canada en danger jouait gros jeu dans tous les sens car personne n'était sûr du lendemain. On profitait donc au maximum des moments agréables qui pouvaient s'offrir comme si ça devait être les derniers. Ce qui à vrai dire s'est exactement produit pour un grand nombre.

Montcalm a certes paru être parfois débordé et scandalisé par ces extravagances de boustifailles, de danses, de jeux et d'aventures amoureuses dans un climat de totale incertitude qui faisait présager une catastrophe imminente, sinon inévitable. Mais, comme tout homme normal et coincé, il a lui aussi ressenti tout à coup le besoin d'un peu de réconfort et de soutien qu'il trouva par chance chez la gentille Madame Hertel de Beaubassin qui s'adonnait à avoir pignon sur rue assez près de sa propre résidence. Et bientôt cette jeune et encore fraîche petite personne est devenue la confidente et l'appui du général fatigué, avide d'un repos peut-être passager mais sûrement mérité.

Ces choses étant sues en vinrent même au point qu'on les laissait seuls. Les habitués évitaient d'aller faire une visite de crainte de nuire à ces rencontres passagères devenues pour ainsi dire urgentes pour le chef militaire qui sentait le destin lui tourner le dos et avait un grand besoin d'encouragement.

Et lorsque, à l'occasion, Montcalm revenait des combats avec la gloire d'une victoire c'était évidemment chez la gentille et sympathique dame de Beaubassin qu'il se devait d'aller fêter son succès. La chose était normale. Car, après chaque engagement, plusieurs galants officiers manquaient à l'appel. Par exemple cinq officiers Hertel sur huit furent tués au combat. Aussi aux frémissements de la veille succédaient souvent de bien amers chagrins. Il n'était donc pas étonnant qu'on ait connu une tendance générale à vouloir profiter de tous les bons moments qui, de temps à autre, pouvaient s'offrir, et être possiblement les derniers.

Madame de Beaubassin étant à la fois spirituelle, jolie et charmante a pu ainsi devenir la confidente intime de Montcalm et lui indiquer à l'occasion la route qui, dans son instinct féminin, lui semblait être la meilleure en la toujours difficile circonstance. Aussi, aux jours habituels de réception, Montcalm a franchement admis qu'il était souvent le premier à sonner à la porte cochère de la maison de son amie "à l'encoignure de la rue". Et, peu à peu, à cause de toutes ces attentions ouvertes, Madame de Beaubassin, au nom nettement prédestiné, est devenue la reine du beau monde d'alors.

Le bon général, et marquis de plein droit, pouvait certes, et de temps à autre, aussi aller ailleurs. Comme par exemple chez la plus sévère Madame Deschamps de Boishébert de Lanaudière, ou mieux encore chez Madame Renaud d'Avesne des Meloises de Péan, la protégée de l'Intendant Bigot. Cette dernière dame a même fini par être appelée la Pompadour de la Nouvelle-France et, pour sa part, Montcalm lui-même la surnomma "la sultane". Mais à ce dernier endroit la société bruyante qui s'y pressait pour boire, jouer et faire la noce, ne pouvait guère plaire au général qui préférait un peu de calme dans ces visites et gentilles rencontres amicales.

Quant à Madame de Boishébert de Lanaudière les lieux étaient plus sobres et le ton de la conversation studieusement plus élevé. Mais on s'y ennuyait souvent car on manquait un peu trop de gaieté si nécessaire en ces jours plutôt gris.

Par contre chez Madame de Beaubassin le bon et souvent triste général devait se sentir plus à son aise. Les choses s'y passaient plus allégrement et c'était surtout de cela dont on avait alors grand besoin. En outre l'aimable hôtesse savait gracieusement le soutenir dans ses défaillances occasionnelles et aussi le réconforter, ce qui devait lui être très précieux pour mater ses interminables soucis.

Et quand le vilain destin s'est finalement accompli et qu'il fut terrassé sur le champ de bataille des Plaines d'Abraham, pour mourir ensuite en quelques heures, le visage de cette femme unique et aimée a dû être une des dernières images à occuper ses pensées ultimes, alors qu'elle-même la pauvre amie secourable vite mise au courant de la catastrophe fatale et maintenant toute seule dans sa grande maison vide et assombrie devait sans doute et en silence verser toutes les larmes de son corps qui auparavant avait connu tant de belles heures heureuses.

Tous les deux, ensemble dans leur cruelle tristesse, appartenaient maintenant à la postérité.

12. Des affections pratiquées moins silencieusement et plus à ciel ouvert

Pour cette rétrospective sur les affections pratiquées autrefois d'une façon plus manifeste il semble normal de commencer le récit par le comte de Frontenac. Cet homme fut certes le gouverneur le plus flamboyant qui à deux reprises, et totalisant une période de près d'une vingtaine d'années, a tenu en mains fermes les vacillantes destinées du projet colonial de la Nouvelle-France en Amérique.

Mais pour comprendre un peu ce personnage remarquable et parfois même énigmatique, il est inutile de le situer dans le cadre qui fut le sien et dont les détails pourront alors jeter quelque lumière sur les phases successives de sa vie adulte et officielle au service de son pays.

Ainsi Louis de Buade, comte de Palluau et de Frontenac a vécu de 1662 à 1698. Militaire dès l'âge d'environ quinze ans il a été colonel de cavalerie au régiment de Normandie à vingt-trois ans, maréchal de camp, major-général d'armée à vingt-six ans, puis lieutenant-général et deux fois gouverneur de la Nouvelle-France. Il a donc eu, somme toute, une vie personnelle assez bien remplie dans un délai relativement court.

Lorsqu'il naquit, à Saint-Germain-en-Laye, Louis de Buade avait alors pour père Henri, et grand-père Antoine, tous deux du même nom, seigneurs, barons, conseillers d'Etat, capitaines des châteaux et parcs royaux, et caetera. En outre la mère et la grand-mère appartenaient, elles aussi, au monde bien titré de cette époque. Ce qui ne pouvait qu'ajouter à la bonne destinée de l'enfant.

Le père étant un intime à la cour de France il n'est donc pas étonnant que le jeune Louis ait eu pour parrain nul autre que le roi Louis XIII en personne. Ce qui apportait sans doute un élan précieux dans cette vie à son début. Et comme ses parents avant lui, le jeune protégé a vite commencé à amasser des titres et diverses responsabilités jugés dignes de son rang dans la haute société de l'époque. Il fut donc appelé à faire du service militaire en Flandre, en Allemagne, en Italie, en Espagne c'est-à-dire là où la France pouvait avoir besoin de pareils talents. Et il a de la sorte acquis du rang dans les forces armées de son pays, reçu quelques blessures qui l'ont marqué en permanence, et fini par se couvrir d'une certaine et précieuse gloire tout en acquérant beaucoup d'expérience en ces choses.

Devenu adulte il fut bientôt normal qu'à son tour il songea à convoler en justes noces pour faire se continuer si possible cette remarquable lignée familiale et fort respectable.

Ainsi, en octobre 1648, Frontenac contracta mariage dans un climat plutôt romanesque. L'élue de son coeur fut alors Anne de la Grange-Trianon de Neuville, appelée partout la divine Anne et l'une des plus jolies femmes de France. Cela était certes de bon augure. Mais hélas! et sans raison particulière, cette alliance ne fut pas heureuse et, sauf pour un fils qui mourut en bas âge, il n'y eut pas de suites à ces promesses.

Puis en cours de route, et à part son talent pour les choses de guerre, Frontenac est aussi vite devenu beau joueur et bientôt accablé de dettes, comme la chose semble souvent se produire en la circonstance.

Or, entre-temps, la divine Anne devenait la confidente de Mademoiselle la duchesse de Montpensier, la rivale de Mademoiselle de Montespan que soudain Frontenac s'était mis à courtiser avec assiduité et que, par hasard, le roi Louis XIV avait déjà lui-même remarquée, la faisant venir à sa chambre royale avec de plus en plus de fréquence pour affaires d'Etat considérées urgentes. Aussi la reine se plaignait maintenant qu'elle ne pouvait comprendre à quoi le roi pouvait bien travailler toute la nuit et le souverain expliquait imperturbable qu'il lisait des dépêches et préparait des réponses. Ce qui était certes une raison plausible et avérée.

Mais le peuple plus malin avait vu la transition amoureuse du roi sous un jour différent et bientôt les

bonnes gens de la rue auraient fredonné, dit-on, des petits airs espiègles qui disaient entre autres:
"Nous sommes ravis, que le roi, notre Sire,
  "Aime la Montespan.
"Moi, Frontenac, je me crève de rire, . . .
   "Tu n'as que mon reste, ô roi, . . . et caetera.
Ce qui était assez précis et même impertinent.

Donc Frontenac, en outre de ses activités militaires, était également bien lancé dans les cercles influents de la cour puisqu'il pouvait communiquer avec le roi lui-même, par personne interposée, quand cela lui plaisait. Et, durant ce temps, peu portée à la neurasthénie, la divine Anne avait elle aussi des occupations intéressantes à la cour. Donc personne ne pouvait sérieusement se plaindre d'être abandonnée et laissée pour cause.

Par ailleurs il fallait bien aider un peu Frontenac à propos de ses impatients créanciers. Aussi il fut décidé un jour en haut lieu que la solution la plus élégante en l'occurrence serait de le déléguer pour un stage administratif aux colonies où le nouveau dignitaire réussirait peut-être à refaire plus ou moins bien sa fortune. En outre Louis XIV devait croire utile d'expédier assez loin ce rival incommodant qui pouvait faire naître de petits accrochages à propos de Mademoiselle de la Vallière qui avait déjà pourtant généreusement accordé pas moins de quatre enfants au souverain. Ce qui était un beau geste de sa part.

Mais cette courte mission outre-mer allait, pour Frontenac, se scinder en deux étapes distinctes c'est-à-dire de 1672 à 1682 et ensuite de 1689 à 1698. Une remarquable et fertile période de près de vingt ans, ce que personne n'avait prévu au départ.

Or la première session administrative du nouveau gouverneur s'avéra peu heureuse. Et, étant rappelé en France en 1682, Frontenac fut curieusement accusé de s'être intéressé trop personnellement au commerce des fourrures. Comme si personne ne prévoyait un pareil développement en la circonstance. De plus, dans l'exercice difficile de son autorité de gouverneur, il aurait, paraît-il, quelque peu bousculé beaucoup de soi-disant personnages importants de la petite Nouvelle-France. Mais à cela aussi il aurait fallu s'y attendre. Car, Frontenac, un méthodique et méticuleux soldat de carrière, ne pouvait guère éprouver de patience pour les retards et les tergiversations futiles des fonctionnaires civils et surtout ecclésiastiques qu'il croyait devoir maintenir en tout temps sous sa ferme et personnelle direction afin d'obtenir à présent un meilleur résultat de cette entreprise coloniale qui semblait toujours incapable de sérieusement démarrer.

De plus, comme on le sait déjà et pour compliquer un peu les choses, la divine Anne sa femme légitime n'avait pas voulu suivre son mari aux lointaines et étranges colonies. Car alors il lui aurait fallu se priver de petits passe-temps agréables et gentils que pouvait lui procurer sans retenue le milieu complaisant de la cour du Roi Soleil, Louis XIV. Frontenac fougueux, arrogant, gavroche, impatient et grand seigneur a donc dû se trouver d'autres sources de distractions plus accessibles pour l'aider à se reposer de temps à autre des tâches harassantes et ingrates de son lourd métier de gouverneur et de commandant militaire en chef d'une colonie toujours menacée, au-dedans comme au-dehors, et n'ayant connu que d'occasionnels accès de croissance sporadique. Surtout en comparaison de ce qui se passait fébrilement aux colonies étrangères, et dites anglo-saxonnes, implantées et se développant avec vigueur dans les régions plus au sud.

Aussi, comme pour dorer la pilule et inviter le comte à donner malgré tout le meilleur de lui-même dans cette difficile fonction en Nouvelle-France, le Roi étant entré en scène avait déclaré sans ambages et publiquement que "M. de Frontenac avait déjà donné plusieurs preuves de son expérience et de sa valeur", et qu'ainsi "il avait toutes les qualités nécessaires pour s'acquitter dignement des devoirs de sa charge".

Et, avec les honneurs à recevoir et les devoirs à remplir, le souverain lui avait accordé gracieusement une petite troupe d'apparat formée de vingt hommes de guerre lesquels devaient dès lors agir comme sa garde personnelle du corps et lui tenir compagnie chaque fois qu'il en sentirait le besoin.

Par ailleurs la solde qu'on lui réservait en propre pour ses frais était plutôt modeste eu égard aux circonstances de la mission confiée et aussi des lourdes dépenses de la cour pour ses amusements continuels et fastueux.

Donc, s'il devait refaire sa mièvre fortune familiale dans ce nouvel emploi, il lui faudrait être laissé à sa propre initiative et bon jugement quant aux moyens utiles à prendre pour obtenir le résultat désiré. Il n'y avait guère moyen de procéder autrement.

* * *

Aussi, lorsque sous les pressions gouvernementales et officielles Frontenac repartit outre-mer, à l'aventure, et arriva à nouveau à Québec en 1689, après un piètre interrègne de sept ans, le nouveau vice-roi décida cette fois de faire les choses en grande et impressionnante pompe.

Il descendit solennellement à terre avec son escorte de gala, tous en bel uniforme bien arrangé et en bonne formation militaire et disciplinée. Le gouverneur a alors suivi, imposant et à distance raisonnable, cet impressionnant déploiement avec chapeau de cérémonie, perruque bouclée, le ceinturon, l'épée, et tout l'apparat habituel d'un haut dignitaire et d'un grand seigneur du royaume. Il démontrait ainsi à tout venant qu'à partir de cet instant c'était lui et nul autre qui allait agir comme l'unique maître de céans.

Et par chance, dans l'interrègne, sous deux gouverneurs plus faibles, la frêle colonie avait franchement eu peur. Donc, lors de ce deuxième arrivage providentiel de Frontenac, la population entière décida à son tour de se bien conduire et de montrer son appréciation pour cet envoyé du ciel et ce "sauveur de la colonie" en sérieux péril.

Aussi, lorsqu'est apparu au quai de Québec le comte de Frontenac un soir de la mi-octobre de l'année 1689, il fut reçu au flambeau par le Conseil Souverain, les dignitaires de l'endroit, et même toute la population heureuse, et en fête, qui s'amena sur les lieux spontanément comme garde d'honneur bénévole, chacun portant fièrement les armes domestiques dont il pouvait disposer. Ce fut littéralement une explosion de joie populaire comme la ville n'en avait jamais connue.

Il y eut aussitôt de bruyantes décharges de canon

et de mousqueterie, des feux de joie, des illuminations à toutes les fenêtres des maisons en bordure des rues parcourues par l'étrange cortège, des discours de bienvenue bourrés de gentils compliments et où les jésuites eux-mêmes, en apparence emballés comme tous les autres, n'ont pas craint pour une fois d'ajouter leur petite contribution communautaire à la joie générale par des déclarations fort pathétiques et remarquables qui semblaient franchement "plus partir du coeur que des lèvres seulement".

Les choses se prolongèrent naturellement assez tard comme il fallait s'y attendre en pareille occasion.

Puis le lendemain ce fut au tour des belles dames en grande tenue de venir rendre visite et payer un chaleureux hommage au maître nouveau, en droit et en fait. Et, encore là, la joie évidente, soumise, et spontanée de toutes ces belles créatures disponibles était réelle et ostensiblement inscrite sur toutes ces gracieuses figures et dans les chaudes paroles de bienvenue qui ne laissaient de place à aucune équivoque dans un agenda aussi chargé et fort prometteur.

Il y eut encore de nouveaux feux d'artifice, de nouveaux chants de bon accueil incluant même un fort solennel et majestueux "Te Deum laudamus, te Dominum confitemur!", chanté à pleine voix par toute l'assistance sous le toit même de la grande église de la ville. C'était presque devenu un véritable dévergondage. On n'aurait pas fait mieux pour le Roi lui-même s'il s'était amené au pays.

Frontenac était spontanément aimé et presque adodé par tous. On alla jusqu'à lui décerner publiquement l'ancien titre romain de "Redemptor Patre", le "Sauveur de la Patrie".

C'était du véritable délire collectif et contagieux. Et tout cela pour marquer l'arrivée de cet homme auparavant déchu, d'accès difficile, mais puissant, et de qui on attendait soudain de véritables miracles qui mettraient enfin un terme au chaos et à la pauvreté chronique installé en permanence sur le territoire de cette infortunée colonie qui, malgré tout, se voulait française et dominatrice en Amérique.

D'ailleurs, beau joueur, Frontenac, quelques mois

plus tard, ne tarda pas à donner suite à toutes ces belles espérances indéfinies, et à démontrer ce dont il était verbalement capable.

En effet, peu de temps après, il eut l'occasion de recevoir sur un ton digne, mais un peu hautain, l'envoyé personnel de l'amiral Phipps qui venait sommer les Français de bien vouloir, et sans discussion, remettre aussitôt Québec et la Nouvelle-France tout entière à la marine anglaise qui venait de faire une soudaine apparition dans les eaux du voisinage. Et l'on sait aussi que la seule réponse que l'émissaire négociateur anglo-saxon a alors pu rapporter à son maître fut que le comte de Frontenac allait répondre à l'amiral par rien d'autre que la bouche de ses canons des remparts de la place. Ce qui est arrivé à la lettre. Et l'amiral envahisseur, un peu penaud et involontairement défait, a dû se retirer avec quelques pertes, dont son grand pavillon de combat, et sans insister davantage. Du moins pour l'instant. Car ça ne pouvait être que partie remise. Cela on l'a appris plus tard.

On n'était sans doute encore, à ce moment, qu'au niveau du gentil folklore et de la belle rhétorique un peu ronflante. Mais si Frontenac savait jouer avec élégance dans les jarretières discrètement parfumées, il savait aussi manier habilement la mèche des canons. Et c'était important. D'abord pour défendre la colonie menacée et également pour rehausser, si encore possible, son prestige personnel aux yeux de la population. Car cette dernière commençait à reprendre courage après de si longues années d'une survie quotidienne sans cesse aux prises avec une continuelle et insupportable incertitude.

Et, comme tout semblait maintenant aller très bien dans le meilleur des mondes, Frontenac décida de donner à sa maison et son entourage l'allure d'une petite cour royale. Ce qui, du même coup, conférerait au rang et titre de gouverneur une importance et un éclat jusque-là inconnus. Car cet homme de guerre plutôt brusque, et souvent revêche, savait aussi apprécier à fond l'ambiance aromatisée, frivole et réconfortante des salons. Surtout quand ces derniers étaient garnis de minois féminins, jolis et accueillants.

De plus si Frontenac pouvait se complaire à glisser de gentilles galanteries à l'endroit de celles qui venaient lui rendre une aimable visite à son domicile, par ailleurs toutes ces dames, pour tranquilliser leur douce conscience, savaient fort bien qu'auprès du Roi Soleil à Paris, ou à la campagne française, la divine Anne de La Grange-Trianon pouvait elle aussi distraire vigoureusement les familiers de la cour en Europe. Alors, à ce délectable jeu de bonne société, personne n'était perdant d'un côté ou de l'autre de l'Atlantique. Tout le monde y trouvait son compte.

Mais, avec le vif tempérament qu'on lui connaissait, il fallait bien aussi s'attendre à ce qu'un jour de petites contrariétés anodines finiraient peut-être par faire éclater le comte de Frontenac avec explosion de flammèches qui, jusque-là, couvaient sans doute sous la cendre tranquille.

Ce qui, du reste, n'a pas tardé à se produire. Et, comme d'habitude, ce joli branle-bas allait arriver par suite de modestes incidents, au départ fort bénins.

Frontenac, d'une part, était connu pour ses vues plutôt larges à l'égard des petites faiblesses humaines. Mais, par ailleurs, il est vite devenu assez évident qu'il n'aimait pas tellement l'Ordre méritoire des révérends Sulpiciens. Il les jugeait trop sévères envers les femmes un peu frivoles ou même simplement portées vers le bal ou des accoutrements plus attrayants comme par exemple les rubans fontanges ou les simples dentelles.

Dans les rudes conditions où tout le personnel de la Nouvelle-France était appelé à vivre, Frontenac pouvait certes intervenir pour dénoncer les sentences de châtiments corporels et pour faire au contraire tolérer d'inoffensives aménités pouvant rendre plus supportable la vie monotone et âpre des petites gens.

A la vérité le gouverneur était bien l'autorité suprême sur l'entier territoire de la colonie. Mais ces brusques désaveux d'une artificielle et fausse piété ne manqueraient sûrement pas de faire naître, à la longue, certains conflits. Car ces bons et fervents messieurs d'Église avaient eux aussi leurs solides influences même en haut lieu. D'où naturellement pouvaient surgir de petites confrontations teintées de plus ou moins discrète acrimonie.

Puis, d'une chose à l'autre, Frontenac a voulu un

jour, et en toute innocence, ajouter aux divertissements de sa modeste cour personnelle. Il songea, sans arrière-pensée, à faire appel aux magnifiques ressources de ce qui se nomme depuis toujours le monde du théâtre. Ainsi le comte décida, de son propre chef, de faire jouer deux pièces d'une allure acceptable et plutôt inoffensive, soit Nicomède et Mithridate; la première de Pierre Corneille et la seconde de Jean Racine, tous deux dramaturges de premier plan, bien cotés en leur pays, même à la cour de France.

Mais, dans la première oeuvre, de vifs sentiments étaient manifestés à propos d'intrigues amoureuses, d'influences indues de certaines femmes, et de violentes disputes chez les nobles de la cour au temps de la Rome antique. Et dans la seconde pièce des mouvements hostiles étaient étalés sur la vie chaleureuse des autorités de la cour agrémentés d'ouvertes condescendances envers de multiples scènes de jalousie vieillissante mais toujours vivement amoureuse.

Or tout cela amena vite les séculaires gardiens de la morale traditionnelle, originaire du Moyent-Orient, à y déceler des allusions osées à l'endroit de situations impliquant les autorités en poste et leur entourage immédiat. Tout ce monde était ainsi présenté en public, et sur la scène, sous un jour peu favorable et coiffé d'une forme de discrédit déplorable. Et les antiques institutions disciplinaires et administratives ne pouvaient en aucune façon être traitées avec la moindre désinvolture par le commun des mortels, sous peine de sévères sanctions.

Aussi les augustes membres du haut clergé de notre pays ont été prompts à s'émouvoir et à réagir énergiquement contre un projet d'élocution dramatique aussi susceptible de semer un regrettable désarroi dans les âmes jusque-là dociles et bien rangées. Il y eut donc aussitôt des interventions plus ou moins discrètes pour appliquer un frein à ce dangereux et déplorable manège. L'évêque en titre de Québec a même formellement enjoint ses collègues subalternes de refuser toute absolution à quiconque oserait débiter en public des vers ou des thèmes pouvant présenter une allure quelque peu pernicieuse et fomentatrice de vilains doutes.

On voit d'ici la surprise chez le peuple au sujet d'une telle attitude répressive à propos d'un théâtre qui, par ailleurs, semblait bien avoir ses coudées franches en France même. Mais les austères et inflexibles surveillants des bonnes moeurs coloniales étaient à présent en alerte et sur le qui-vive. Ils ne laisseraient pas libre cours à des manifestations aussi susceptibles de faire naître le trouble dans les esprits jusque-là fermement retenus dans les strictes limites de croyances sûres, bien ordonnées et les seules jugées valables pour tout le monde sans exception aucune. A la vérité tous ces augustes ecclésiastiques faisaient eux-mêmes du très grand théâtre sans le savoir.

Mais, piqué par cette surprenante résistance des pieux eccclésiastiques du pays, Frontenac, peu connu pour être d'une soumission facile, décida de forcer la note et d'aller un peu plus audacieusement en avant en ce domaine comme pour voir ce qui arriverait. Il annonça simplement, comme si rien ne s'était produit de notable, qu'il ferait bientôt jouer rien moins que la fameuse pièce de Molière intitulée cavalièrement Tartuffe.

Or là, les allusions et les vues exposées, avec plus ou moins de discrétion, pouvaient sûrement avoir l'air de viser des gens qui se voulaient d'être en totale autorité spirituelle à l'intérieur de tout le territoire colonial. En effet, dans ce chef-d'oeuvre de la scène française, un faux dévot nommé Tartuffe se servait du paravent de sa vertu hautement proclamée pour s'introduire dans une famille de bons bourgeois, y obtenir la main et le reste de la fille héritière, y séduire également la mère du logis, et si possible encore s'emparer de tout le bien du prochain beau-père. C'était donc pas beau tout cela.

Mais, en outre des vivaces sentiments suggérés par les spirituels textes de Molière, des séries de vers étonnants pouvaient faire songer les gens avec trop de précision. Ainsi il était dit, par exemple à un certain moment:

"Cachez ce sein que je ne saurais voir . . ."
"Ah! vous êtes dévot et vous vous emportez . . ."
et encore plus loin,
"Il est avec le ciel des accommodements".
Cette fois les choses allaient très loin et les allu-

sions étaient trop précises. Il ne fallait pas que de telles paroles soient dites en public. Car tout le monde aurait compris qui était directement visé par les remontrances du dramaturge.

L'évêque en titre de Québec, Jean-Baptiste de la Croix de Chevrières de Saint-Vallier, décida cette fois et aussitôt d'intervenir en personne. Ça ne pouvait plus durer.

C'était donc la guerre sainte officiellement déclarée contre tous ceux qui auraient l'infâme audace de tenir de pareils propos qui presque sans équivoque placeraient, semblait-il, l'autorité ecclésiastique sous un jour définitivement douteux. Ce qui ne pouvait se produire chez nous.

D'abord le nom même du Tartuffe n'aurait été au départ qu'une habile déformation du nom réel d'un monsieur Artufet, personnage devenu fort discutable mais quand même un membre authentique, a-t-on dit, de la louable, pieuse et austère société ou Compagnie du Saint-Sacrement. On voit d'ici l'affolement. Tout cela pouvait donc devenir un affront irréparable pour les dignes dépositaires de l'intouchable ordre moral.

Aussi, à partir de cette décision de l'évêque d'intervenir lui-même, les choses ont marché rondement et les événements se précipitèrent.

Un jour l'évêque Saint-Vallier, dit-on, s'est arrangé pour rencontrer accidentellement le gouverneur Frontenac, alors que ce dernier était sur la grande place publique près de l'église des Jésuites et en train de discuter affaires avec M. l'Intendant Jean Bochard de Champigny. Le digne homme d'Église se serait alors approché des deux personnages civils pour échanger d'abord quelques compliments d'usage. Puis il aurait bientôt fait valoir à Frontenac combien il lui déplaisait d'entendre que la discutable pièce Tartuffe serait prochainement jouée à l'intérieur de son épiscopale ville de Québec. Et, aux mises au point du gouverneur qui rappelait finement la libre circulation de l'oeuvre en France depuis plusieurs années, l'évêque aurait admis savoir qu'en effet l'ouvrage était à présent autorisé en Europe. Mais il craignait cependant pour les pauvres membres de la colonie jugés non encore prêts pour des propos aussi susceptibles de jeter le trouble dans toutes ces bonnes âmes un peu sans défense à cause de leur isolement.

Frontenac toutefois continuait de se montrer récalcitrant et peu enclin à céder quand l'obstiné prélat eut soudain recours à un argument plutôt inusité de la part d'un digne représentant des valeurs spirituelles sur terre. L'évêque à présent trop engagé pour pouvoir reculer offrit à brûle-pourpoint et sans ambages au gouverneur une compensation monétaire de cent pistoles si Frontenac voulait bien mettre fin à ce déplorable projet théâtral. Les témoins de ces incroyables échanges verbaux n'en pouvaient certes croire ni leurs yeux, ni leurs oreilles vu la très haute qualité des interlocuteurs.

Mais l'imprévisible et souriant gouverneur se serait aussitôt ravisé. Prenant en main ferme la délicate situation il accepta séance tenante le douteux pot-de-vin offert personnellement par le chef de la haute hiérarchie. Cependant, pour bien marquer l'irrévocabilité de l'avance faite par le digne interlocuteur, M. le comte demanda aussitôt à M. l'Intendant de Champigny de rédiger et de faire signer sans retard par l'évêque une reconnaissance de dette en bonne et due forme afin que tout fut bien en règle. Et ce dernier pris au dépourvu et coincé a dû s'exécuter.

Les faits de ce curieux incident furent bientôt et naturellement connus dans toute la ville et les commentaires variés allèrent bon train. Frontenac, encore une fois, avait su se donner le beau rôle et cela aux dépens du pauvre évêque qui ne s'était pas assez défié d'un jouteur aussi rusé et expérimenté que le gouverneur. Mais il était à présent trop tard pour réparer ce vilain dommage.

Et si d'une part, dans cette aventure théâtrale, Frontenac était involontairement venu en conflit avec le chef de la hiérarchie ecclésiastique par ailleurs il se sentait soutenu par des amis assez influents.

En effet, par exemple, le grand voyageur et explorateur La Mothe Cadillac supporta ouvertement Frontenac dans toutes ses attitudes fermes à l'endroit du pouvoir clérical. En outre le célèbre baron La Hontan a aussi pris ouvertement parti contre toute ingérence ecclésiastique en ces matières de théâtre. Le gouverneur ne se sentait donc pas tout à fait seul en ce domaine, face à ceux qui voulaient lui créer des embêtements.

Par ailleurs il ne déplaisait sans doute pas tellement à ce dernier que cette affaire soit ainsi terminée à son ostensible avantage. Car il était peut-être allé un peu loin dans cette histoire et aurait pu s'attirer de petites critiques désagréables. Il était maintenant su, en effet, qu'agissant comme directeur de théâtre le comte avait également donné des rôles aux filles d'un artisan des environs lesquelles demoiselles, sans avoir encore de mari, avaient néanmoins eu des enfants, ce qui n'était pas tout à fait suivant les usages de l'époque. De plus M. le comte aimait bien lui-même, disait-on, faire répéter les rôles de ces apprenties comédiennes discrètement dans sa propre chambre et à porte close pour plus de silence et de concentration. Ce qui, là encore, pouvait engendrer divers commentaires et fausses impressions chez des personnes non initiées aux difficultés et embûches de la scène.

Tout cela n'était certes que de la rumeur sans fondement. Personne n'avait été témoin de quoi que ce soit d'anormal. Mais avec les mauvaises langues ces vilains potins pouvaient vite se propager. Par ailleurs le rôle de Tartuffe devait être joué par l'officier et bon vivant sieur de Mareuil qui venait tout juste d'être publiquement qualifié d'excommunié pour avoir accepté de devenir membre de cette suspecte troupe théâtrale recrutée par le gouverneur.

Il faut bien dire ici qu'on vivait alors à une époque où les sacrements de la sainte Église devaient être sommairement refusés aux magiciens, comédiens, farceurs, filles et femmes débauchées, et caetera. Aussi, à cause de ces petites anomalies moralisantes, Frontenac a sans doute cru sage de temporiser et de laisser se calmer les choses.

Cependant le comte n'était pas lâcheur. Il ne tarda donc pas à écrire au Ministre du Roi pour se plaindre des ingérences et des inflexibles rigueurs du clergé colonial qui, loin d'être une source d'encouragement et de réconfort, s'appliquait plutôt à persécuter les femmes du pays déjà placées elles-mêmes par le Roi sous son entière juridiction administrative.

En effet, annonça le gouverneur au Ministre, les ecclésiastiques de la Nouvelle-France gênaient beaucoup les consciences en dénonçant aigrement du haut de la chaire les cheveux frisés, les dentelles, les rubans et autres bagatelles inoffensives de coiffure ou d'accoutrement féminin, et cela provoquait de dangereux murmures de mécontentement chez le peuple. Les choses en étaient rendues au point que, même dans la solitude de leur modeste maison de colon, les pauvres dames devaient obligatoirement et en tout temps se couvrir les épaules et la gorge car autrement pour de telles pécadilles elles risquaient d'être publiquement exclues de l'usage des sacrements, alors une marque d'infamie aux yeux de tout le peuple.

C'était certes y aller un peu fort. Surtout dans les conditions ultra-difficiles où la population était forcée de vivre jour après jour, sans espoir de jamais en sortir. M. de Frontenac, tout gouverneur et commandant en chef qu'il fût sur le territoire de la Nouvelle-France n'avait donc pas toujours la vie facile surtout dans ses rapports avec l'inflexible clergé qui surveillait assidûment la conduite de tous les habitants du pays un peu comme au temps du Moyen-Age et de l'Inquisition. Et cela, au fait, n'était pas précisément la philosophie personnelle du gouverneur vis-à-vis ces matières et de ces gens mis en poste de commande par des autorités lointaines, inaccessibles et étrangères.

*　　*　　*

Puis naturellement usé par tant de labeurs, de guerres, de victoires occasionnelles et de disputes inutiles et même nuisibles, autant avec le clergé du pays qu'avec les ondoyantes autorités européennes, Frontenac toujours aux prises avec sa grande solitude a fini par tomber sérieusement malade. Il avait tout de même atteint l'âge assez respectable de 76 années.

Ainsi, à la mi-novembre de 1698 et comme tout bon administrateur, le comte a fait appeler deux notaires afin de dicter ses dernières volontés. Il prit ensuite le lit le vingt-deux novembre et par la suite l'Intendant Champigny fit rapport au Ministre que Frontenac était mort six jours plus tard soit le vingt-huit du même mois.

Ce fut alors qu'on a su que par son testament le

gouverneur désirait être inhumé dans l'église de ses amis les Récollets auxquels il laissait d'ailleurs une somme assez substantielle en souvenir de leurs bons rapports communs.

Mais sur une autre dernière volonté Frontenac, sans le savoir auparavant, allait subir une nouvelle et ultime contrariété. En effet le comte avait demandé que l'on fit un coffret pour qu'on y mette son coeur afin que ce dernier soit envoyé à son épouse toujours lointaine qui, à son tour, était requise d'aller déposer cet étrange reliquaire à l'église de Saint-Nicolas-des-Champs à Paris. Malheureusement l'hiver était commencé et tous les voyages outre-mer interrompus. L'envoi prévu à l'adresse de l'épouse devenue veuve n'a pu se faire qu'à l'ouverture des voies navigables le printemps suivant. Et dans les frustes conditions de réfrigération de l'époque on peut se faire une idée de l'état pitoyable du pauvre coeur après le long délai écoulé.

Aussi lorsque le macabre réceptacle arriva à Paris, au cours de l'été suivant, Madame Anne de la Grange-Trianon en a littéralement éprouvé un sérieux choc quand on lui annonça l'étonnant envoi de la part de son défunt mari décédé en Amérique. Et, pour des raisons qui n'ont pas été expliquées, la bonne dame refusa sommairement d'accepter cet étrange colis ou d'aller, tel que requis par le défunt, le déposer à l'église de Saint-Nicolas.

Alors, dans le beau style habituel des fins lettrés de la cour de France, Madame veuve de Frontenac après réflexion aurait bientôt répondu aux messagers en attente par une phrase qui se voulait remarquable et qui aurait dit qu'elle "ne voulait pas accepter dans la mort ce coeur qui ne lui avait pas appartenu dans la vie . . ." ou quelque chose du genre. Le texte précis de cette spirituelle repartie ne semble malheureusemnt pas avoir survécu et c'est regrettable. Mais on n'y peut rien.

Donc aussi malchanceux que Champlain, qui n'avait pas su à qui offrir son coeur et ses biens, Frontenac avait légué le sien à sa douce et légitime moitié qui n'en a pas voulu et l'a retourné à son propriétaire. Décidément nos hommes remarquables du passé n'avaient pas de veine sous ce rapport des colloques sentimentaux.

Le pauvre coeur itinérant et son piteux coffret étant refusés ont donc dû refaire en sens inverse la traversée de l'Atlantique pour retourner mélancoliquement à Québec et rejoindre enfin la dépouille du comte qui depuis un bon moment reposait en paix dans l'humble église des Récollets.

Mais comme terme convenable à l'extraordinaire carrière du gouverneur Frontenac, et ce en dépit de la rebuffade ultime de l'épouse toujours appréciée bien que volontairement distante et lointaine, on pourrait à présent citer l'inscription du Père jésuite Charlevoix qui n'a que plus de valeur, car les membres de cette communauté n'ont pas toujours été d'accord avec l'illustre défunt.

Ainsi le Père Charlevoix a semblé vouloir résumer adéquatement cette remarquable aventure coloniale en peu de mots quand il a simplement écrit quelque temps plus tard à propos du comte que "la Nouvelle-France lui devait tout ce qu'elle était à sa mort". On peut difficilement dire mieux.

Ce qui était tout de même fort gentil et devait sans doute traduire assez bien les sentiments personnels d'à peu près toute la population coloniale française au moment où Frontenac a un jour quitté l'avant-scène qu'il avait dominée vigoureusement et si longtemps.

* * *

Après ce qui vient d'être brièvement rappelé à propos de l'inimitable Frontenac il devient un peu gênant de vouloir faire étalage d'autres cas de manifestations affectueuses pratiquées autrefois relativement à ciel ouvert en Nouvelle-France.

Cependant on pourrait peut-être et à tout hasard, parler des pratiques assidues d'un certain gentil racolage lequel à présent semblerait paraître un phénomène secondaire mais qui, paraît-il, se serait néanmoins produit au pays dans le passé.

On sait en fait par le naturaliste et écrivain suédois Peter Kalm que beaucoup de jeunes filles du Canada avaient développé l'habitude, leur toilette du matin étant terminée, de se placer près d'une fenêtre ouvrant sur la rue. Elles tenaient alors à la main quelque petit ouvrage de couture et faisaient de temps à autre un point à l'aiguille mais sans jamais s'arrêter de regarder au dehors pour voir ce qui survenait d'intéressant.

Un jeune passant pouvait alors s'arrêter et entrer dans la maison de la demoiselle et cela qu'il fût connu ou non. Et naturellement qu'aussitôt l'assidu travail de reprisage était mis de côté. On passait à d'autres occupations qui comprenaient de la causette, des sous-entendus, de vives plaisanteries, et cetera. C'était une ancienne et fort louable coutume sociale et de bonne camaraderie qui, dit-on, a continué d'être assez régulièrement pratiquée jusqu'à ces derniers temps dans un unique esprit de bon voisinage qu'il ne faudrait pas laisser se perdre comme on a fait pour d'autres anciennes et belles traditions de chez nous. La bénédiction du Jour de l'an au matin par exemple que nous avons comme ça laissé tomber. On le regrettera un jour si on continue de ne pas respecter les vieilles institutions du passé.

Il serait évidemment encore loisible d'insister davantage sur la belle et active vie sociale du notable Intendant Bigot dont l'entourage immédiat semblait graviter en permanence et vigoureusement autour de Madame de Péan, "la sultane" toujours aimable mais également ambitieuse et un peu intrigante. Ainsi, comme par hasard, l'ineffable, discret et docile Monsieur de Péan semblait toujours être monétairement favorisé par l'Intendant Bigot et ne paraissait pas s'en porter plus mal pour autant. Bien au contraire. Il avait des sous et était libre de faire ce qu'il voulait bien lui aussi.

Mais une situation plus étonnante encore pourrait être celle qui amena un jour deux personnages aussi importants que monsieur le gouverneur de Courcelles et monsieur l'Intendant Jean Talon à courtiser presque ensemble et tour à tour la séduisante et fort plaisante Madame Barbe Boulogne, devenue soudain veuve de Louis de Coulonge d'Ailleboust, lui-même auparavant et en son temps lieutenant-général et gouverneur de la Nouvelle-France.

Or, tout à coup mise en présence d'un pareil dilemme, la bonne dame a semblé vouloir s'abstenir pour un temps et remettre à plus tard sa décision. D'ailleurs elle était en mesure de n'avoir pas à se presser. Elle possédait déjà en main propre les emplacements de Coulonge, d'Argentenay, des Grondines et de Villemay. Et à titre de veuve d'un ancien gouverneur, en plus de ses attributs tout à fait personnels, elle faisait naturellement partie du très beau monde de la Nouvelle-France de l'époque. Puis, pour peut-être réfléchir dans un meilleur calme, sur le choix proposé par les deux soupirants, elle se serait retirée pour un temps au noviciat des Ursulines. Après quoi, pour continuer encore de jongler avec cette double proposition, elle se dévoua aux oeuvres des Soeurs Hospitalières au bénéfice des pauvres. Mais, à force de temporiser sans se décider, elle a fini par mourir seule et bien sagement dans sa propre maison située dans le voisinage de l'Hôtel-Dieu. Et les deux soupirants ont donc dû se résigner à regarder ailleurs pour atteindre les fins qu'ils avaient ouvertement désirées dans ces approches assidues faites au beau sexe.

Mais, à propos de cet intrigant petit manège, de méchantes langues ont par la suite raconté que Marie Barbe, fille de Florentin de Boulogne, en épousant en 1612 à Paris le sieur Louis d'Ailleboust, avait à ce moment formé avec son nouveau mari un voeu conjoint et secret de pratiquer tous les deux une totale virginité après le mariage. Une fort curieuse abstinence qui était sans doute plutôt inusitée. Et ainsi sans le savoir, ni pouvoir le vérifier, l'Intendant Talon et le gouverneur de Courcelles avaient tous deux eu le juste pressentiment de se trouver tout près d'une perle rare. Ce qui était alors vrai si la pauvre fille n'avait permis à aucun homme de pénétrer dans le petit cercle de sa secrète intimité.

Et cela pourrait également expliquer qu'après son aventure maritale rudimentaire et peu expérimentée à cause de ce non-emploi de précieuses et vives ressources naturelles, elle a hésité si longtemps à rompre cet état de choses et à s'offrir le grand inconnu avec de beaux messieurs débordant littéralement de folles espérances. Alors sans doute pour faire diversion, et tenter d'oublier le petit bonheur qui venait ainsi frapper vigoureusement à sa porte, elle s'était éperdument lancée dans ce qui s'appelle encore aujourd'hui la distraction des bonnes oeuvres. Et dans cette soudaine fuite accélérée des tentations de la chair qui la pourchassaient, sans connaître le détail de son intégrité personnelle et volontaire, il faut espérer qu'elle a pu enfin trouver ce qu'on appellerait la paix de l'esprit sinon celle du coeur et de sens.

Au fait, aucun ne sachant ce que l'autre pouvait bien mystérieusement réussir en secret, cette petite intrigue amoureuse et faussement triangulaire avait aguiché les malins du pays. De bon mots furent alors lancés, à propos de cette histoire sans issue, et suggéraient qu'un gouverneur court celle qui a déjà un intendant sur les talons. Cela n'était peut-être pas très fort comme trouvaille mais l'occasion était trop belle pour la laisser passer sans de gentils mots qui se voulaient spirituels.

Franchement au pays d'autrefois on aura certes tout vu au niveau des amours interminables.

*   *   *

Et pour compléter ces brefs commentaires sur des élans amoureux, exprimés jadis d'une façon pas trop silencieuse, on pourrait encore relater la surprenante aventure d'Anne Emond. Cette petite, à l'âge de seize ans, serait tombée follement amoureuse d'un soldat du nom de Joseph Gaulin. Et alors, pour ne pas risquer de perdre en tout ou en partie son amour tout nouveau, elle se serait lancée dans une curieuse embardée qui, à elle seule aurait fait échouer, paraît-il, une grosse expédition militaire minutieusement organisée par l'autoritaire gouverneur M. de Frontenac en personne.

Il serait peut-être intéressant d'indiquer tout de suite que l'incident en question serait survenu en 1696 c'est-à-dire vers la fin du deuxième mandat du comte de Frontenac. De plus si à ce moment Anne avait seize ans elle serait donc née en 1680 ou environ. Il a également été rapporté qu'elle habitait l'île d'Orléans, que son père s'appelait René et qu'en outre elle avait un frère. Tout cela pourrait ainsi coïncider avec d'autres événements qui sont, depuis lors, eux aussi connus.

En effet un certain René Emond originaire de l'île de Ré en France, et né vers 1636, se serait par la suite établi à Saint-François en l'île d'Orléans au Canada. Etant né sur une île il se serait naturellement installé sur une autre en arrivant en Nouvelle-France.

Or ce nouvel arrivant René Emond se maria à Québec en octobre 1663, soit à l'âge de vingt-sept ans, alors qu'il a pris pour femme Marie La Faye ou La

Paye. Cette dernière, née vers 1633, aurait été originaire de Saint-Onge en France et la fille de feu Pierre et de Marguerite Constantin puis elle aurait marié à Québec René Emond en 1663 et M. de Maisonneuve aurait assisté et signé comme témoin au contrat de mariage.

En outre Marie La Faye ou La Paye, suivant la calligraphie qu'on préfère, a été classée dans la liste des Filles du Roi dont les noms nous sont à présent connus. Petit incident qui ajoute un certain charme à cet épisode ancien. Et, autre fait intéressant, huit ans après la naissance d'Anne soit en 1688, une soeur plus âgée aurait, elle aussi, fait sérieusement parler d'elle dans la colonie française au Canada. Elle s'appelait Marie-Madeleine Emond également fille de René et de Marie La Faye de Saint-François et elle aurait aussi en son temps vécu une assez remarquable expérience.

En effet Marie-Madeleine rencontra un jour puis épousa sans délai un certain Nicolas Dupuis fraîchement arrivé de Paris et se déclarant un veuf de bonne foi. Le nouveau ménage s'est aussitôt établi à Lachine près de Montréal et peu après un fils également appelé Nicolas comme son père serait né en fin d'octobre 1684. Ensuite il y eut une fille nommée Louise et encore un autre fils appelé Louis. On ne se tracassait guère pour dénicher des prénoms originaux. Les affaires marchaient donc rondement et tout semblait aller pour le mieux dans le meilleur des mondes.

Mais il fallait à présent songer aux ressources monétaires indispensables pour faire vivre tout ce monde assez convenablement, ou du moins tenter de le faire.

Nicolas Dupuis s'est alors senti serré d'un peu près au niveau des finances familiales et, comme beaucoup d'autres, il songea, lui aussi, à aller tenter sa chance dans les territoires lointains de l'ouest où la rumeur voulait que l'on puisse faire une rapide fortune dans le commerce des fourrures. A condition, bien sûr, d'y mettre un peu de vigueur et de patience.

L'homme avertit donc sa famille de sa décision et un beau matin il est parti avec d'autres vers le grand inconnu. On a su plus tard qu'il était rendu aux environs du fort de Michilimakinac à la jonction des lacs Michigan et Huron c'est-à-dire à plus de 600 milles de distance et dans ce qui serait aujourd'hui le Michigan aux Etat-Unis d'Amérique. Il faut certes reconnaître tout de suite ici que dans les frustes conditions de voyage de cette époque il fallait que les gens aient du cran pour entreprendre des randonnées aussi hasardeuses.

Dupuis était donc rendu très loin et il lui faudrait littéralement des mois pour revenir à la maison de Lachine quand il déciderait un jour d'entreprendre l'également difficile chemin de retour. Mais pendant ce temps sa femme Marie Emond était bien seule après avoir connu quelques années d'une vie maritale assez intensive comme en faisait foi les trois naissances successives et plutôt rapprochées les unes des autres.

Aussi il semble que la belle esseulée a alors jeté un oeil inquisiteur dans son entourage afin d'obtenir sans trop de délai des consolations dont elle croyait légitimement avoir un pressant besoin. D'ailleurs la rumeur publique soutenait sans fausse honte que les hommes devenus coureurs des bois étaient régulièrement bien pourvus sous le rapport de réconforts personnels par la grâce des gentilles Indiennes inlassablement prêtes à rendre service surtout aux visiteurs de passage qui venaient de loin, parlaient une langue harmonieuse, et savaient faire du charme. Ce qui était particulièrement le cas des Français itinérants.

Et pour la solitaire Madame Emond les choses ont dû alors marcher rondement. En effet à la mi-février 1688, soit à peine un an et demi après la naissance du dernier né Louis, Marie-Madeleine se trouva soudainement enceinte et bon gré mal gré elle a dû se réfugier chez un ami compatissant du nom de Pierre Cardinal. L'enfant nouvellement arrivé en l'absence prolongée du père était une fille qui fut aussitôt appelée Marie-Catherine.

Or la nouvelle accouchée, malgré les pressions du curé de l'endroit, refusa obstinément de nommer celui qui était le père de l'enfant née pendant le long voyage du sieur Nicolas Dupuis réputé être toujours dans la région du fort Michilimakinac. Et malgré sa condition précaire Marie-Madeleine aurait néanmoins promis de voir à nourrir et à bien élever la petite qui venait de naître. Ce qui était certes un bon point pour la jeune femme ainsi laissée depuis un bon moment à ses maigres ressources personnelles et qui n'en continuait pas moins à faire courageusement face aux aléas de ce qu'on appelle la vie surtout en lointain territoire colonial.

*   *   *

Il semble donc que la famille Emond de l'île d'Orléans paraissait destinée à faire parler d'elle au sein de la colonie naissante. Et l'aventure subséquente de la jeune Anne Emond également fille de René se situe assez bien dans le cadre de ces belles expériences familiales.

Un jour donc il y avait une petite de seize ans qui habitait à l'île d'Orléans près de Québec en 1696. Elle s'appelait Anne Emond fille de René et à ce moment le comte de Frontenac, gouverneur de la Nouvelle-France, avait mis sur pied une armée de plusieurs milliers de combattants en vue d'aller faire une sérieuse visite aux agaçants Iroquois à l'intérieur même de leur région des Grands Lacs.

Or Anne, malgré son jeune âge, était tombée sérieusement amoureuse d'un militaire mobilisé qui s'appelait Joseph Gaulin. Et, avec une vilaine guerre en préparation, Anne a eu sérieusement peur de voir partir et peut-être même de perdre son amoureux dans ce qu'elle considérait à présent une folle et inutile équipée martiale.

Et il est notoire que toute femme, même très jeune, qui a une idée en tête sait bien vite trouver les moyens nécessaires pour atteindre les fins qu'elle recherche. Surtout quand ses fibres les plus intimes le lui commandent. Aussi la petite soupirante de seize ans a bientôt conçu un plan ingénieux qui, à son sens, pouvait contrecarrer les desseins jugés néfastes du belliqueux gouverneur Frontenac.

D'abord elle subtilisa les habits de son frère. Puis ainsi vêtue au masculin elle soudoya un nommé Jean Bouchart qui s'adonnait à aller à Québec en canot. Anne jouant bien son rôle, dans le plan prévu, arriva sous les murs de la ville où aussitôt devenue un jeune garçon affairé elle entreprit de rapporter ici et là qu'elle arrivait tout juste de Boston où elle avait vu que le grand navigateur Pierre d'Iberville avait été capturé et mis à mort par les Anglais. De plus elle avait remarqué que pas moins de quatre navires ennemis allaient se diriger vers le fleuve Saint-Laurent et qu'à présent ils devaient être rendus aux environs de Tadoussac. Avec les piètres moyens de communication de l'époque il était difficile de vérifier rapidement les détails de manoeuvres maritimes se déroulant à des distances aussi éloignées. Mais, une fois bien partie, Anne continua vigoureusement son fascinant récit. Elle précisa même que pas moins de trente-quatre autres vaisseaux transportant près de onze mille hommes devaient à leur tour bientôt partir pour venir attaquer Québec sans plus de délai. Et l'on comprendra facilement l'émoi et la panique qui s'emparèrent aussitôt de la population à l'annonce de cette menace qui allait fondre sur les gens mal préparés pour une pareille attaque. D'ailleurs tout cela était fort plausible sinon normal. En effet quelques années plus tôt l'amiral Phipps était déjà venu en 1690 à Québec pour sommer le gouverneur de rendre la place sans discussion. Le projet de cette soudaine invasion n'avait certes pas réussi grâce surtout à la crânerie de Frontenac qui devait répondre par la bouche de ses canons. Ainsi tout cela pouvait bien n'avoir été que partie remise. Une nouvelle invasion par voie fluviale pouvait assurément se reproduire et on devait donc y faire face avec tous les moyens disponibles. Sinon c'était la catastrophe.

Malheureusement Anne s'est elle-même prise à son jeu et elle a poussé un peu trop loin sa propre invasion à l'intérieur des murs de Québec.

Elle céda soudain à la folle inspiration de vouloir se faire conduire jusqu'au château du gouverneur où elle rencontra un secrétaire un peu alerte et à qui elle répéta les détails de cette aventure anglaise projetée pour un avenir prochain.

Mais toute bonne chose finit souvent par avoir une fin plutôt imprévue.

Quelqu'un du personnel du château a tout à coup eu des soupçons. En un tour de main habile une vérification sommaire mais précise fut faite et on s'est alors aperçu que le jeune voyageur arrivant de très loin avec beaucoup de nouvelles était sans erreur et indiscutablement rien d'autre qu'une frêle petite fille. Cela n'était peut-être pas fatal car, à l'époque, des filles s'habillaient souvent en garçon pour différents motifs. Il s'était à la vérité déjà produit des cas de ce genre connu.

Mais c'était bien hélas!, une première faille dans le gentil récit de la jeune Anne Emond. Désarçonnée et fort troublée, elle n'a ensuite pas pu tenir le coup sous un questionnaire plus personnel et serré. Elle passa bêtement aux terribles aveux. Elle avait conté des blagues un peu partout et c'était devenu dommageable pour les autorités trompées. L'affaire prenait donc une sérieuse tournure qui méritait au moins une bonne fessée à l'endroit habituel pour ce genre de chose afin d'être efficace.

Elle fut arrêtée, puis amenée devant un juge et, après la preuve entendue, elle fut condamnée comme il fallait s'y attendre.

La sentence, qui se voulait exemplaire pour éviter des répétitions du même genre, décréta alors qu'elle devait être conduite sous escorte par les rues de Québec pour y être, ici et là aux divers carrefours, battue de verges sur ses épaules dénudées et ensuite envoyée en prison en attendant que ses parents arrivent pour en prendre charge et la ramener assez ignominieusement à sa maison de l'île d'Orléans. Son père et sa mère furent d'ailleurs eux-mêmes avertis assez sévèrement par le tribunal d'avoir à mieux surveiller leur fille espiègle à l'avenir. En outre, et sans qu'on sache trop comment Anne Emond pourrait exécuter la partie additionnelle de la sentence, la prévenue était aussi condamnée à une lourde amende de vingt-cinq louis. Et, pour comble d'infamie, les vêtements de son pauvre frère innocent qui avaient servi au petit déguisement demeureraient sous saisie officielle et seraient bientôt vendus aux enchères publiques. Le produit de cette fort curieuse transaction, si minime qu'il pourrait être, serait ensuite remis aux pauvres hébergés à l'Hôpital Général de Québec. Une curieuse retombée de l'affaire que sans doute personne n'avait prévue au départ.

Mais ce que femme veut, Dieu le veut, dit-on!

Anne Emond a tout accepté sans broncher et a su en prendre vaillamment son parti.

L'histoire, depuis lors racontée, ne révèle cependant pas si les amours avec le soldat Gaulin ont continué avec autant d'ardeur qu'auparavant. Mais Anne avait sûrement gagné son point. Avec le petit subterfuge ingénieux elle avait réussi à faire sérieusement retarder le départ de l'armée destinée aux Iroquois. Et l'on sait qu'en termes militaires les délais prévus pour les phases d'une opération d'envergure doivent toujours être observés avec grande rigueur pour le maintien du bon ordre chez les troupes en mouvement et aussi pour exécuter les multiples transactions concomitantes et indispensables pour le succès de l'entreprise.

En outre le chat était littéralement sorti du sac. Tout le monde, y compris les Iroquois, était maintenant au courant des vilains projets du gouverneur. Ainsi l'élément essentiel de la surprise à l'attaque n'existait plus. L'effet recherché était à présent détruit. Anne avait été trop bavarde.

La frêle Anne Emond avec ses petits moyens avait donc eu le meilleur sur une formidable armée de plus de 2 500 combattants. Ce qui, somme toute, n'était pas si mal et valait la peine d'être noté.

13. D'étonnants aspects amoureux de la vie de naguère

Cela n'ajouterait peut-être pas beaucoup au présent récit de rappeler des mariages successifs qui naguère furent chez nous pratiqués littéralement en série et à la demi-douzaine, ou des cas de jumeaux obtenus à répétition chez les membres d'une même famille, ou encore des postérités surabondantes pouvant aller jusqu'à vingt-cinq enfants et même davantage. Toutes ces choses suggéreraient certes des manifestations amoureuses remarquables. Mais des expériences de ce genre ont pu fort bien se produire en d'autres lieux et alors ces performances locales manqueraient un peu d'originalité.

Il y a cependant deux aspects du phénomène spécifiquement marital qui chez nous, autrefois, ont différé sensiblement des pratiques habituelles en Occident, et qui, pour cette raison, peuvent mériter une brève mention.

Par exemple, pour un temps, nos anciens ont eu recours occasionnellement à une invention importée d'Europe qui a vite obtenu chez les nôtres une faveur notoire. Cet exercice innovateur d'épousailles clandestines et à la sauvette, malheureusement aujourd'hui disparu de nos usages, fut appelé assez étrangement: mariage "à la gaumine". Et, à cause d'une dérogation ostensible aux règles anciennes de l'orthodoxie, cela naturellement attira une fois encore le courroux évident des autorités en place. Ces bonnes âmes ne trouvèrent pas la chose bien drôle car elles étaient soudain mises en assez vilaine posture publiquement et d'une façon imprévue. C'était gênant.

Le pieux Concile de Trente, qui à l'époque se proposait de régir méticuleusement notre conduite sociale partout en Occident, avait, vers 1579 et après mûre délibération, édicté par le saint décret Tametsi que, sous peine de nullité, tout mariage devait être célébré en présence du curé "propre" et de deux témoins. C'était assez clair. Il n'y avait pas moyen de faire autrement et éviter la règle applicable à tous sans exception dans notre petit univers vivant en vase clos.

Or il s'est produit des cas où des gens, pour des raisons personnelles qui n'avaient pas à être décrites à des étrangers, ont voulu un jour convoler en justes noces. Ce qui était certes leur droit le plus naturel.

Mais soudain, pour des motifs nébuleux, ces soupirants ont appris de la bouche du curé que leur union projetée serait inadmissible, et ainsi non reconnue par ceux qui possédaient ce pouvoir exclusif. C'était donc l'impasse. Car l'approbation du pasteur était essentielle et le saint homme opposait tout à coup son veto, sans avoir lui non plus à expliquer ses raisons d'agir ainsi. On peut tout de suite deviner la confusion totale qui assaillait aussitôt les petites gens sans défense.

Mais l'homme ne vit pas seulement de pain; il peut aussi en cas d'urgence faire appel aux ressources insondables de son esprit afin de se tirer d'un vilain embarras et de rétablir un peu l'ordre des choses.

En Europe, en effet, un certain monsieur Michel Gaumin, Intendant et donc assez important de métier, avait eu à faire face à ce malveillant problème. Il étudia la chose et rechercha une solution à ce désagréable dilemme. Et naturellement qu'il a vite trouvé.

Il s'agissait simplement pour les aspirants époux de se rendre à l'église accompagnés de deux témoins alors que se déroulaient les péripéties d'un louable service religieux. Puis durant que le curé sans méfiance s'affairait aux dévotions de l'office, les conspirateurs se levaient tranquillement dans l'assitance et à tour de rôle déclaraient à haute et intelligible voix qu'ils se prenaient mutuellement pour mari et femme, sans plus de cérémonie.

Ça n'était pas plus compliqué. Les futurs époux se trouvaient au temple en présence du curé même si pour l'instant il regardait ailleurs, ce qui ne changeait rien. Les déclarations successives des participants se faisaient devant les deux témoins requis. Toutes les conditions essentielles exigées par l'auguste concile étaient donc rigoureusement accomplies et personne ne pouvait trouver à redire. Le curé par la suite se permettrait peut-être une fervente et compréhensible colère au grand scandale de l'assistance. Mais il se voyait devant le malheureux fait accompli. Il n'y pouvait plus rien. L'acte était irréversible.

La nouvelle s'est naturellement vite propagée comme une traînée de poudre. Et tous ceux qui, chez nous, ont subi des rebuffades jugées inacceptables ont promptement songé à recourir à cette ingénieuse procédure qui leur permettait d'atteindre rapidement leurs fins sans risquer de trop désagréables censures.

Les autorités en auguste fonction ont mal pris la chose.

L'évêque Saint-Vallier en personne, le deuxième à occuper le siège épiscopal de Québec, décida d'intervenir sans retard par un sévère mandement rempli de foudres canoniques allant même jusqu'à menacer de l'excommunication, depuis toujours l'arme efficace ultime. Ce qui à l'époque était très grave car, par la suite, personne ne pouvait même plus parler à celui qui avait ainsi été retranché de la communauté des fidèles et encore moins transiger avec un tel mécréant, à présent destiné au châtiment du feu éternel. Et cela deviendrait vite embêtant dans une région isolée, aussi restreinte, peu peuplée, et où tous devaient pouvoir compter quotidiennement les uns sur les autres pour simplement survivre.

Et pourtant, en dépit de ces rêches obstacles, les chroniques anciennes ont consigné de nombreux cas de ces mariages dits à la gaumine et jugés peu orthodoxes par de bonnes âmes s'affichant, en apparence, irréparablement scandalisées.

Ainsi un jeune officier français du nom de Louis de Montéléon, et en poste au pays depuis quelque temps, a voulu épouser Marie-Anne-Josette de Saint-Martin, union qui était d'ailleurs recherchée et approuvée par Alexandre Joseph de Saint-Martin capitaine de la marine, le père de la future, et également par la mère Madeleine-Louise Juchereau de Saint-Denis. Tous donc de l'assez grand monde.

Suivant la procédure en usage le couple s'est tout uniment rendu auprès des représentants ecclésiastiques alors en fonction pour voir aux détails de la cérémonie projetée. Or pour des raisons connues de lui seul le très révérend Charles de Glandelet, fort de son haut rang de grand vicaire, opposa aussitôt une fin de non-recevoir à cette demande pourtant normale. Et le motif avancé pour un tel refus était qu'avant de songer à une pareille solennité le futur époux devait obligatoirement obtenir un certificat authentique à l'effet qu'il n'était pas déjà marié quelque part outre-mer.

Cela, du même coup, tuait donc net tout projet de mariage. Car, pour se procurer un tel document, il fallait d'abord se rendre en France, et une traversée océanique dans les conditions de l'époque en petit voilier pouvait durer environ trois mois pour l'aller seulement. Cela remettait donc inévitablement le projet d'épousailles à l'année suivante. En effet il faudrait ensuite procéder au voyage du retour après le séjour en Europe et toute navigation de ce genre ne pouvait être pratiquée que durant la belle saison sans quoi on courrait sûrement à un désastre et aucun capitaine de vaisseau n'aurait pris un tel risque.

En outre il fallait sérieusement se demander quel personnage officiel en Europe pouvait bien émettre un pareil document de non-mariage. Il aurait ainsi fallu faire le tour de beaucoup de paroisses européennes afin d'établir que ni ici, ni là, le soldat itinérant de par son métier n'avait pas déjà contracté une union de ce genre avec quelque belle inconnue. A toute fin un certificat produit par la suite pouvait être jugé incomplet, insuffisant et non valide parce que n'établissant pas avec sûreté absolue la sévère condition préalable exigée par l'ecclésiastique de Québec qui au fond se mêlait de ce qui ne le regardait pas beaucoup.

Il était donc clair que le grand-vicaire important, pour des raisons personnelles et obscures, ne voulait pas d'un tel mariage sans qu'on puisse savoir pourquoi. Et les intéressés en furent naturellement assez chagrinés. A part du fait qu'on faisait planer sur l'officier du roi un vilain soupçon de tentative de fraude ce qui devenait subitement très grave en la circonstance. Car les militaires de rang ont toujours été chatouilleux à propos de leur réputation.

Tout à fait pris par surprise, et ne s'étant nullement

attendu à un aussi imprévisible résultat de veto, et comprenant sur-le-champ que la condition imposée était quasi irréalisable, le fiancé fut alors piqué au vif dans son honneur d'homme et de militaire. Et, avant qu'on ait pu intervenir, il se lança aussitôt dans une violente bordée de paroles fort aigres-douces en direction précise du grand-vicaire qui, à son tour éberlué, n'avait visiblement pas escompté une réaction aussi peu habituelle de la part d'un simple laïque à l'endroit d'un membre de l'intouchable hiérarchie.

Personne n'était préparé pour ce résultat qui ne s'était visiblement jamais vu, du moins dans nos murs.

Il paraît même que les beaux-parents, fortement déçus à leur tour, ont aussitôt encouragé l'officier offensé à se jeter séance tenante sur l'ecclésiastique pour lui infliger une sérieuse correction. Mais par ailleurs ce dernier, de par ses fonctions habituellement onctueuses et son entraînement préalable dénué de toute rudesse, était assez mal préparé pour offrir une résistance valable à un tel projet d'assaut directement corporel. Le grand-vicaire, sérieusement empêtré dans ses chamarrures, ne pouvait assurément pas sortir le vainqueur d'une confrontation aussi inégale. On peut vite deviner la scène. C'était véritablement l'impasse totale.

Or, à l'instant où l'officier du roi blessé dans son honneur allait se lancer avec une violence évidente sur le saint abbé pour lui infliger de fort mauvais traitements, ce fut semble-t-il la mère de la future épouse qui serait intervenue et aurait même pris à haut-le-corps le fiancé qui en fut encore plus ahuri. Il n'était visiblement plus possible de parlementer dans le calme pour en arriver à une sorte d'arrangement acceptable par les parties intéressées. L'entrevue commencée en douceur et avec des sourires généreux et généralisés sombrait donc dans la confusion et une totale anarchie acrimonieuse.

Cependant même les personnes de haut rang dans notre petite socité coloniale de jadis ne dédaignaient pas, à l'occasion et en cas d'urgence, de recourir à des mesures réservées d'ordinaire aux simples couches populaires plus humbles.

Ainsi l'officier de marine Louis de Montéléon, sa fiancée Marie-Anne-Josette Saint-Martin et la mère de cette dernière s'entendirent bientôt et en secret pour assister, au début de janvier 1711, en la modeste église de Beauport à une cérémonie de mariage impliquant cette fois de petits artisans de l'endroit qui s'appelaient, dit-on, Thomas Touchet et Geneviève Gagnier. Et soudain, à la surprise générale, pendant que le curé le dos à l'assistance s'occupait d'accomplir avec ferveur et en grand silence le rite solennel de la consécration des espèces, Montéléon se leva et demanda à haute voix au célébrant d'exécuter tout de suite son propre mariage. Puis, sans hésiter un instant, Montéléon encore à haute voix déclara qu'à l'instant même il prenait pour épouse la demoiselle ici présente Marie-Anne de Saint-Martin après quoi cette dernière à son tour déclara aussi à haute voix qu'elle prenait pour son mari ledit sieur présent et acceptant Louis de Montéléon et que de plus, pour tous les deux, le peuple alors assemblé était témoin de leur mariage exécuté suivant le rite de l'église.

On peut imaginer la stupeur qui frappa aussitôt l'assistance qui n'y pouvait rien et la mine désemparée du pauvre pasteur lui-même impuissant et mis soudain en face d'un fait accompli et avec non seulement un mais à présent et en même temps, deux mariages sur les bras. Et, pour comble d'embêtement, le rigoureux rituel mystique de l'époque n'avait pas prévu de pareilles interventions, ni de tels développements. Il ne restait alors plus qu'à savoir comment cette gentille et calme cérémonie pourrait se terminer avec un semblant d'ordre.

Naturellement qu'aussitôt l'office conclu à la hâte et sans fanfreluche, pour en finir avec cette situation intenable, le curé affolé courut à toutes jambes vers son presbytère. Et, toute autre occupation cessante, le saint homme rédigea précipitamment et avec fermeté à l'adresse de l'évêque les détails de ce qui venait de se passer sous son nez et bien malgré lui dans sa propre église. Ce qui devenait très grave.

Encore une fois, c'était l'impasse et à présent même un peu ridicule. La hiérarchie n'avait pas le beau rôle, loin de là. Il fallait faire quelque chose le plus rapidement possible pour régler cette vilaine histoire avant que tout cela ne se gâte davantage.

L'évêque, à son tour pris par surprise surtout à

cause du haut rang des parties impliquées, s'affaira à consulter sans retard l'Intendant même de la colonie afin de trouver une solution qui aiderait à préserver un peu la face de toutes les parties en cause.

A ce sujet un dossier fut préparé et mûrement étudié après quoi un arrêt fut rendu. Une pénalité de vingt livres était imposée d'office aux participants de cette cérémonie inhabituelle laquelle somme, encore une fois, devait être remise généreusement aux inévitables pauvres de la paroisse où l'incident s'était produit.

Et comme en outre il ne semblait pas possible de pouvoir agir autrement, l'obtention préalable du fameux certificat de non-mariage étant oubliée, l'alliance à la gaumine fut rendue valide par décret officiel dès le quinze février qui suivit.

Ainsi, encore une fois, tout allait pour le mieux dans le meilleur des mondes. L'évêque méticuleux avait dûment exercé son autorité épiscopale et appliqué les sanctions jugées nécessaires en l'occurrence et, pour leur part, les jeunes époux se voyaient maintenant régulièrement mariés devant l'Église et les hommes.

Au fond c'était bien tout ce qu'ils avaient demandé et voulu obtenir depuis les débuts de cette laborieuse entreprise maritale qui, dès le départ, aurait dû avoir été la chose la plus normale du monde. N'eût été l'imprévisible saute d'humeur du pieux grand-vicaire dont à présent il n'était simplement plus question. Sauf qu'entre lui et l'évêque il y a dû, par la suite, y avoir des échanges de mots précis même si pas tout à fait canoniques. Mais cela on ne le saura jamais.

Ce petit incident nous éclaire donc à propos de cette curieuse forme de mariage autrefois exécutée en dépit d'objections mystérieuses d'ecclésiastiques qui à l'époque étaient les seuls à pouvoir procéder légalement en semblable matière et à accorder ainsi aux laïques un statu de personnes mariées. En outre, pour un bon moment, cela pouvait aussi agrémenter les conversations des gens de la place. Ce qui était très bien en ces lieux où les distractions se faisaient rares à cause de l'isolement du pays et du peu de communication avec l'extérieur.

De tels événements ont certes dû se produire avec

une certaine fréquence et faire pas mal de bruit chez les nôtres. Car les chroniques anciennes ont consigné un certain nombre de ces inoffensifs "mariages à la gaumine".

Ainsi, et de même façon, Jean Desnoyers et Marie-Thérèse Ménard se marièrent à Boucherville en février 1724 alors qu'un confiant missionnaire de passage était en train de célébrer pour les fidèles absorbés une messe jusque-là sans histoire mais qui s'est trouvée du fait même un peu désorganisée, comme on pouvait s'y attendre.

On raconte encore qu'à Batiscan en 1727 Daniel Portail et Marie-Antoinette Langy Levreaux en firent autant pendant que le curé Gervais Lefebvre s'affairait dévotement aux successifs détails de sa messe. Et là encore l'union maritale fut ensuite rendue valide peu de temps plus tard. Au fait le célébrant n'avait pas dû être trop pris par surprise. C'était le même saint homme qui fabriquait en série de grivoises litanies à propos des petites citrouilles de Madeleine de Verchères invoquée aussi comme "sancte la grande vache rouge au beau poitrail, à être baisée entre les deux jambes"... Mais hélàs! tout finit par se savoir.

En 1751, autre événement du même genre et cette fois à la cathédrale même de Québec. Le curé n'aurait paraît-il rien entendu pendant que Joseph Richard, instituteur, et une veuve consentante, auraient échangé de mutuels et fervents voeux conjugaux au moment précis et fort captivant de l'élévation. Geste imprudent qui aurait pu gâter la cérémonie ou du moins distraire le célébrant, ce qui n'aurait pas été bien.

La coutume aurait, dit-on, continué ainsi jusqu'à au moins 1817 alors que des jeunes gens de Cap-Santé auraient eux aussi procédé à cette sorte de mariage pendant une grand-messe dans leur paroisse après que l'évêque Plessis leur eut refusé une dispense pour les relever d'un lien préalable de parenté. Là encore l'affaire ne tourna cependant pas au tragique. L'évêque, après coup, changea d'idée et accorda généreusement la dispense qui avait été refusée, mais à la condition que les jeunes contractent un nouveau mariage dans les formes habituelles.

Encore une fois tout le monde ici avait eu raison et les choses finirent pour le mieux, surtout pour les jeunes qui voulaient ce mariage et qui acceptèrent promptement la condition imposée. A la vérité cela ne faisait de mal à personne et tous les intéressés furent heureux de cette complaisante tournure des choses.

Ainsi de vieilles coutumes, aujourd'hui malheureusement disparues de nos moeurs, ont pu autrefois se pratiquer sans dommage et sur une assez grande échelle à la satisfaction générale. Mais hélas! avec le temps, les choses ont tendance à changer. On ne saura plus jamais ce qu'on manque par cette volontaire négligence du passé.

*   *   *

Or, en matière de mariage, les nôtres ont parfois eu tendance à laisser le cérémonial antique et usuel dégénérer jusqu'à atteindre un étalage frivole et presque gênant.

En effet au tout début du présent siècle il s'est produit dans nos murs à Montréal un incident qu'on croirait invraisemblable s'il n'avait pas été rapporté avec force détails et témoignages photographiques dans les journaux de cette lointaine époque.

Un jour, nous dit-on, des jeunes de chez nous ont naturellement et, comme beaucoup d'autres, voulu se marier. Et à eux aussi, sans qu'il soit de leur faute, on a fait de sérieuses difficultés qui, à toute fin, ont pour un moment arrêté ce normal projet d'épousailles.

Une jeune Montréalaise nommée Rosa Castonguay décida de marier fort régulièrement un veuf, citoyen américain nommé Walter Seaman qui vivait parmi nous depuis un certain temps. Or, pour des raisons demeurées obscures, le projet conjugal de ces jeunes fut connu. Ausitôt de diligents hommes d'affaires propriétaires d'un grand magasin situé sur la rue Notre-Dame près de McGill eurent l'idée de profiter de cette occasion pour faire un coup de publicité profitable même si assez inusitée chez nous.

Ces négociants ont donc promptement approché les futurs époux et leur ont offert de s'occuper de tous les détails à l'unique condition que la cérémonie du prochain mariage se déroule à l'intérieur de leur établissement commercial dont le rez-de-chaussée serait momentanément transformé en une sorte d'oratoire improvisé mais très digne pour la circonstance.

C'était sérieux. Les marchands prenaient charge de tout à leurs frais. L'affaire se passerait gratuitement dans un vaste espace remodelé à proximité d'une grande vitrine qui permettrait ainsi à un nombreux auditoire de s'associer à ce gentil déploiement. Les mariés seraient tous deux joliment habillés des pieds à la tête à même les abondants stocks du magasin. Les deux époux seraient comblés de multiples cadeaux de valeur qu'on étalerait à la vue des passants qui pourraient ainsi les admirer comme la chose chez nous se pratique depuis toujours. En outre, et clou de l'affaire on remettrait séance tenant au nouveau mari en main propre, pour l'aider à bien faire démarrer son prochain mariage, dix magnifiques pièces d'or valant exactement la somme de cent dollars. Ce qui à l'époque était considérable.

On offrait gratuitement à de petites gens du peuple un véritable mariage de millionnaire. C'était assez rare.

Dans les circonstances il devenait difficile pour les principaux intéressés de faire la moue et de refuser une aubaine aussi inattendue. La consultation mutuelle fut donc rapide. Les jeunes gens ne pouvaient pas refuser une proposition aussi spectaculaire. Ils décidèrent d'aller se marier de la façon qui leur était suggérée par leurs nouveaux amis.

Le consentement des futurs époux étant obtenu, inutile de dire que ce dessein a vite été connu. Et les journaux de l'époque ayant aussitôt appris la chose se sont intéressés vigoureusement à ce projet plutôt inusité. C'était de la nouvelle ultra-spéciale qui se prêtait naturellement à de forts plaisants commentaires. Des reportages bien au point furent vite préparés afin d'informer le grand public des détails de l'événement qui était en voie de préparation.

Et d'une chose à l'autre on invita sans sourciller toute la population de Montréal à venir généreusement prendre part à l'affaire et à se joindre ainsi aux voeux de bonheur qui naturellement allaient être adressés aux futurs époux au vu et au su du grand public.

Enfin on était prêt et bientôt le grand jour est arrivé.

Or il éclata aussitôt dans le ciel montréalais, jusque-là serein, une violente tempête aussi déroutante que totalement imprévue en la circonstance.

En effet, pour sauver un peu les apparences, et sans doute aussi pour se donner bonne conscience, les propriétaires du magasin mécène avaient déclaré qu'il allait s'agir d'un mariage authentique exécuté en public et au milieu du jour même si un peu après les heures habituelles. Ce qui a alors pu paraître un petit accroc à nos coutumes, car de vieilles prescriptions encore une fois canoniques, et alors en vigueur, voulaient que toute célébration de ce genre se fasse à l'église et assez tôt durant la matinée à cause d'un long jeûne préalable et obligatoire devant être observé par tous les participants à une pareille cérémonie mystique.

Et, si de telles exigences peuvent aujourd'hui paraître un peu vieillies et peu opportunes, par ailleurs à l'époque les conditions inusitées de cette solennité proposée ne pouvaient qu'aguicher un peu plus la curiosité populaire et faire accroître ainsi l'affluence des visiteurs que l'on attendait maintenant en grand nombre à cause de ce plan d'une allure peu orthodoxe.

Puis soudain il a été su que la famille de la future épouse ne voyait pas d'un bon oeil tous ces beaux arrangements qui venaient en conflit avec nos pratiques traditionnelles pour ce genre de manifestation publique et religieuse.

Les choses en vinrent même au point qu'une demande formelle fut faite au tribunal pour expliquer cette opposition familiale au projet. Et les procédures intentées ont paru faire s'apitoyer le juge qui émit aussitôt une ordonnance défendant de procéder pour l'instant, et jusqu'à adjudication finale, à ce mariage dans les conditions qui étaient proposées. C'était bien le comble de l'inattendu. Et cela n'a fait qu'ajouter, s'il était possible, plus de notoriété à cette aventure devenue à présent une affaire publique inopinément soumise aux exigences de notre Cour Supérieure. Et, comme bon coup de publicité pour de simples marchands, il était à présent difficile de pouvoir espérer davantage. Il n'y avait littéralement plus d'autre sujet de conversation dans toute la ville.

Aussi la population entière a voulu savoir comment tout cela allait tourner et elle se rendit en masse dans le voisinage du mystérieux magasin à la date qui avait été prévue. Bientôt la rue Notre-Dame dans le voisinage de la rue McGill devenait littéralement impraticable. La foule énorme bloquait le passage dans toutes les directions.

A présent on louait des espaces aux fenêtres des habitations des alentours. Un groupe de musiciens vivement mobilisés s'était même installé, tant bien que mal, sur un balcon situé juste en face du site prévu et il jouait tout naturellement des airs variés pour agrémenter la circonstance et faire un peu patienter la foule. On sombrait graduellement dans le délire et le ridicule.

Il n'y avait plus aucun moyen de faire erreur quant au lieu choisi pour cette folle aventure. Le grand magasin lui-même était brillamment décoré et un immense drapeau américain derrière la grande vitrine de l'emplacement cachait au public la vue de ce qui pouvait se passer à l'intérieur du local devant bientôt servir d'oratoire d'occasion pour la cérémonie à venir.

Mais hélas! après les procédures intentées en cour et tout ce qui venait de se produire, il n'a pas paru possible de procéder au solennel cérémonial au jour qui avait été indiqué. Il a donc fallu tout remettre au lendemain. Histoire, sans doute, de laisser se calmer les esprits et aussi d'y voir un peu plus clair dans cet indescriptible brouhaha. Comme toujours la nuit, encore une fois, pourrait porter conseil. Ou du moins c'était à espérer.

Or, tôt le lendemain, la foule s'est naturellement et à nouveau amenée au rendez-vous et si possible en plus grand nombre. Cette fois des gens littéralement par milliers arrivaient en groupes d'excursion même de l'extérieur pour voir eux aussi ce qui se passerait. Et à midi, une fois encore, tout était bloqué dans toutes les directions. C'était de l'égarement communicatif et, à présent l'unique chose qui comptait pour cette masse bigarrée et affamée de sensations inédites.

Et, à trois heures précises de ce nouveau jour, coup de théâtre. On retira soudain le drapeau américain de

312

la vitrine. Pour la première fois ébahis tous ont enfin pu voir les futurs mariés visiblement vêtus tous deux d'accoutrements neufs. Le monsieur était en habit noir et cravate blanche, et la petite dame en robe bleu pâle garnie de dentelle fit même une révérence et une gentille pirouette pour mieux faire admirer par la foule tout l'ensemble de ses beaux atours. Il y eut des gestes de salutations, des échanges de sourires de nouvelles révérences. La fiancée heureuse s'appuyait ouvertement sur le bras du futur époux comme cela se devait.

Puis petit remue-ménage. Les deux principaux acteurs de l'affaire ont soudain et mystérieusement disparu de la scène. On ne pouvait plus savoir ce qui pouvait bien se passer à l'intérieur. Le drapeau américain fut à nouveau mis en place derrière la vitrine par des mains anonymes. C'était l'impasse intrigante à son meilleur et le déclenchement subit de mille rumeurs invraisemblables.

Plus tard on a appris que, peu de temps avant l'heure fixée pour la cérémonie, un certain monsieur Léopold Gravel alors huissier de la Cour Supérieure avait, malgré les obstacles, réussi à se faufiler à l'intérieur du magasin afin de procéder à la remise des copies officielles de l'ordonnance du savant juge Pagneulo défendant formellement que l'on procède à la cérémonie du mariage dans le lieu et les conditions qui avaient été prévus au programme, mais sans fournir de motif pour cette décision.

A partir de cet instant on est tombé dans du grand burlesque. On était à deux doigts de l'échauffourée générale. L'huissier lui-même apeuré par le mauvais sort qu'on semblait vouloir lui infliger tentait vainement de remettre à chacun des intéressés une copie de l'ordonnance du tribunal. Personne ne voulait accepter la remise d'un pareil document et toutes les augustes copies tombèrent à tour de rôle ignominieusement sur le plancher. Des personnes présentes criaient aux intéressés de ne pas toucher à ces fatidiques papiers. C'était, encore une fois, l'impasse la plus totale.

Cependant l'huissier débordé reprenant soudain un peu sa contenance déclara du haut de ses nobles fonctions et avec la voix la plus forte qu'il pouvait offrir que, en dépit de tout, la signification des pièces judiciaires était valablement exécutée et que quiconque désobéirait à présent à l'ordre de la Cour serait arrêté et envoyé en prison si le mariage avait lieu bien que formellement défendu. Il était difficile de désirer mieux comme nouveau coup de théâtre bien monté.

Or, quant à y être, les choses n'allaient pas s'arrêter là dans le désordre et le ridicule alors qu'on était en si bonne voie. De plus, dans tout ce vacarme, le ministre du culte qui devait présider la cérémonie n'était toujours pas arrivé sur les lieux. Et l'huissier de la Cour le recherchait avec impatience pour tenter de lui remettre à lui aussi l'ordre du tribunal qui lui était personnellement destiné et que personne d'autre ne pouvait recevoir à sa place.

Puis, à ce moment, il s'est produit une autre petite perturbation jusque-là imprévue et qui allait, si possible, compliquer les affaires encore davantage. Car pendant que le représentant du tribunal parlementait vainement avec les propriétaires du magasin, les invités, et tous les curieux qui se pressaient sur la place, chacun y allant de son avis personnel et différent, on oublia pour un moment la principale intéressée Rosa Castonguay. Elle était soudain séparée de son fiancé et entourée d'étrangers qui tous voulaient maintenant avoir une de ses fleurs, un souvenir de son accoutrement, et même jusqu'à son beau mouchoir tout neuf. C'était devenu une véritable chasse qui aurait pu déshabiller la fille et tout gâter, de regrettables gestes inadmissibles et à tout le moins prématurés.

Et cela dura jusqu'au moment où le frère de la prochaine mariée, Jos Castonguay, a pu s'approcher. Or aussitôt et à l'improviste, avec l'aide de son ami Jules Boileau, les deux entraînèrent tout simplement de force la future au dehors et d'une chose à l'autre jusqu'au prochain poste de police où l'officier de faction fut sommé de prendre charge et d'empêcher ce mariage controversé. Mais le fiancé Walter Seaman a fini par s'apercevoir de ce qui venait de se produire. Perdant alors un peu de son aplomb, et de sa dignité de circonstance, il a à son tour lui-même laborieusement traversé la foule. Puis en grand apparat il s'est amené au poste où naturellement vexé il a protesté très fort contre ce rapt injustifiable. Il avait d'ailleurs en main un document signé par un officiel du nom de L. A. Jetté qui lui permettait de contracter mariage en bonne et due forme avec Rosa Castonguay. Il n'y avait donc aucune raison pour qu'elle fût ainsi emmenée malgré elle jusqu'au poste de police alors qu'aucune infraction ne pouvait lui être imputée.

Le pauvre homme de police, à son tour, en avait plein les bras et son entraînement préalable et plutôt sommaire à l'époque ne l'avait pas préparé pour faire face avec succès à des situations de ce genre. Aussi il ne devait sans doute plus savoir où véritablement donner de la tête.

Mais, malgré tout, il fallait sans retard faire vite et bien. Car à présent la masse, déçue par tous ces contretemps commençait à s'amener sérieusement dans le voisinage du poste de police et l'affaire pouvait subitement tourner au tragique. Ce qui, à tout prix, devait être évité. On sait depuis toujours à quel désordre peut se livrer une multitude contrariée et à qui on n'offre pas d'explication acceptable.

Or, après un instant de flottement entremêlé des cris et des larmes de la future aux abois, l'officier de police prit soudain une décision majeure et irrévocable. Il ordonna à une équipe de subalternes, en devoir et en grande tenue, d'aller sur-le-champ reconduire tout ce monde au magasin d'où peu auparavant ces gens étaient partis pour venir lui causer de biens vilains embarras. A son sens de docte policier on n'aurait jamais dû quitter l'emplacement de ce commerce. Ou du moins pas de la manière que la chose avait été faite en employant une inutile force physique contre une personne à qui on n'avait rien à reprocher.

Il fallait donc procéder à un retour qui fut à la fois bruyant et même assez ignominieux pour plusieurs.

Mais, pendant qu'à présent la foule applaudissait à tout rompre l'arrivée de ces nouvelles idoles du jour, il s'est soudain encore produit un nouveau coup de théâtre aussi imprévu que tout ce qui venait de se passer jusque-là.

En effet, sans raison apparente, les futurs mariés,

315

les témoins et quelques amis ont réussi à monter dans des voitures et à s'éloigner en vitesse vers une nouvelle destination également inconnue. Et encore une fois cette autre fuite improvisée fut suivie de près par des journalistes, des amis, des curieux qui voulaient naturellement apprendre de visu ce qui allait maintenant se produire dans cette cascade d'événements de plus en plus imprévisibles.

Or tout ce beau monde en fuite et fort bousculé a fini par atterrir au modeste logis d'un quelconque parent sur la rue Saint-Denis près de la rue Ontario. C'était à n'y plus rien comprendre quoi que ce soit.

Mais soudain l'affaire commença à prendre forme pour de bon et à se dérouler tout à coup comme si un plan précis avait été préparé à l'avance. Ce qui n'était certes pas le cas. Car depuis les débuts de cette aventure tout ce produisait dans la plus totale improvisation.

Ainsi, dès que les futurs époux eurent enfin trouvé un refuge temporaire mais isolé dans cet incroyable branle-bas, de généreux amis sont partis en vitesse pour tenter de dénicher quelque part un complaisant ministre du culte qui accepterait de procéder au mariage désiré sans trop de complications afin de mettre un terme à cette loufoque expérience en train de sérieusement tourner au plus mal. On allait donc prestement d'une église à une autre à la recherche de cet oiseau rare et tant désiré. Et cette heureuse persistance a fini par être récompensée. Tout à coup l'on rencontra le révérend et indulgent pasteur Edmund Wood, du temple Saint-Jean-l'Evangéliste, qui écouta avec patience et comprit très vite le problème qu'on lui demandait de résoudre sans délai. Il accepta d'officier immédiatement à la cérémonie à l'unique condition que les futurs époux viennent tout de suite en personne à son église. Ce qui ferait ainsi, et malgré tout, une procédure de rituel assez régulier, étant donné les circonstances.

Et, de retour au logis du parent qui servait d'asile momentané pour les amoureux un peu perdus, il ne s'écoula bien sûr qu'un court instant avant que tout ce monde ne se mette en route cette fois vers Saint-Jean l'Evangéliste et en vitesse de crainte qu'un autre obs-

316

tacle ne vienne une fois encore brouiller les cartes qu'on ne finissait plus de démêler.

Pour la première fois, depuis les débuts de cette folle équipée, les choses ont enfin marché suivant le plan qui venait d'être établi et cela avec la plus grande célérité. Il n'y eut pas d'accrochage. Sauf, peut-être, que soudain on s'est rendu compte que le révérend M. Wood ne parlait pas le français et que par ailleurs Rosa la promise ne parlait pas anglais. Mais on avait à présent réglé des difficultés beaucoup plus sérieuses et on ne se laisserait pas arrêter pour si peu. On allait y voir à l'instant.

Un journaliste d'expression française s'offrit gracieusement et spontanément comme interprète et il traduisit au fur et à mesure les diverses étapes du rituel anglais. Autrement la future mariée n'aurait pas compris ce qui se passait et cela aurait pu encore une fois compliquer les choses.

En peu de temps tout fut accompli en bonne et due forme. Les nouveaux époux, tout à leur évidente joie de leur union conjugale régulière mais si difficilement obtenue, ont alors très vite sauté à nouveau en voiture pour aller une fois encore au magasin où la foule continuait d'attendre avec plus ou moins de patience et refusait tout net de se disperser. D'ailleurs, à ce point, il n'y avait plus personne qui aurait pu exercer un contrôle quelconque sur la situation.

Mais, au retour des héros du jour en grand apparat et visiblement enfin mariés pour vrai, il s'éleva aussitôt de toute cette foule trépignante une ovation générale et spontanée comme, a-t-on dit, on n'en avait jamais entendue de semblables auparavant dans notre ville.

Et peu après, bien sûr, nouvelle apparition derrière la grande vitrine à présent dévoilée pour de bon. Nouvelles salutations au public, nouvelles pirouettes, nouveaux sourires, nouveaux gestes de bonne amitié, et cetera.

Avant que les choses n'aient le temps de se refroidir, les heureux propriétaires de la désormais célèbre maison de commerce s'empressèrent aussitôt de remettre publiquement aux nouveaux époux les nombreux cadeaux qui leur étaient destinés et avaient bien failli n'avoir pas preneurs. Surtout les belles pièces d'or que l'époux Seaman fit voir au grand public et qu'il mit sans tarder dans sa poche en tapant familièrement dessus. Il fallait bien s'y attendre un peu après tout ce qui venait de se passer.

Or ça n'était pas fini.

Plusieurs autres commerçants, également soucieux de leur bon renom, ont à leur tour voulu apporter eux aussi de gentils cadeaux de noces.

Puis, après toutes ces joyeuses et bruyantes manifestations, les nouveaux époux en grandes pompes furent accompagnés solennellement jusqu'aux portes d'un grand restaurant du voisinage. Là un magnifique gâteau de circonstance attendait l'heureux couple. Il y eut naturellement aussi de multiples libations joyeuses et sonores, une fort abondante et riche boustifaille et la fête, dit-on, se continua très tard dans la nuit et la gaieté.

Tout le monde, pour ainsi dire, en avait littéralement eu pour son argent. Même ceux qui étaient venus s'ajouter en provenance d'assez loin, juste pour voir.

Les chroniques de l'époque ont aussitôt raconté avec beaucoup de détails agrémentés même de nombreuses illustrations et photographies ce déploiement remarquable et plutôt unique en notre ville.

Pour leur part les époux ont enfin pu retourner dans l'ombre et une paix bien méritée. Même s'il n'a pas été su qu'ils vécurent ensuite heureux et eurent beaucoup d'enfants. D'ailleurs la scène principale était à présent terminée et le grand public heureux a sagement fini par se disperser après avoir été tenu en haleine durant de si longues heures.

Encore une fois tout était donc bien qui avait très bien fini.

Achevé d'imprimer
en juin mil neuf cent soixante-dix-sept
sur les presses de l'Imprimerie Gagné Ltée
Saint-Justin - Montréal.
Imprimé au Canada